融通禪易之玄妙境界

——《周易禪解》研究

謝 金 良 著

文 史 哲 學 集 成

文史哲出版社印行

中華發展基金會補助出版

國家圖書館出版品預行編目資料

融通禪易之玄妙境界：《周易禪解》研究 /
謝金良著. -- 初版. -- 臺北市：文史哲，
民 96
　頁：　公分. （文史哲學集成；520）
參考書目：頁
ISBN 978-957-549-702-6 (平裝)

1.（明）釋智旭 – 學術思想　2.易經 –
研究與考訂

121.17　　　　　　　　　　　96000941

文史哲學集成　520

融通禪易之玄妙境界
《周易禪解》研究

著　　者：謝　　金　　良
出版者：文　史　哲　出　版　社
http://www.lapen.com.tw
登記證字號：行政院新聞局版臺業字五三三七號
發行人：彭　　正　　雄
發行所：文　史　哲　出　版　社
印刷者：文　史　哲　出　版　社
臺北市羅斯福路一段七十二巷四號
郵政劃撥帳號：一六一八○一七五
電話886-2-23511028・傳真886-2-23965656

實價新臺幣四二○元

中華民國九十六年（2007）一月初版

序　一

　　易學與禪學都是中國傳統文化的重要組成部分，它們産生的時代相近，但地緣卻相遠。易學淵源於中國先秦文化之中，以獨特的符號系統與運思理路來“推天道以明人事”，不僅在歷史演變中形成了不同的體系，例如以漢代象數學爲主的預測學、以義理學爲主的玄思學和以方術爲主的修煉學等，而且在中土長盛而不衰。禪學則産生於印度，伴隨著佛教在兩漢之際經西域傳入中國內地，禪學在中土的歷史發展中經歷了一個不斷中國化的過程，最終形成了以禪命宗的中國佛教宗派禪宗。禪易兩者雖然原來並不相干，但在中國文化體系中，兩者相遇碰撞，相融互滲，特別是隨著佛教中國化的加深和儒佛交融的深化，兩者的關係也日益引起了人們的關注。到明代時，終於出現了融通禪易的代表性著作 —— 明代四大高僧之一蕅益智旭的《周易禪解》。

　　從中國佛教的發展來看，隨著宋明理學的産生，佛教思辨精華逐漸爲傳統思想所吸收和消化，佛教在儒佛道三教融合的趨勢中則日益失去了隋唐時期的蓬勃生氣，到明代時，許多宗派都名存實亡，只有禪宗與淨土思想還在社會上傳播；但另一方面，由於佛教與傳統文化的不斷融合，這個時期的佛教已經潛移默化地滲透到了中國社會文化的各個方面，佛學對宋明儒學的依附及其對宋明儒學的滲透，也爲禪易關係的研究提供了更好的條件。明代最有影響的四位佛教大師，即並稱爲明代四大高僧的雲棲袾宏、紫柏真可、憨山德清和蕅益智旭，他們的思想各具特點，但都反映了這一時期佛教進一步內外融合的發展新特點，而蕅益智旭的《周易禪解》通過以禪解易，更從一個側面反映了這個時期的儒佛關係和佛教發展的特色。

蕅益智旭（1599～1655）曾遍學法相、禪、律、華嚴、天臺、淨土諸宗教義，"融會諸宗，歸極淨土"，主張儒佛道三教合一，並特別花力氣調和儒佛兩家的學說，留下了不少這方面的著述，他的《周易禪解》就是其中的重要代表作之一。他曾自述"吾所由解《易》者無他，以禪入儒，誘儒知禪耳。"其實，他的《周易禪解》，不僅是以禪解易，"以禪入儒"，而且也"援儒入佛"，禪易互證，是一部站在佛教立場上研究《周易》、發揮《周易》思想的重要著作，同時也成爲人們今天研究禪易關係最有代表性的著作。透過對它的研究，不僅有助於加深瞭解禪易關係，而且也能對整個儒佛關係和明代學術思潮有個更好的把握。但迄今爲止，學術界尚無對《周易禪解》進行系統全面研究的學術專著問世。因此，謝金良博士的《〈周易禪解〉研究》就成爲一項十分有意義的開創性嘗試。

雖然《周易禪解》在當時就有較大的影響，但歷來研究者甚少，其重要原因之一就是具有一定的理論難度。因爲禪與易畢竟都有著自己獨特的文化內涵和思維方式。"易一名而含三義：易簡一也，變易二也，不易三也。"（鄭玄《周易贊》）"易"既是《周易》的簡稱，也指萬物的本源或根本原則，同時，"易"一向被視爲中國哲學之源，代表著中國文化的基本精神。而"禪"，原爲梵文 Dhyana 音譯"禪那"之略稱，意譯作"靜慮"、"思維修"等。《慧苑音義》卷上云："禪那，此云靜慮，謂靜心思慮也。"《瑜伽師地論》卷三十三則說："言靜慮者，於一所緣，繫念寂靜，正審思慮，故名靜慮。"可見，禪的本義有兩層：一是使心緒意念寧靜下來，此與止或定相近；二是如實慮知所對之境，此與觀或慧相近。這樣，禪實際上包括了一般所說的定與慧這兩方面的內容。隨著禪在中土的展開，其內涵更加豐富，意義更加廣泛，自倡"定慧等學"的禪宗出，中國佛教以慧攝定，突出人心的"慧解"之性，以不立文字、以心傳心相標榜，本爲"思維修"、"靜慮"之義的"禪"，逐漸被敷演成深奧莫測、包羅萬象的代名詞 —— 它是遍在的道，它是自然的生活，它是宇宙人生的總根源，它是佛教的第一義諦，它是修行的方法與大徹大悟的境界……，同時，它又什麼也不是，"說似一物即不中"！同時，隨著禪宗的廣爲流傳，禪最後幾乎成爲中國佛教的代名詞。這樣，要研究禪易關係，首先就意味著要對相異而又交融的兩種文化體系本身有所瞭解，這已經不是易事，更何況還要對兩者做出比較和研究。

而蕅益智旭爲了誘儒知禪所作的《周易禪解》，不但從一個側面反映了外來佛教與中國文化的交融，特別是儒佛交融在明代時變得更爲具體、更加深入，而且也從一個側面反映了儒佛道三教關係在明代的新發展，這就要求研究《周易禪解》，還需要有三教關係的視角。因爲《易》不僅是儒家五經之一，而且"易"在其演化中，與"道"也有割不斷的聯繫，《易傳》的出現，就表現出圍繞解易而出現的儒道融合，"易道"的概括，更表達出道與易相通的信息（"易道"並不只表示"易之道"或"易之理"）。在這個意義上，禪易關係，也就涉及到了三教關係的內容。我們可以看到，"道須通流"、"心不住法即通流"、"於一切法上無住"等禪宗思想與《易傳》的"生生之謂易"，儘管思想內容根本不同，但在哲學精神與方法上還是有相通之處的。禪宗之所以經常以"始嗟黃葉落，又見柳條青"（《五燈會元》卷三十）來說佛法大意，以“冬即言寒，夏即道熱”（《五燈會元》卷四）來提示順自然之化，認爲“行住坐臥，無非是道，悟法者，縱橫自在，無非是法”（《五燈會元》卷三），就是因爲心與萬法都是生滅不息的，而生滅不息，萬物無住，同時也就是無生無滅無萬法了。所以，禪易關係，也透露出了禪與儒家積極入世、修身養性以成聖的思想以及道家隨順應天道自然無爲的思想的關係。這其實也是主張“自心”爲“三教之源”的澫益智旭著《周易禪解》的重要理論出發點之一。《周易禪解》可以看作是澫益智旭在明代基於佛教而調和儒佛道三教以促進佛教發展的新的理論探索。這與整個明代學術思潮是相一致的。

謝金良博士多年研究《周易》，他在來南京大學攻讀博士學位之前，就是福建師範大學易學研究所的專職研究人員，曾主持福建省教委青年課題“易學與術數學的關係研究”，並參與國家古委會指定重點專案撰寫《中國古籍總目提要·周易卷》，因而有著較好的易學基礎。來南京大學後，他又努力鑽研中國佛學和禪學，並在我近年的研究方向“儒佛道三教關係”方面下了不少功夫。正是在此基礎上，他最終選定了以澫益智旭《周易禪解》的研究爲自己博士論文的選題，並以此書爲契入點，通過探討禪與易的關係，進而把“智旭及其晚明思想”、“易學與佛學關係”、“儒道佛三教關係”納入研究的視野，點面結合，史論並重，做到了實證材料與理論創新的有機統一。從總體上看，本論文既有詳盡的歷史梳理、文獻考據等微觀的考辨性研究，又有中國哲學史與思想研究爲導向的對禪易關係的宏觀把握，全文緊緊圍繞著問題而展開，環環相扣，論證細密，力求使所提出的問題都能得到如實的說明與合理的解決，表現出了相當的學術功力和嚴謹的學風，取得了很好的研究成果，因而獲得了專家的一致好評。雖然還有一些問題值得進一步探討，但它爲後人的研究開拓了道路，提供了基礎，因而我非常樂意將它推薦給讀者。我相信此書的出版將有助於推動易學、禪學和禪易關係研究的展開，同時對深入研究中國佛教史、中國哲學史和儒佛道三教關係史也都具有積極的意義。祝謝金良博士以此爲開端，在今後的學術研究中取得更大的成績。

是爲序。

洪 修 平 於南京大學哲學系

2004 年 3 月 27 日

序　二

　　“萬古是非渾短夢，一句彌陀作大舟。”這是弘一法師集明代名僧蕅益大師詩語而成的聯句。我喜歡弘一的這幅書法，喜歡蕅益的這兩句詩作。原因不僅在於他們的書法、詩作所透露出的佛學精蘊、學者風範、藝術氣質 —— 尤在於他們展示給世人的是這數方面的高度組合，是跨越時空的哲理內涵。

　　於是，我明白了弘一畢生如此崇拜蕅益大師之所以然。我又幾度沈迷於蕅益《周易禪解》的思辨世界之中。一句“誘儒以知禪”，今天聽來，似乎不過爾爾，甚或有人茫然不知其所指。然而，三百多年前的佛學大師，能夠呼喚出這樣的學術心聲，顯然是經歷了大千世界心靈與肉體的重重磨難，考索了上下數千年人類哲學或宗教理論的應合與旁通 —— 這是何等之不易，豈不令人肅然起敬！

　　研討一門學問，或許亦不外乎一個“緣”字。略考蕅益大師《周易禪解》的撰述，始於明崇禎十四年（1641）遊福建泉州（溫陵）時，至清順治二年（1645）遂完稿於江蘇南京（石城）。乃今謝生金良博士，福建泉州安溪人氏，自福建師範大學考取南京大學博士生；其博士論文選題，竟毅然以《周易禪解》爲研究領域。回視蕅益撰《禪解》始閩邑而成石城，再察謝生之研討《禪解》自福建而至南京，其爲冥冥然之巧合歟？抑不期然而終究必然歟？我以爲，非一“緣”字而不能解也。

　　謝生金良者，世居閩南，性純篤，志剛毅。曾受業於福建師範大學中文系，獲文學學士學位，嗣留校任我助教，從我問《易》。

十餘年間，進德修業，覃思研精，屢有《周易》、《穀梁傳》及道教諸論著問世。今閱所撰《〈周易禪解〉研究》，深喜其學業又見進益。通覽此作，開筆於《禪解》作者的生平考辨，隨即闡述其書的創作過程與流傳，而後深入論析文本的內容與特點，思想之來源與蘊涵，哲理之傾向與創新，以至該書的重要成就與影響。所謂條分縷析，層層呼應，有考據功力，有學理衍論，不僅有功於《易》道和佛典的研究，亦有益於對中國古代哲學史發展的特定時期的深入探討。

　　《易》爲儒學大本，禪爲佛學至理。蕅益大師將之融會貫通，援禪證《易》，誘儒知禪，其玄機至爲深厚。如今欲窺其奧旨，談何容易？我曾經思考，蕅益出儒入佛，佛儒參合，所作願文嘗稱"佛與神殊"、"道從孝積"，四刲股以祈母壽，三夢憨山以向佛，屢作血書以禮佛，凡此種種，即孝即忠，亦佛亦儒 —— 禪與儒儼然合而爲一，《禪解》創作的真諦庶幾可見一斑矣。日本享保八年（1723，清雍正元年）曾重刊蕅益大師的一部重要論著《靈峰宗論》，學者老芝銕光謙《序》云："古人有言曰，讀孔明《出師表》而不墮淚者，其人必不忠。讀令伯《陳情表》而不墮淚者，其人必不孝。讀退之《祭十二郎文》而不墮淚者，其人必不友。余亦嘗言，讀蕅益《宗論》而不墮血淚者，其人必無菩提心。"此說頗見心得。我想增入一句：讀《周易禪解》而不怦然心動以欲探求禪儒融通貫彙者，其人必無哲學思辨之慧根。

　　我讚賞謝金良博士的《〈周易禪解〉研究》，正基於他心靈深處含藏著此種慧根。我還相信，以他的慧根兼刻苦而撰述的這篇博士論文，出版，將足以引發他創造出更多的學術成果，並將在學術界產生良好的學術影響。

張善文 寫於福州

2004 年 4 月 1 日夜

融通禪易之玄妙境界

——《周易禪解》研究

目　　錄

緒　　論

　　已故當代易學專家黃壽祺教授早在 1984 年首屆中國大陸《周易》學術討論會開幕式上就指出：“我們今天來研究《周易》，應該做兩方面的工作，一是繼往，一是開來。在繼往方面，我們應該研究《易》卦的起源和《易》學的發展歷史，（除了）《四庫提要》所總結的兩派六宗之外，在哲學、社會科學方面，我們還需要深入研究《易》學和道教的關係，佛教的關係，史學的關係，文學的關係，民族學的關係，考古學、文字學的關係，在自然科學方面，它和天文、地理、曆算、樂律、兵法、醫學各方面都發生過密切的關係。我們必須把他合理的因素好好地繼承下來。在開來方面，我們必須同現代自然科學中的天文學、物理學、化學、數學、遺傳工程學、信息論等等尖端科學好好地溝通起來，做到中西文化的密切結合，開創這一代研究《易》學的新局面。”[1]這番話充分體現了一代易學名家對未來易學研究的遠見卓識。回顧前二十年，我們欣喜地發現中國哲學研究者們在繼往方面都取得了相當大的成就，尤其是在《易》學與道教、佛教之關係的研究上取得了開拓性進展。當然，我們也不能否認《易》學在繼往方面的研究，仍有不少問題值得繼續深入加以解決。其中，易學與佛學的關係問題，就是一個值得研究而又難以深入的問題之一。

　　易學與佛學都是東方文化的顯學，也都是中國哲學研究的重

---

1 引自《中國〈周易〉學術討論會史料輯集》，張武主編，湖北省社會科學院哲　學所、武漢大學哲學系、湖北省哲學史學會合編。

要對象。在中國，易學源於先秦，流變後世，常盛不衰；佛學發端於古印度，漢代傳入中土，歷代奉傳，發展不絕。東漢以降，本土易學與外來佛學並行於世，同爲我國古代學術系統的重要組成部分，對我國傳統文化思想和文化思想傳統影響至深。但是，《周易》是儒家經典，有與佛學截然不同的思想體系，許多基本觀點和思想範疇難以融通。所以，易學與佛學這兩大學術體系在相當長的發展過程中，彼此之間聯繫很不密切。在儒、道、佛逐步融合的趨勢下，一些學者才開始注意到這兩者之間不同尋常的關係，並努力運用各種理論試圖加以闡明。尤其是宋明理學和心學的繁興，促使更多的學者開始作溝通《易》與佛的嘗試。在以禪解《易》方面，先是宋人王宗傳、楊簡開其端，後是明代不斷有後繼者，以至晚明時期以心學、禪學解《易》之風開始盛行。在晚明愈演愈烈的以《易》解禪和以禪解《易》之風影響下，出現了不少溝通易學和佛學相互關係的著作。其中，智旭作於明清之際的《周易禪解》，成爲當時學者援儒證佛、引禪解《易》的範本，因此被公認爲研究易學與佛學關係最有代表性的著作。

　　《周易禪解》的作者蕅益智旭（1599～1655），是明末著名的四大高僧之一。智旭生平著述宏富，但大部分是釋解佛經的論著，《周易禪解》是他留下的唯一一部關於《周易》研究的著作。從目前的資料看，《周易禪解》也是迄今爲止唯一一部大量運用佛學思想全面解註《周易》經傳的著作。據作者書前《自序》所言，此書初創於明代崇禎十四年辛巳（1641）仲冬，“蕅益子結冬於月臺，禪誦之餘，手持《韋編》而箋釋之。”在《自序》中作者還指出了著書的目的：“吾所由解《易》者，無他，以禪入儒，務誘儒以知禪耳！”可見作者有試圖借助《周易》來融合儒學與佛學的思想意圖。據作者《易解跋》稱，是年遊溫陵（今福建泉州市）之月臺，因"有郭氏子來問《易》義，遂舉筆屬稿，先成《繫辭》等五傳，次成上經，而下經之解未及半，偶應紫雲法華之請，旋置高閣，屈指忽越三載半矣。"時至乙酉年夏，即清順治二年（1645），作者於石城（今屬江蘇南京）又續解之，始竟前稿。故此書之撰述，歷明末至清初，作者的思想感受也伴隨時間地域和社會背景的變化而發生明顯的變化，正如作者《易解跋》中所說："嗟嗟！從閩至吳，地不過三千餘里；從辛巳冬至今夏，時不過一千二百餘日，乃世事幻夢，蓋不啻萬別千差。交易耶？變易耶？至于歷盡萬別千差世事，時地俱易，而不易者依然如故。"也許作者正是由此得以深明並貫通佛學"常與无常"之義和易學"易與不易"之理，並把這些心得體會訴諸於此書，從而爲世人揭開佛學與易學的隱秘聯繫拓展了道路。書成之後（大約在順治年間），作者門弟子釋通瑞爲之刊刻印行，始流傳至今。

綜觀此書的思想內容和表達形式，與一般常見的《易》學著作有所不同的是，作者在解說和分析《周易》經傳思想時，不僅把佛學的各種思想滲透進去，而且大量運用佛學的語言辭彙，增強了內容的表現力。如此以佛解《易》，雖不免牽附之嫌，亦可見作者融通佛《易》思想的聰明睿知和良苦用心，正如易學專家黃壽祺教授點評此書時所說："今考其書，援引禪理，間雖不免傅會，然亦頗有可取者……立說皆非盡恍惚虛無，書內類此者多，未可以其援禪入儒而悉非之。"[2]我們還應該看到，《周易禪解》一書熔易道、佛理於一爐，化仁愛、慈悲於一體，無論是對易佛關係的深刻揭示，還是對中國傳統文化的深入研究，確實都達到了相當高的水準。這無疑更應該是我們後人不可"非之"而應

_____

2 《易學群書平議》，黃壽祺著、張善文點校，北京師範大學出版社，1988 年 6 月版，第 45-46 頁。

“借鑒研習之”的主要原因。由於該書既是以儒家經典《周易》爲依託，又充滿了濃厚的佛學思想，以致歷來都不太爲佛學研究者和易學研究者所重視；更主要的是缺少可以兼通佛與《易》的專家來研究此書，以致相關的研究成果較少，所以今天讀者對該書的瞭解仍有失全面和系統。有鑒於此，本書擬在解讀《周易禪解》文本內容的基礎上，結合中國思想發展史的實際，從易學和佛學關係比較的角度，對其展開可行性的研究。以下先對本書的研究情況作一些說明。

一、《周易禪解》研究的歷史與現狀

易學與佛學的關係研究是中國哲學史上一個重要課題，也是一個難題。《周易禪解》研究實際上是易學與佛學關係研究的一個子課題，所以對其研究情況的回顧，還必須從易學與佛學關係研究的歷史入手。易學與佛學產生的年代相近，但在本源上的關係卻極其間接，在支流上的關係也非一觸即有。易佛關係的形成經歷了漫長的過程。佛學東傳是這一關係形成的契機，佛學紮根中土是這一關係形成的標誌。易佛關係從形成交涉到互動發展，是從觀念開始向理論過渡的，這之間經歷了較長的過程。佛學的中國化和易學的多樣化是其發生交涉和互動的重要前提，而理學和心學的出現則是其在理論上發生關係的重要基礎。從東漢“以易理解佛”到隋唐“以佛理解易”，乃至宋明以來“易與佛互證”，易學與佛學之間的關係若明若暗地交涉了近兩千年。在這短暫而又漫長的關係史中，彼此的互動促使了各自的變異與發展。雖然一度出現過融通的趨勢，但是並沒有徹底完成彼此的交通，仍舊在若即若離的關係中共同構成中國學術的偉大傳統。

翻開易學與佛學關係交涉史，從六朝時期東傳佛學與本土易

學的早期結合，到今天學術界對易佛關係的研究，我們大致可以
看到這麼一些主要現象：易學自漢代開始發生變異，至六朝時期
其學說逐漸演變爲三大體系：一是以漢代象數學爲主的預測學；
二是以義理學爲主的玄思學；三是以方術學爲主的修煉學。佛學
自漢末傳入中土以後，至六朝時期其學說已呈現出兩大體系：一
是小乘禪學；二是大乘禪學。在隋唐以前，通過尋找譯經與僞經
中的易理思想，探討玄學潮流中的佛易比較，總結早期佛學家的
易學觀，我們也只能約略知道一些早期易佛互動的個別史例，如
北魏僧人曇靖編撰的《提謂波利經》即以易學陰陽五行學說與佛
教有關戒律相配而爲說。隋唐以來，隨著易佛關係的互動與發展，
尤其是易學思想與中國化佛學的相互影響，易佛關係日益融通：
在佛家方面，如智顗的易佛關係論、李通玄援《易》解《華嚴》、
石頭希遷以《易》著《參同契》、雲巖曇晟著《寶鏡三昧》、宗密
的易佛會通思想、紫柏真可《解易》對佛易關係的理解，智旭引
禪解《易》著《周易禪解》，主要從佛學的角度來理解易佛關係；
在儒家方面，如宋儒楊簡《易傳》、王宗傳《童溪易傳》、明儒心
學解《易》派的著作，主要從易學的角度來理解易佛關係。易佛
之間的不斷互動，對近代各學派的思想仍有較大影響，如太虛大
師對易佛的理解，章太炎比勘易學與唯識，熊十力的新唯識學理
論，都對易佛關係有比較成功的研究。隨著易學和佛學影響面的
擴大和影響力的增強，它們之間的關係問題也明顯得到重視。但
這兩門學問的博大艱深卻使不少學者望而卻步，以致難以出現研
究的熱潮。易學的傳統師法門派思想與佛學的濃厚宗教信仰色
彩，在很大程度上也阻礙了它們之間的比較與聯繫。與易佛關係
相關的研究材料相當零散稀少，更使有志溝通易佛的學者舉步維
艱。近二十多年來，伴隨中國傳統文化研究的不斷深入，尤其是

易學和佛學的研究都取得豐富成果的同時，個別學者已開始致力於易佛關係課題的研究，如潘雨廷《易與佛教》、釋本光《禪與易：周易禪觀頓悟指要》、王仲堯《易學與佛教》、夏金華《佛學與易學》等著作都有了初步的學術創獲。但從總體來看，這方面的研究還是遠遠不夠的，無論是史料的挖掘，還是關係理論的建構，抑或是局部思想的比較融通；更爲欠缺的是如何從大文化、大哲學的層面上來解決這一關係的史論問題和價值問題。

《周易禪解》的研究，主要在易佛關係研究的層面上展開的。《周易禪解》的研究，迄今爲止尚無專著問世。回顧歷史，我們發現二十世紀九十年代以前，有關《周易禪解》的研究成果幾乎是一片空白，惟獨黃壽祺《易學群書平議》書中有《周易禪解》的數百字內容提要。二十世紀九十年代以來，隨著易學、佛學、易佛關係等研究的深入，才開始出現一些相關的研究成果。大體而言，這些成果主要有兩種情況：一是相關著作中的一小部分。朱伯崑《易學哲學史》第三卷第八章第三節論“明代心學的易學哲學”，有一小節論及“禪宗的易說”，其中有一半內容以“易即真如之性”爲小標題來探討智旭的易學思想，而這裏面實際上以《周易禪解》爲研究對象的內容並不太多。陳德述註釋、施維點校的《周易・四書禪解》，也可算作是這方面的一項研究成果。夏金華《佛學與易學》（在台灣出版）第二章第五節論“明末儒佛關係與《周易禪解》”，主要從“明末儒佛關係與《周易禪解》之成書”和“蕅益的易學思想”兩個小節加以探討。王仲堯《易學與佛教》第九章論“智旭的易佛同一論：佛性即乾道”，也有一節的內容專門探討《周易禪解》的思想和評價。二是五篇解讀著作思想內容的研究論文。最早的一篇，是唐明邦於 1995 年在《佛學研究》上發表的《以佛解〈易〉援儒證佛 —— 讀〈周易禪解〉》。

最近的一篇是劉澤亮於 2003 年在《道學研究》上發表的《從〈周易禪解〉看三教關係》。另外三篇，都是陳堅在《周易研究》刊物上發表的，有《以佛解易　佛易一家 —— 讀智旭〈周易禪解〉》（1998 年第 4 期）、《論易學史研究在易佛關係問題上的兩個疏忽 —— 兼談太虛大師的易學思想》（2000 年第 2 期）、《智旭對〈周易‧大過卦〉的佛學解讀》（2002 年第 2 期）。從總的情況來看，專門性的研究成果不但為數不多，而且主要以探討該著作以禪解《易》的思想特色為主，而對涉及該著作的不少問題仍處於研究的空白狀態。

　　從以往已取得的研究成果來看，雖然能夠較為深入地挖掘和剖析《周易禪解》中的思想成分，但仍存在一些不足的地方。比如，大多把該書看成是以禪宗的學說來解釋《周易》的著作，而忽視了該著作更為深廣的思想蘊涵，以致忽略對著作中有關天台、華嚴等諸種宗派佛教思想的挖掘，忽視對著作中儒學思想蘊涵的開掘，尤其是忽視對該著作獨特的"禪易相通思想"理論體系的整體研究。又如，有些研究不太注重著作的文本和版本問題，以致在論述過程中產生一些不應該的文字錯誤。平心而論，以往的研究雖然為《周易禪解》的研究開了好頭，但由於不夠系統、全面，以致一些基本的問題至今為止都沒能得到認真的探討和解決。這也正是本書之所以專題研究《周易禪解》的主要原因之一。

　　由於智旭對其書名的含義並沒有作出解釋，所以學術界對此仍有不同的見解。鑒於本研究與學術界在理解上的一些分歧，為避免對此著作書題名稱含義產生誤解，有必要先對《周易禪解》的書名含義加以說明。根據書中的內容實際，筆者認為：書名中的"周易"，指的是《易經》和《易傳》，更確切地說乃指由王弼定編的《周易》經傳；"禪"，指的是"禪學"或"佛教禪學"

或"佛學",不是僅指"禪宗之學";"解",有"解釋"、"解說"之義,應與"註疏"、"註解"、"註釋"等意思區別開來,若以"闡發義理"來理解會更準確。"周易禪解"實際上就是指"援用佛學佛法(禪學)來闡發《周易》經傳的義理"。

二、《周易禪解》研究的目的與意義

易學、儒學、道學、佛學都是國學的重要組成部分,向來為人們所重視。關於各組成部分的個案研究,不僅取得了大量的可喜成果,而且已經相當深入;關於各部分之間的比較研究,易學與儒學,易學與道學,儒學與道學,道學與佛學之間的研究,都已取得較為豐富的學術成果。惟獨易學與佛學關係的比較,仍處於初步的研究狀態,這是不合情理的。可以說,易學與佛學是中國學術理論中最具智慧的兩門學問,易道廣大與佛法無邊共同組成中國乃至整個東方世界最富有神秘色彩和最具影響力的傳統文化核心。國學,從某種意義上看應是一個互相聯繫、不可分割的學術體系,國學的意義和價值也在於此;從發生和發展的角度看,各組成部分的理論源泉無一不來自於東方人的獨特生活個性和思維方式,也就深刻表明它們之間在本質上理應是共通的乃至目的的共同。比較和溝通各組成部分之間的關係,意義就在於對傳統色彩濃厚和思想蘊涵深厚的國學進行深刻的剖析理解和合理運用,取其所長補其所短,以便更大限度地造福民族蒼生乃至世界人民。國學研究的目的應著眼於全面發展,發展的關鍵首先要解決的是如何在比較研究的基礎上融通各學術分支理論,其次是在國學內部融通的基礎上再與西學體系融通。比較是手段,融通是目的。如果文化理論,不能在深入研究的基礎上走向一統,反而走向分裂,那麼,從人類幸福的角度而言任何研究都是毫無意義的。如果我們能從傳承和研究國學的角度來理解易佛關係研究的重要性，那麼研究《周易禪解》的目的也就更加明確，意義也將更爲重大。

　　《周易禪解》既是融通易學與佛學的代表性著作，也是大力倡導各種學術應該和合相容的主要著作之一。從文化全球化的角度來看，研究《周易禪解》無疑也是我們力圖實現國學統一以面向世界、走向世界、造福世界的目的之一。從傳統文化應該"古爲今用"的角度來看，對《周易禪解》這樣有代表性的著作，進行全面系統的研究，不僅能加深學界對易佛關係的認識，還能從其"融通異學"的實踐和理論中獲取有益於當今學術研究的良好借鑒。基於以上兩個角度的理解，本書確立了研究《周易禪解》的三方面目的：

　　一是針對《周易禪解》流傳過程中存在的各種問題進行比較全面系統的研究，爲廣大讀者解讀該著作提供理論和材料的幫助。

　　二是針對目前研究《周易禪解》存在的不足，側重對該著作蘊涵的各種思想作更爲全面深入的挖掘和總結，爲深入研究易佛關係和三教關係提供有力的依據。

　　三是根據本研究所取得的結論，重新評價《周易禪解》在中國學術史上的地位和貢獻，力圖引起更多的學者關注《周易禪解》所涉及的易佛關係問題。

　　近幾年來，隨著學術界對邊緣交叉學科研究的重視，研究傳統文化交叉關係的學者越來越多，逐步開關了中國學術文化研究的新局面。就易學與佛學的關係研究而言，代表性的研究專著已經出現，相關的研究論文也與日俱增。但是，大部分的學者仍然停留在宏觀的史論研究，而很少作微觀的原典著作研究。宏觀研究固然重要，但如果缺乏全面細緻的研究則容易陷於空疏之談，只能反映學術之間大致的發展脈絡，而不能解決實際問題，甚至導致對一些重要問題產生錯誤的看法，而妨礙整個大文化體系的深入研究。微觀研究雖然不能面對和解決一些重大的學術問題，但由於對文本的解讀和研究比較細緻，也能發現和解決一些宏觀研究容易誤解和忽視的問題，所以與宏觀研究實際上是相得益彰、相輔相成的。本書所作的雖然是微觀的原典研究，但能注重結合宏觀問題的研究，儘管所涉及的問題相對比較瑣碎和細小，但大多能圍繞重大的學術問題來展開，所以與宏觀的研究相比仍不失其重要意義。筆者認爲，研究《周易禪解》主要有六方面意義：

一、從研究智旭思想的角度看，因爲《靈峰宗論》有被成時法師妄加刪改的事實，所以通過智旭"釋論"著作之一《周易禪解》的研究，能更加準確地認識中年智旭的思想。

二、從研究易佛關係角度看，因爲《周易禪解》有鮮明的援禪解《易》之特色，是學界公認的貫通易佛關係最全面的代表性著作，所以通過該著作的研究無疑可以使一向隱密的易佛關係更加明朗，從而使易佛關係的研究更加深入。

三、從研究儒佛關係乃至三教關係的角度看，因爲《周易禪解》深入剖析了易學與佛學之間的異同，使佛學和儒學在《周易》的文本內容中獲得了真正的全面的溝通，既有功於易學的多樣化，又有助於佛學的中國化，也有助於明代以來儒佛之間乃至儒道佛三教之間關係的調和，所以深入研究《周易禪解》無疑能使三教關係研究取得更大的進步。

四、從研究明末清初學術思想文化的角度看，因爲《周易禪解》是一代高僧智旭在國家改朝換代之際、個人生死攸關之時、心思由迷轉悟之後以民族文化精粹（易學和佛學）爲研究對象的精心之作，取精用宏，蘊義豐贍，足以作爲明清之際代表性的思想著作之一，所以對其思想的深入挖掘無疑有補學界對該時代思想文化的全面研究。

五、從建立中國文化解釋學的角度看，因爲《周易禪解》是以佛學來全面解釋《周易》的成功範例，其中不乏獨特創新的解釋方法和條例，所以對其解說的方式進行研究無疑對當今學界構建有中國特色的解釋學也是大有裨益的。

六、從學術現代化和全球化的角度看，因爲《周易禪解》所探討的不僅是兩種文化之間的關係問題，而且是高深莫測的宇宙和人生問題，具有很高的哲學價值，所以把其書中所思考的問題及其對問題思考的過程和結論梳理出來，公諸於衆，無疑對中國文化、東方文化乃至世界文化的深入研究也有一定的現實意義。

三、《周易禪解》研究的問題與方法

　　《周易禪解》雖然只是一部十萬字左右的著作，但其中值得研究的問題並不少。就總體而言，主要涉及三個關係問題：一是作者及其時代與該著作成書之關係。既要考察《周易禪解》作者智旭的生平概況，又要考察智旭及其時代與《周易禪解》的關係問題，即研究《周易禪解》的寫作原因、目的、思路、順序以及流傳情況。二是該著作文本的思想內容與傳統文化思想之關係。既要解讀《周易禪解》的文本內容，又要挖掘其中蘊涵的思想，還要研究其思想的創新問題。三是該著作與所涉及的研究領域之關係。既要實事求是總結《周易禪解》各方面的思想成就，又要根據新的研究成果對著作的學術價值和地位作出如實的評判。就本書的研究而言，主要圍繞以下六個方面展開：

第一，與《周易禪解》作者相關的問題。《周易禪解》作者智旭作為明末著名的高僧，雖然歷代以來對他的生平情況都有所記載，但主要都是根據《靈峰宗論》的說法，而對這些說法的真實性問題並沒有作深入的研究。因此，擺在我們面前的首要問題是：智旭究竟是一個什麼樣的人？為此，本書側重探討幾個問題：各種記述智旭生平的材料有沒有出入？如果有出入的話，該以何種說法為是？能不能以《靈峰宗論》的說法作為依據？由於已有學者發現《靈峰宗論》有被成時法師刪改的事實，所以能否再依據《宗論》的說法成為考辨智旭生平的關鍵性問題。對此，本書又必須再考辨一些問題：《宗論》被刪改，其書卷首的《靈峰蕅益大師自傳》是否也被刪改？成時法師刪改的居心何在？經過刪改的材料到底還有多少可信度？記載智旭生卒年存在多種與《宗論》不同的說法，到底何說可信？被刪改的《宗論》所收錄的《周易禪解》序跋文與清初釋通瑞所刊刻的單行本之間有明顯的差異，究竟孰真孰偽？總而言之，由於《宗論》被刪改事實的初步發現，所以如何才能真實瞭解智旭生平成為《周易禪解》研究也必須認真考辨的首要問題。

第二，《周易禪解》的寫作問題。儘管智旭在其書的序跋文中對其寫作該書的起因和過程等情況都有所提及，但是仍有不少問題尚未解決清楚。本書首先要面對的是寫作原因問題：運用佛學全面解說《周易》經傳的作品，為什麼會到晚明時代才出現？智旭作為佛門高僧，為什麼會對《周易》發生興趣並全面加以解說？智旭為什麼能寫出《周易禪解》？為什麼寫作《周易禪解》要歷時三年半之久？其次是寫作過程問題：智旭寫作的目的意圖果真只是"誘儒以知禪"嗎？他的寫作思路和順序如何？他爲什麽敢以禪學解說《周易》？再次是版本流傳問題：《周易禪解》主要有哪幾種版本？各版本之間有何差異？各種版本的優劣情況如何加以判定？刊刻成書的時間及其成書以後的流傳情況如何？通過以上各主要問題的探究，我們可以更有效地說明幾個重要問題：《周易禪解》是不是智旭思想成熟期的精品著作？是不是易佛關係研究史上最有代表性的著作？值不值得我們作全面系統的深入研究？簡而言之，《周易禪解》與其作者、産生時代、研究領域等的關係及其流傳情況等問題，是必須如實加以探究的基本問題。

第三，《周易禪解》的性質特點問題。還必須探究的另一個基本問題是：《周易禪解》是一部什麽性質的著作？是易學著作，還是禪學著作？而要回答這個問題，必須先解決如下相關的問題：首先是智旭所依據的《周易》底本到底是易學史上何家何派的定編本？應該如何比較各主要《周易》版本之間的差異，進而探明《周易禪解》的版本來源和文本特點？《周易禪解》的文本體例、篇章結構有何特點？爲什麽會是這樣的結構和體例？其次是如何解讀該書文本的內容？對於該書各主要部分的內容該如何加以歸納和說明才是準確的？再次是智旭解說《周易》運用了哪些主要方法？爲什麽《周易禪解》與歷代著作有很大的不同？不同點表現在什麽地方？有沒有完全相同相通之處？只有針對以上這些瑣碎的問題逐個加以解決，才有充分的理由來評判該書的著作性質問題。

第四，《周易禪解》的思想問題。《周易禪解》作爲一部融會不同學術思想的著作，有著深厚的國學底蘊和思想內涵，如何把這些豐富複雜的思想蘊涵分別挖掘出來，乃是進一步深刻理解該書的重要問題。因此涉及了一系列的問題:《周易禪解》到底蘊涵了哪些思想?其思想傾向到底是儒還是佛?是禪還是易?其佛學思想蘊涵有哪些?是不是以禪宗的思想爲主?是不是有融會諸宗的情況?其儒學思想蘊涵有哪些?是如何貫通傳統儒學思想的?其易學思想蘊涵有何具體的表現?是不是還有更多的思想蘊涵?其思想特色是什麼?其思想來源於何處?諸如此類的問題,本書不僅通過文本的細緻解讀尋找答案,而且還結合傳統文化思想加以考察。

第五,《周易禪解》的創新問題。《周易禪解》豐富的思想蘊涵有何傾向,有何理論創新,是研究《周易禪解》的關鍵問題。與此相關的問題有:《周易禪解》的思想理論是什麼?該理論基礎是什麼?理論根源是什麼?該理論是如何推導和建構的?理論的表現形式是什麼?

第六,《周易禪解》的評價問題。評價《周易禪解》是一部什麼樣的著作,是本研究的根本問題。與此相關的問題有:如何看待《周易禪解》的思想成就?如何正確評價《周易禪解》的得與失?《周易禪解》對學術的發展有何影響?有何意義?該如何給它定位?

針對以上各種問題,本書採取了多種行之有效的研究理論與方法:一是運用傳統的治學方法,力求對各種可疑的史料展開科學的考辨,盡量選用好的著作版本作爲研究的內容依據。二是運用唯物辯證法的指導思想,結合真實可靠的史料對具體的問題展開論述。三是以中國哲學歷史與思想研究爲導向,把《周易禪解》研究放在智旭生平及其時代與《周易禪解》的關係、《周易禪解》與禪易關係歷史等大問題中,以點帶面,史論結合,環環相扣,力求使所研究的問題都能得到如實的說明和合理的解決。

第一章　《周易禪解》的作者概況與考辨

　　研究我國古代的學術著作，一開始難免都會遇到一些問題和麻煩，如該著作的成書年代問題、作者問題、真偽問題、版本問題等等。如果這些問題得不到有效的解決，那麼相關的諸多問題研究也就會受到限制，如該著作的寫作原因、寫作意圖、思想來源、學術價值等問題，也就失去了可靠的評判基礎。尤其是作者的生平履歷問題，如果我們所能瞭解到的真實情況越是清晰豐富，那麼，我們對其著作中的各種問題的探究就越能具體而深入。本書研究的《周易禪解》這部書，其成書的年代、真偽、版本都有相當明確的史料可以定論，其作者的名號、生卒年月、生平履歷、著述情況等也都有相當多的記載，且都比較清楚。《周易禪解》的作者，就是晚明四大高僧之一的釋智旭，這肯定是毫無疑問的。但是，歷來介紹智旭生平的史料是怎麼來的？其可信度到底有多少呢？可以說，這個問題在本書開始之前，學界並沒有提出任何的質疑，因為以往各種有關智旭研究的論著，都能很清楚地介紹智旭。而當筆者找到前代各種記載智旭生平的材料，並作比較研究之後，才發現了一些問題。為了能在本書展開研究之前對智旭的生平事實有一個相對全面、客觀、真實的瞭解，本章擬先對記載智旭生平事實的史料加以梳理，並考辨其中存在的主要問題。

第一節　記述作者生平的各種材料

　　眾所皆知，智旭是有明一代的高僧，在中國佛教發展史上起著舉足輕重的作用，所以人們在撰寫佛教史或編撰佛教辭典時都要提到他的生平概況。從明末至今，有關智旭生平的文字材料多達數十條。據筆者所能查到的，由今及古，主要可分成三類：一是現當代學術論著中有關智旭生平的評傳文字。二是明清和民國時期的地方誌、佛教史、佛教辭典等的相關記載。三是智旭著作中的記載。爲了能更全面準確瞭解智旭的生平事實，在做一些相關問題的考辨和探討之前，擬先對以上三類材料作一番簡要的介紹和評述。

一、今人論著說智旭

　　第一類是現當代學術論著中有關智旭生平的評傳文字。這部分的資料相當多也相當雜，在此只能提及幾種較有代表性的。從文字篇幅長短來看，有的很簡略，簡到幾乎不提智旭的生平履歷情況。如"智旭（一五九九～一六五五年），俗姓鍾，江蘇吳縣人。少年闢釋，及長信佛，成年受戒。遊歷東南諸省，不斷閱藏、講述和著作。其作分宗論、釋論二類，有《靈峰宗論》、《彌陀要解》等共六十餘種一百六十四卷，綜合禪、教、律而會歸淨土，同時融會儒、釋。一般淨土宗信徒，都認爲智旭是袾宏的繼承者。"[1]有的很詳細，詳到提及智旭的簡履、著述、思想等情況。如中國

---

1 《中國佛教之旅 7·東南聆法音》，林言椒主編，河北教育出版社，2000 年 6 月版，第 84 頁。

佛教協會編撰的《中國佛教》第二輯[2]、郭朋《中國佛教思想史》下卷[3]等著作中對"智旭"的評述都比較詳細。也有一些是用白話文寫就的略帶情節經過的傳記。如台灣彭楚珩編著《歷代高僧故事》第四輯[4]；李山、過常寶主編《歷代高僧傳》[5]；洪丕謨《古今100高僧》[6]；等等。筆者在讀完這些時人的評傳文字後發現：一、評傳文字大多是祖述《靈峰宗論·靈峰蕅益大師自傳》；二、有些評傳文字或誤解、歧解原始史料的記述，或過於隨意添加無稽之談；三、大多數認為關於智旭生平的介紹和評述是沒有什麼問題可談的。依筆者之見，如果對智旭生平情況僅僅作簡單介紹，並不會碰到什麼大問題，事實上也出不了什麼差錯；但是，如果要對其進行全面考察和準確細緻的敍述，則會發現其中問題不僅不少，而且不小。究竟存在哪些問題呢？我們只有綜合比較前代各種傳記文字資料之後，才能得到有效的說明和考辨。

根據對第一類中各種現成的評傳文字進行比較歸納後，我們約略可以知道智旭的生平概況大致是這樣的：智旭（西元1599～1655年），明末僧人，俗姓鍾，名際明，字蕅益[7]，又名聲，字振之，號八不道人、北天目道人，又從所居稱靈峰老人，古吳木瀆（今屬江蘇省蘇州市吳縣木瀆鎮）人。少習儒書，曾誓滅釋老，著《闢佛論》數十篇。年十七，因讀蓮池《自知錄序》和《竹窗

2　東方出版中心，1982年8月版，詳見該書第299-303頁。
3　福建人民出版社，1995年9月版，詳見該書第437-464頁。
4　宗教文化出版社，1997年6月版，詳見該書第337-372頁。
5　山東人民出版社，1994年7月版，詳見該書第474-480頁。
6　學林出版社，1993年11月版，詳見該書第249-253頁。
7　當代有一些書中認為智旭的字是"蕅益"，或說是"字蕅益，又字蕅益"。實際上，"蕅"與"蕅"，兩者音義相同，乃寫法之異也。如果按規範，最好是仍從古本寫作"蕅益"，也可以依從規範簡體字寫作"蕅益"，或者說是"字蕅益（一作蕅益）"，而不宜說是"字蕅益，又字蕅益"。

隨筆》等書，開始信佛，並全部燒毀舊論。二十四歲時從憨山弟
子雪嶺剃度出家，法名智旭，後於蓮池塔前受具足戒和菩薩戒。
從此遊方各地，廣涉諸宗，遍學法相、禪、律、華嚴、天台、淨
土諸宗教義，主張禪、教、律三學融合，佛、道、儒三教一致。
崇禎間住持江浙各地，晚年定居浙江孝豐靈峰寺。清順治十二年
（1655）正月示寂，壽五十七歲。兩年後，門弟子將其遺體火化，
起塔於靈峰大殿右。與憨山德清、紫柏真可、蓮池袾宏並稱明代
四大高僧。生平著述頗多，分爲宗論和釋論兩類，共六十餘種一
百六十四卷。

二、前代史料之智旭

　　第二類是明清和民國時期的相關記載。由於智旭生於明末卒
於清初，生平跨越了兩個朝代，所以對他的朝代歸屬問題，後代
學者並沒有作出統一的說法。因爲他大部分時間是生活在明代，
而且他也多次強調自己是明朝的子民，所以後人通常是把他當作
明代僧人，並與憨山、紫柏、蓮池並稱明代四大高僧。但智旭畢
竟是活到了清初，如果以卒年來論其人所處朝代的話，把他劃入
清代也是可以的，因此一些修史的學者也常把他歸入清初。關於
智旭的生平傳記，明如惺《大明高僧傳》、明明河《補續高僧傳》
[8]、《明史》、《清史稿》等史料中都沒有記載。這個中的原因雖無
史可稽，但應該是可以猜想得到的：《大明高僧傳》所傳記的高僧
都是在智旭出生之前的；智旭卒於清初，故清代修《明史》者不
把他當明人看待；修《清史稿》者又以智旭有抗清情緒之故，而
拒於史外。也許還有更複雜的原因，有待學界根據其他發現的史

---

8 明崇禎十三年（1640），吳郡華山寺沙門明河撰。

料加以考辨。由於修史者一般不收錄活人的傳記,所以崇禎壬午年(1642)左右序修的《崇禎吳縣誌》[9]、清初徐昌治《高僧摘要》[10],也沒有提到智旭。

儘管明清兩代的正史沒有智旭的傳記,但還是有一些著作提到了他。智旭在世時不僅四處雲遊,而且廣交朋友,開示俗世弟子,對當時的朝野人士有很大的影響。所以,從他與友人之間來往的書信,以及那些故交好友的著作、雜記中,應該也可以找到一些記述智旭生平事蹟的材料。當然,要找到這些材料有如大海撈針,絕非易事。由於本書研究的主要對象不是智旭,所以筆者也沒有全面細緻地搜索關於智旭生平的所有材料,尤其是對明末清初學者的著作查找得相當少。偶在《晚明思想史論》一書中見到一則引自錢謙益[11]《書蕅益道人自傳後》中的文字,茲錄其文如下:

> 嗚呼!今世宗師座主,踞曲盝牀,建大法幢者,多矣。孰有千經萬論,如水瀉瓶,橫心橫口,信心信口,橫說豎說,具大辨才,如道人者乎?孰有持木叉戒,水青玉粟,雖復白刃穴頭,飛鐵灼身,斷不可毀缺針鼻,如道人者乎?孰有篤信大乘最上乘法門,破斥第二義諦,不遊兔徑,不內牛跡,不乘羊鹿二車,如道人者乎?其立論以為隨機羯磨出而律學衰,指月錄盛行而禪教壞,四教儀流傳而台宗昧。舉世若教,若律,若禪,無不指為異物,嫉若寇讎。道人坦懷當之,攢鋒集矢,無可引避。昔者,宋人論洪覺範曰:

---

9 載《天一閣藏明代方志選刊續編》。
10 全書四卷,清順治十一年(1654),武原居士徐昌治編輯。
11 按:智旭生前與錢謙益、袁宏道、陳旻昭等人都有交情,這些學者的文集著作多少都會有談及智旭的文字材料。

　　"寧我得罪於先達，獲謗於後來，而必欲使汝與聞之。于
　　佛法與救鴿飼虎等，于世法程嬰公孫杵臼田光貫高之用心
　　也。"吾嘗聞紫柏海印（即憨山）二老後，道人殆庶幾不
　　愧此語。嗚呼難哉！[12]

　　清代也有一些著作傳記智旭，如彭希涑《淨土聖賢錄》[13]，
該書卷六第三科"往生比丘"，收有智旭的小傳，其材料大多源
於《靈峰宗論》（後文或簡稱爲《宗論》）。還有一些地方誌也略有
提及，只可惜的是這些地方誌不僅粗疏簡略，而且是沿襲他書而
成的。如民國《吳縣誌》卷七十七上《清·列傳·釋道一》的記載：

　　智旭，吳縣鍾氏子。父持白衣大士呪，母夢大士送子而生。
　　三歲喪母，年十三無書不讀，以聖學自任，著書闢佛凡數
　　千言。父見而責之，示以雲棲《竹窗隨筆》，乃焚所著論。
　　年二十父卒，延僧作福，見《地藏本願經》，讀之始發出世
　　志。年二十四，入湖州金蓋山爲僧。歷主溫陵、漳州、石
　　城、長水、新安等處方丈，廣宏台教，時諸方禪士多以淨
　　土爲權教，遇念佛人必令參究誰字。師獨謂持名一法，即
　　是圓頓心宗。晟谿雪簑翁聞之，乃延主慧明寺方丈。順治
　　己丑，退休靈峰。旋出雲遊江浙間，自號靈峰老人。廣度
　　故明諸老，凡得遇師者，莫不言下立悟。歲甲午正月二十
　　一日端坐而逝，塔於靈峰。（《金蓋心燈》）[14]

---

12 轉引自嵇文甫《晚明思想史論》第六章"佛門的幾個龍象"，東方出版社"民
　　國學術經典文庫"本，1996 年 3 月版，第 139-140 頁。
13 全書九卷，清乾隆四十八年（1783），居士彭希涑在其叔彭際清（又名"彭
　　紹升"）的直接指導下撰成。
14 曹允源、李根源纂：民國《吳縣誌》，引自《中國地方誌集成·江蘇府縣誌輯
　　（12）》，該書據民國二十二年（1933）蘇州文新公司鉛印本影印，江蘇古籍
　　出版社，1991 年 6 月版，第 569 頁。

以上這則摘自《金蓋心燈》的傳記材料，與同治《蘇州府志》中的記載是完全一樣的[15]。從兩部地方誌編修的時間來看，《吳縣誌》的說法無疑乃是直接沿承《蘇州府志》的。對比其他大部分傳記材料，筆者發現這則材料有三處不同的說法：一是說智旭"三歲喪母"；二是說智旭"年二十四，入湖州金蓋山爲僧"；三是說智旭逝於甲午歲（1654 年）。如果以《靈峰宗論》所記爲是的話，那麼此三說肯定爲非，不證自明。至於是否仍有屬實的可能，筆者以爲且不做結論爲好，以待進一步查證。

此外，還有《重刊江寧府志》卷五十一《仙釋》的記載，可惜尤爲簡略："智旭，俗姓鍾，父母持白衣呪十年，夢大士送子而生，幼讀儒書，長而出家，主江寧之祖堂，名公大人執經問難，直決元奧。死葬靈峰之衆香塢。"[16]而轉引自《江寧府志》的《古今圖書集成》[17]第一百九十四卷僧部中"智旭"條下所記，儘管有個把錯別字，卻相對詳細些：

> 按《江寧府志》：靈峰法師智旭，號滿益，俗姓鍾，父母持白衣大悲呪十年，夢大士送子而生。幼讀儒書，長而出家，體究大事，細行無忒，皎如冰霜，究心台部，歷開講筵，始入靈峰，作《請藏因緣》，草衣木食，若將終身。來金陵，住祖堂，述《唯識心要》、《相宗八要直解》、《彌陀要解》。

15 詳見《中國地方誌集成·江蘇府縣誌輯（10）》之同治《蘇州府志（四）》，（清）李銘皖、譚鈞培、馮桂芬修纂，江蘇古籍出版社，1991 年 6 月版，第 452 頁。

16 《歷代釋道人物志》，蘇晉仁、蕭鍊子選輯，巴蜀書社，1998 年 6 月版，第 286 頁。

17 這是清初輯成的一部大型類書，全書共一萬卷，分爲六編三十二典，凡六千一百零九部。此書初輯於康熙時期，未刊行。清世宗雍正皇帝繼位後，又令蔣庭錫等重爲編校，於雍正四年（1726）以銅活字排印行世。該書所涉及的佛教資料相當豐富。

　　移長干三藏殿，演《棱嚴》文句。生平不事干謁，名公大
　　人執經問難者，必直決可否，不徇俗情。嘗有言曰：漢宋
　　註疏盛，而聖賢心法晦，譬如方木入圓竅也；《隨機羯磨》
　　出，而律學衰，譬如水添乳也；《指月錄》盛行，而禪道壞，
　　譬如鑿混沌竅也；《四教儀》流傳，而台宗昧，譬如執死方
　　而醫變症也。乙未正月，趺坐向西，稱佛而逝，塔於靈峰
　　衆香塢。[18]

　　順便提一下，以上引文有兩處特別罕見的說法：一是直決執
經問難之事；二是塔於靈峰衆香塢。此二說是否屬實，仍有待查
證。除了地方誌以外，民國時期的相關著作中也常有提及。如釋
惟靜《佛教歷史》[19]、蔣維喬《中國佛教史》[20]，在評述明清佛教
史時都有提到智旭生平概況，而且都把智旭作爲清初人物加以傳
述。除了佛教史外，不少辭書中也都有提及。如丁福保《佛學大
辭典》“智旭”條下：

　　名智旭，字藕益，自號八不道人。從所居而曰靈峰。父歧
　　仲，持白衣觀音呪祈子，母金氏，夢大士抱子授之而生，
　　時明萬曆二十七年五月三日也。初學儒，以聖學自任，作
　　《闢佛論》數十篇。十七歲閱蓮池大師《自知錄敘》及《竹
　　窗隨筆》，取論焚之。二十歲喪父，讀《地藏本願經》發出
　　世之心，日誦佛名。居三年，聞一法師講《首棱嚴經》，至
　　“空生大覺”，忽生疑不能得，遂於像前發四十八願，決

---

18 引自《古今圖書集成》第 50 冊《博物彙編·神異典》第一百九十四卷僧部，
　中華書局、巴蜀書社，1985 年 10 月版，第 61788 頁。
19 該書原名《佛教略史》，八卷，四川仁壽松峰寺僧惟靜著，成都大慈寺僧圓
　乘校，1996 年 4 月江蘇廣陵古籍刻印社據民國初年刻本影印，詳見該書第
　870-876 頁。
20 上海書店據商務印書館 1935 年版影印，1989 年版，詳見該書卷三第 58-59 頁。

心出家。天啓二年三夢憨山，時憨山在曹谿，不能往從，從憨山之徒雪嶺剃度。尋往雲棲聽古德講《唯識論》，疑與《首棱嚴》之宗旨不合，請問。古德云：“性相二宗，不許和會。”心怪之曰：“佛法豈有二耶？”遂入徑山參禪，性相二宗，一時透徹。旭見律學退廢，以興律爲任，既述《毗尼集要》，尋欲註《梵網經》，於佛前拈鬮以決所宗，得天台宗，於是究心台部，而不肯爲台宗子孫，以近世之台宗、禪宗、賢首、慈恩各執門庭不能和合也。晚住靈峰，生平著述合有四十餘種，順治十一年正月二十一日寂，壽五十七。嘗曰：“生平行履，百無一長，獨有大菩提心，忘身爲人，捨己從人，爲堪質之于三世慈尊者。”（見《靈峰宗論》）師之《靈峰二十景頌》中《大雄峰頌》曰：“鷲嶺遙傳只一枝，由來吾道貴聞知。但從龍樹通消息，不向黃梅覓破衣。”[21]

　　民國時期學者對智旭生平情況研究得最詳細透徹的，應該首推智旭大師的忠誠崇拜者弘一法師。弘一法師在晚年時曾致力於智旭生平的研究，並作《澫益大師年譜》傳世。該《年譜》據其作者自序中所言乃是“依大師自撰《八不道人傳》，及成時續傳錄寫。復檢《宗論》中諸文增改，並參考別行諸疏序跋補訂焉。己未，居錢塘，初稿。辛酉，掩室永嘉，改纂。乙亥住溫陵月臺再治。老病纏綿，精力頹弊，未能詳密校理，殊自恧也。年譜諸文，雖有撮略，或加潤飾，但悉有所據。若述私意，則寫雙行小字，上冠案字，以區別也。”[22]從目前筆者所掌握的資料而論，此《年

21　《佛學大辭典》，丁福保編纂，文物出版社，1984 年 1 月版，第 1102-1103 頁。

22　《弘一大師全集》第七冊佛學卷之《澫益大師年譜》，福建人民出版社，1991年 6 月版，第 406 頁。

譜》當屬迄今爲止敍述智旭生平履歷情況最爲全面完整的，儘管
其文尙"未能詳密校理"。當然，該《年譜》仍難免有些缺略之
處。如對智旭七歲以前、八至十二歲以前、十三至十七歲以前、
十八至二十歲以前的事蹟一無所知。對智旭其他年歲事蹟的記
載，也都很簡略，主要以一些大事記爲主，未能詳盡到智旭每年
四季或各月份的行程和行事。[23]由此可見，此《年譜》也還是相
當不完備的。所以，要想見到一部眞正意義上的智旭年譜，仍有
待來者對智旭生平作繼續深入的研究。

三、智旭著作之自傳

　　第三類是智旭著作中的記載。智旭一生著述宏富，據門人成
時法師《靈峰宗論序說》（後文即簡稱《序說》）中記載，成時把
智旭著述分爲兩大類：一爲《宗論》，一爲《釋論》。其《宗論》
部分，主要包括智旭生平留下的各種願文、法語、荅問、普說、
茶話、說、文、偶錄、書、論、辯、議、記、序、題跋、疏、傳、
壽序、塔志銘、祭文、頌、銘、箋、詞、贊、詩偈等，這些文字
材料都在智旭往生後，由成時輯成《靈峰宗論》，共十大卷三十八
子卷。《靈峰宗論》，從內容和意義上說，等同於一部智旭生平文
集，其中關於智旭生平思想、著述、行履等文字材料比比皆是，
儘管大多零散不一。可以說，歷來學者研究和評述智旭生平事蹟
的第一手資料，都是出自《靈峰宗論》。進一步說，目前所能見到
的全面專題介紹智旭生平傳記的最原始史料，當屬載於《靈峰宗
論》篇首的《靈峰蕅益大師自傳》（後文或簡稱爲《自傳》）。從傳
文內容來看，該《自傳》從出生到五十四歲是智旭自己寫就的，

---

23 詳見《蕅益大師年譜》，版本同上，第 406-414 頁。

最後三年的自傳文字則是由其弟子成時續成的。該《自傳》的主體部分是《八不道人傳》，比較詳細地記敍了智旭的籍貫、家庭、出生年月、生平履歷、生平著述、生平思想、生平個性、生平名言等，對研究智旭生平情況具有重要的史料價值，茲摘錄如下：

> 八不道人，震旦之逸民也。古者有儒、有禪、有律、有教，道人既蹩然不敢。今亦有儒、有禪、有律、有教，道人又艴然不屑，故名八不也。俗姓鍾，名際明，又名聲，字振之。先世汴梁人，始祖南渡，居古吳木瀆。母金氏，以父歧仲公，持白衣大悲呪十年，夢大士送子而生。蓋萬曆二十七年己亥，五月三日亥時也。七歲茹素，十二歲就外傳，聞聖學，即千古自任，誓滅釋老。開葷酒，作論數十篇闢異端，夢與孔、顏晤言。十七歲，閱《自知錄序》，及《竹窗隨筆》，乃不謗佛，取所著《闢佛論》焚之。二十歲，詮《論語》，至“天下歸仁”，不能下筆。廢寢忘飱三晝夜，大悟孔、顏心法。冬，喪父，聞《地藏本願》，發出世心。二十二歲，專志念佛，盡焚窗稿二千餘篇。二十三歲，聽《大佛頂經》，謂“世界在空，空生大覺”，遂疑何故有此大覺，致為空界張本，悶絕無措。但昏散最重，工夫不能成片，因決意出家，體究大事。二十四歲，夢禮憨山大師，哭恨緣慳，相見太晚。師云：“此是苦果，應知苦因。”語未竟，遽請曰：“弟子志求上乘，不願聞四諦法。”師云：“且喜居士有向上志。雖然，不能如黃蘗臨濟，但可如巖頭德山。”心又未足，擬再問，觸聲而醒。因思古人安有高下？夢想妄分別耳。一月中，三夢憨師。師往曹谿，不能遠從，乃從雪嶺師剃度，命名智旭。雪師，憨翁門人也。夏秋作務雲棲，聞古德法師講《唯識論》，一聽了了，

疑與《佛頂》宗旨矛盾。請問，師云："性相二宗，不許
和會。"甚怪之。佛法豈有二歧邪？一日問古師云："不
怕念起，只怕覺遲。且如中陰入胎，念起受生，縱令速覺，
如何得脫？"師云："汝今入胎也未？"道人微笑。師云：
"入胎了也。"道人無語。師云："汝謂只今此身，果從
受胎時得來者邪？"道人流汗浹背，不能分曉，竟往徑山
坐禪。次年夏，遍撈功極，身心世界，忽皆消殞。因知此
身，從無始來，當處出生，隨處滅盡，但是堅固妄想所現
之影，刹那刹那，念念不住，的確非從父母生也。從此，
性相二宗，一齊透徹，知其本無矛盾，但是交光邪說，大
誤人耳。是時一切經論，一切公案，無不現前。旋自覺悟，
解發非爲聖證，故絕不語一人。久之，則胷次空空，不復
罣一字腳矣。二十六歲，受菩薩戒。二十七歲，徧閱律藏，
方知舉世積譌。二十八歲，母病篤，四刲肱不救，痛切肺
肝。葬事畢，焚棄筆硯，矢往深山。道友鑒空，罣掩關於
松陵。關中大病，乃以參禪功夫，求生淨土。三十歲，出
關朝海，將往終南。道友雪航，願傳律學，罣住龍居。始述
《毗尼事義集要》，及《梵室偶談》。是年遇惺谷、歸一兩
友，最得交修之益。三十一歲，送惺谷至博山薙髮，隨無
異禪師至金陵。盤桓百有十日，盡諳宗門近時流弊，乃決
意宏律。然律解雖精，而煩惱習強，躬行多玷，故誓不爲
和尚。三十二歲，擬註《梵網》，作四鬮問佛：一曰宗賢首，
二曰宗天台，三曰宗慈恩，四曰自立宗。頻拈得台宗鬮，
於是究心台部。而不肯爲台家子孫，以近世台家，與禪宗、
賢首、慈恩，各執門庭，不能和合故也。三十三歲秋，惺
谷、璧如二友去世，始入靈峰過冬，爲作《請藏因緣》。三

十五歲，造西湖寺，述《占察行法》。三十七歲，住武水，述《戒消災略釋》、《持戒犍度略釋》、《盂蘭盆新疏》。三十八歲，住九華。次年述《梵網合註》。四十一歲，住溫陵，述《大佛頂玄義文句》。四十二歲，住漳州，述《金剛破空論》、《蕅益三頌》、《齋經科註》。四十四歲，住湖州，述《大乘止觀釋要》。四十六歲，住靈峰，述《四十二章經》、《遺教經》、《八大人覺解》。四十七歲，住石城，述《周易禪解》；是秋，住祖堂。越二年，述《唯識心要》、《相宗八要直解》、《彌陀要解》、《四書蕅益解》。五十一歲冬，返靈峰，述《法華會義》。次年，述《占察疏》，重治《律要》。五十四歲，住晟谿，草《楞伽義疏》，遷長水而始竟。尚有《閱藏知津》、《法海觀瀾》、《圓覺》、《維摩》、《起信》諸疏，厥願未完，姑竢後緣而已。生平嘗有言曰：漢宋註疏盛，而聖賢心法晦，如方木入圓竅也。《隨機羯磨》出，而律學衰，如水添乳也。《指月錄》盛行，而禪道壞，如鑿混沌竅也。《四教儀》流傳，而台宗昧，如執死方醫變證也。是故舉世若儒若禪若律若教，無不目爲異物，疾若寇讎。道人笑曰：知我者，唯釋迦地藏乎！罪我者，亦唯釋迦地藏乎！孑然長往，不知所終。[24]

此《自傳》中在《八不道人傳》前、中、後還載有門人靈晟、照南、成時的《私識》三則、《附記》一通，對該《自傳》的由來過程、寫作時間、傳本流變等情況作了一些說明，尤其是成時還補續了智旭五十四歲以後至五十七歲入滅後幾年的各方面情況。

24　金陵刻經處重印嘉慶辛酉和碩豫親王裕豐刻本（簡稱金陵本）《靈峰宗論》第一冊卷首。按：本書所引錄的有關《靈峰宗論》的內容，均依據金陵本，後文不再另註。

關於這些附補的文字內容，留待後文再具體分析和說明。

　　其《釋論》部分，大部分已成書並刊刻出版，還有一些未及成書，總共有六十幾種之多。我們所研究的《周易禪解》一書，即是《釋論》著作之一。《釋論》部分未及成書的，共有二十一種，具體說法主要依據《靈峰宗論·八不道人傳》成時續作之傳文中的一段話：

> 老人《傳》末云：尚有《閱藏知津》、《法海觀瀾》、《圓覺》、《維摩》、《起信》諸疏，厥願未完，姑竢後緣。又閱藏畢，然香願文中云：一者竊見南北兩藏，並皆模糊失次，或半滿不辨，或經論互名，或真譌不分，或巧拙無別，雖有宋朝《法寶標目》，明朝《彙目義門》，並未盡美盡善。今輒不揣，謬述《閱藏知津》、《法海觀瀾》二書，儻不背佛旨，乞得成就流通。二者如《圓覺》、《維摩》、《彌陀》、《地藏》乃至《大涅槃經》，夙有微願，再加解釋，并《僧史》、《寶訓》，亦願增修，仰求庇護，令得速成。又定嗣註經目，有《行願品續疏》、《圓覺經新疏》、《無量壽如來會疏》、《觀經疏鈔錄要》、《十輪經解》、《賢護經解》、《藥師七佛經疏》、《地藏本願經疏》、《維摩補疏》、《金光明最勝王經續疏》、《同性經解》、《無字法門經疏》、《十二頭陀經疏》、《仁王續疏》、《大涅槃合論》、《四阿含節要》、《十善業道經解》、《發菩提心論解》、《摩訶止觀輔行錄要》、《僧史刪補》、《緇門寶訓》，共二十一種。上三處所列，唯《閱藏知津》、《法海觀瀾》、《起信疏》告成，餘俱不可復得矣。[25]

　　其《釋論》部分，在大師生前已刊成的，據成時法師《序說》

---

25 引自《靈峰宗論》卷首《靈峰蕅益大師自傳》之成時法師補續傳文。引文中"大涅槃合論"之"論"字，所據底本作"輪"。

所言還有：

> 先師著述，除《宗論》外，其《釋論》，則有《阿彌陀要解》
> 一卷、《占察玄疏》三卷、《楞伽義疏》十卷、《盂蘭新疏》
> 一卷、《大佛頂玄文》十二卷、《準提持法》一卷、《金剛破
> 空論》附《觀心釋》二卷、《心經略解》一卷、《法華會義》
> 十六卷、《妙玄節要》二卷、《法華綸貫》一卷、《齋經科註》
> 一卷、《遺教解》一卷、《梵網合註》八卷（後附《授戒法》、
> 《學戒法》、《梵網懺法問辯》共一卷）、《優婆塞戒經受戒
> 品箋要》一卷、《羯磨文釋》一卷、《戒本經箋要》一卷、《毗
> 尼集要》十七卷、《大小持戒犍度略釋》一卷、《戒消災經
> 略釋》一卷、《五戒相經略解》一卷、《沙彌戒要》一卷、《唯
> 識心要》十卷、《八要直解》八卷、《起信裂網疏》六卷、《大
> 乘止觀釋要》四卷、《大悲行法辯譌》一卷（附《觀想偈略
> 釋》、《法性觀》、《懺壇軌式》三種）、《四十二章經解》一
> 卷、《八大人覺經解》一卷、《占察行法》一卷、《禮地藏儀》
> 一卷、《教觀綱宗》并《釋義》二卷、《閱藏知津》四十四
> 卷、《法海觀瀾》五卷、《旃珊錄》一卷、《選佛譜》六卷、
> 《重訂諸經日誦》二卷、《周易禪解》十卷、《闢邪集》二
> 卷，共四十七種（板俱在嘉興府楞嚴寺）。是為靈峰二論目
> 錄（《大記明呪行法》、《四書蕅益解》未行）。[26]

　　郭朋認為以上所列《釋論》著作總數是“總共四十二種，近
二百卷”[27]。郭朋也是根據《序說》所記而言的，為什麼會說是
“四十二種”呢？據筆者研究發現，郭朋是把“《金剛破空論》

26　《靈峰宗論》卷首《靈峰宗論序說》。
27　詳見郭朋《中國佛教思想史》下卷，福建人民出版社，1995 年 9 月版，第
　　440 頁。

附《觀心釋》二卷”理解成“《金剛破空論·附觀心釋》二卷”（兩種當一種，少一種）、把“《梵網合註》八卷（後附《授戒法》、《學戒法》、《梵網懺法問辯》一卷）”理解成“《梵網合註》八卷（附《授戒法、學戒法、梵網懺法問辯》一卷）”（四種當一種，少三種）、把“《教觀綱宗》幷《釋義》二卷”理解成“《教觀綱宗幷釋義》二卷”（兩種當一種，少一種），總共少算了五種，以故算作四十二種。此外，智旭的著作在其生前已成書但未刊行的，主要有《淨土十要》、《四書蕅益解》、《見聞錄》諸書，後來也都相繼付梓行世。話說回來，前列四十七種智旭的著作，儘管大多是對一些經典著作的解釋和疏證，但其每一著作的序、跋等[28]都多少帶有涉及智旭行履的文字敍述，對考證智旭生平事蹟大有裨益；再如這些著作正文中，雖然很少談及智旭個人的活動情況，但卻都是考察和總結智旭生平思想不可缺少的材料，根據每一著作的內容及其寫作時間，我們就可比較清楚地瞭解到智旭當時的主要思想傾向。所以，從這個角度而言，我們也認爲智旭的各種著作中包含有不少由他“自傳”的文字材料。倘若有來者對智旭生平情況繼續作全面深入的研究，必離不開對所有這些“自傳”文字的梳理和辨正。

第二節　《靈峰蕅益大師自傳》質疑

　　前已述之，根據筆者所查考的明末以來關於智旭生平介紹的各種材料發現，有清以來記述智旭生平的文字內容大多直接來源

---

28 按：有些序、跋已收入《靈峰宗論》，單行本具有的恰好可與之對校互證。

於《靈峰宗論》篇首的《自傳》。正由於後世有關智旭的傳記大多源於《自傳》，所以這篇《自傳》對我們瞭解智旭的生平概況就顯得尤爲重要。《自傳》所言都是智旭的生平事實嗎？其可信程度到底如何？如果《自傳》不全是事實的話，那麼我們對智旭其人的評價理當要有更清醒的認識，才不至於老是陷在作僞者早已設下的圈套裏而渾不知覺。從目前學界的研究成果來看，人們大多對這篇《自傳》深信不疑，故而一再以《自傳》的內容來評述智旭的生平概況。學界一向不懷疑《自傳》的真實性問題，筆者以爲乃出於三個主要原因：一是《自傳》所述的內容大致能反映智旭的一生，且記述得比較準確清楚；二是《自傳》內容與《宗論》各篇的記述，幾乎沒有互相抵牾之處；三是有清以來評傳智旭的文字，都是祖述《宗論》及其《自傳》的說法，沒有學者對此提出任何疑議。學界對《自傳》的默認儘管也有一定的原因和道理，但卻不足以成爲定論。因爲此習慣性的"默認"主要建立在對《宗論》的信任，而事實上《宗論》並非完全靠得住，所以筆者確實不敢隨意苟同學界的共識。更關鍵的是基於《自傳》對正確評價智旭一生之重要性的認識，所以筆者一直不敢輕易放過對《自傳》真實性的懷疑。經過初步的探究，筆者終於找到了質疑《自傳》真實性的三方面依據：

一、《宗論》原稿被妄刪

毋庸置疑，《靈峰宗論》確實是研究智旭生平佛學思想及明末清初佛教歷史的一部重要專著。由於文獻失傳，編輯《靈峰宗論》的原稿今已不可復見，大師門人成時（堅密）法師在編輯時作的大量刪節改動也無從全面考察。成時法師於智旭著作雖有輯存流通之功，但他妄刪妄改先師遺著，可謂明目張膽，毫無顧忌，其過不可諱言。印光大師早在重印《淨土十要》時就發現了這一問題："大師逝後，其門人成時，欲偏界流通，恐文言繁長，卷帙博大，費鉅而難廣布。遂節略文句，於各要敍述意致，加以評點，實殺費苦心。惜其自恃智慧圓照，隨閱隨節，不加復勘，即行付刊，致文多隱晦，兼有口氣錯亂，詞不達意之處。"[29]今人釋宗舜《蕅益大師靈峰宗論刪改問題初探》一文，通過對照研究金陵刻經處本《靈峰宗論》與《古今圖書集成》之《博物彙編·神異典》中所載蕅益大師的二通書信和二則開示，初步對《靈峰宗論》的刪改問題得出了一些新的結論。文中認爲，與《集成》所收錄的文字相對照後發現，現存金陵本《靈峰宗論》有相當明顯的刪改痕跡。從刪改的數量看，"《集成》本所錄文字共有一千五百二十八字，金陵本僅有八百四十八字"，可謂是大刪特刪；從刪改的內容上看，至少刪改了涉及大師操守、行持、評價等三個方面不容刪改的內容；從刪改的質量上看，有改是作非、改明爲晦、改文成野等諸多弊病，足以表明成時刪改質量的低劣；從刪改的原因上看，主要是成時爲了使這部著作入藏流通。[30]借助釋宗舜的這篇論文，我們完全有足夠的證據說明智旭原先的《宗論》文稿被成時法師妄刪乃是歷史事實。對此，筆者還進一步發現，成時對收入《宗論》的《閱藏知津》序、《周易禪解》序和跋、《大乘起信論裂網疏》序和跋、《佛說阿彌陀經要解》跋、《選佛譜》序、《四書蕅益解》序等文章，是既刪且改。這種情況我們擬在後文專題引出例子加以具體分析，在此不妨先舉數例。如金陵刻經

29　《印光法師文鈔》下冊卷八之"《淨土十要》序"，張育英校註，宗教文化出版社，2000 年 3 月版，第 1257-1258 頁。
30　全文詳見賴永海教授主編《禪學研究》第四輯，江蘇古籍出版社，2000 年 8 月版，第 308-318 頁。

處本卷首《閱藏知津·敘》：「故諸剎所供大藏，不過緘置高閣而已。縱有閱者，亦罕能達其旨歸，辨其權實。佛祖慧命，真不啻九鼎一絲之懼。而諸方師匠，方且或競人我，如兄弟之鬩牆。或趨名利，如蒼蠅之逐臭。或妄爭是非，如癡犬之吠井。或恣享福供，如燕雀之處堂。將何以報佛恩哉？唯宋有古居士……」被刪改成「故諸剎所供大藏，不過僅存名句文身，封緘保護而已。無由令閱者，達其旨歸，辨其權實。佛祖慧命，真不啻九鼎一絲之懼。唯宋有古居士……」[31] 又如《大正藏》本《大乘起信論裂網疏·敘》末尾「名之爲裂網疏云。癸巳十月十有八日下筆故敘」[32] 被改刪成「門人成時請名爲裂網疏」[33]、《大乘起信論裂網疏·跋》「今春偶遇戒子，邀入新安，頃從湯泉白嶽，還寓歙浦回龍，竊爲二三子商究《楞伽》，復以餘力，再解茲論。最喜此地枯寂，不異桃源，兼愛主人率真，絕無世態。食粟米飯，噉豆腐滓。僅十一日，草疏遂成」[34] 被改刪成「今春入新安，寓歙浦回龍，竊解茲論。凡十一日，草疏成」[35]。再如民國二十一年夏月金陵刻經處本《佛說阿彌陀經要解·原跋》：「旭出家時，宗乘自負，藐視教典……隨喜加被。西有道人漚益智旭閣筆故跋，時年四十有九。」被改刪成「旭初出家，亦負宗乘而藐教典……隨喜加被。」[36] 這些材料的發現，使我們更加深信成時法師有妄自刪改智旭《宗論》的客觀事實。

---

31 《靈峰宗論》卷六之四《閱藏知津自序》。
32 《大正藏》第四十四卷之《大乘起信論裂網疏卷第一》，第 423 頁上。
33 《靈峰宗論》卷六之四《裂網疏自序》。
34 《大正藏》第四十四卷之《大乘起信論裂網疏卷第六》，第 464 頁上、中。
35 《靈峰宗論》卷七之二《裂網疏自跋》。
36 《靈峰宗論》卷七之一《彌陀要解自跋》。

二、《自傳》底本被妄改

　　有了"《宗論》被妄刪"的事實依據，我們更是要對《自傳》的真實性提出質疑，因爲《自傳》中由成時法師添補的文字特別多。經過研究發現，《自傳》底本有被智旭門人妄改的嫌疑。我們不妨先來推敲此《自傳》前面附錄的兩則文字：

> 先大師生平，不曾乞緇素一字。不唯佛法難言，知己難得，亦鑒尚虛名之陋習，而身爲砥也。西逝時，誡勿乞言，徒增誆誤。嗚呼！冰操如彼，治命如此。安敢不遵。今刻老人《自傳》一通，述其意於首。門人靈晟稽首。

> 先師壬辰秋，決志肥遯。緇素遮道不得，請述行腳。冬，憩長水營泉寺，念行腳未盡致，復述茲《傳》。癸巳春，過古吳，有老人二三舊友，或謂《傳》既寓名，則宗譜法號可弗出；或謂一生心迹可述，夢感等嫌自言。老人一笑慨然刪改。時從古吳。《傳》至雷都，與長水本，數處不同。後堅密子成時，謂《傳》收著述未盡，請補。於是與古吳本，又增數句矣。今同門刻《傳》，命南酌同異，南思老人一生苦心，唯佛祖知之。餘難知者，至不獲已述傳，令後裔有聞。此四宏法門，三祇誓海，可以古人自作別傳之例例之也邪。允宜從營泉本，照第三番補遺書，閑字不妨互證。僉曰善，錄定本如左。門人照南稽首。[37]

　　從引文含義上推敲，門人靈晟的話沒有可疑之處，照南所言則是話中有話。透過照南之語，我們約略可知《自傳》先後有過四種版本：長水本（即營泉本）、古吳本、成時增補之古吳本、照

37　《靈峰宗論》卷首《靈峰蕅益大師自傳》。

南從營泉本補證之定本，其中長水本與古吳本全部都是智旭自作
自改的，但卻沒有被收錄流傳，而後兩種由門人增補改訂的版本，
卻被堂而皇之地冠以"靈峰蕅益大師自傳"得以流傳千古。難道
說這其中就沒有隱衷嗎？由此筆者以爲《自傳》底本不僅有被改
動的事實，而且有被門人妄自增刪改補的嫌疑。到底是誰妄改呢？
筆者以爲妄刪《宗論》的成時法師嫌疑最大，因爲現存《自傳》
有一半的文字出自成時法師，靈晟和照南所附之語很有可能也是
成時法師命令他們撰寫的。我們不妨再來推敲《八不道人傳》中
的四處夾註[38]和成時法師替其師補續的傳記及附記：

> 老人親筆評語三處附。取《中論》"八不"、《梵網》"八
> 不"之旨。
> 既悟此身非父母生，何故又刲肱救母，參。
> 三業未淨，謬有知律之名，名過於實，此道人生平之恥。
> 時人以耳爲目，皆云道人獨宏台宗，謬矣謬矣。

　　先大師示寂，不肖成時謬膺同門嚴命，輯《靈峰宗論》。輯成，
載老人《自傳》於卷首。因念老人癸巳、甲午二年中，行腳還山，
并所有著述，及乙未正月，末後一段光明，皆缺然無紀。同門又
謬謂不肖侍行腳，知其事爲詳，理應附記。辭不獲，合十稽首記
曰：

> 《靈峰蕅益大師自傳》，成於壬辰臘月。次年癸巳，老人五
> 十五歲，夏四月入新安，結後安居，於歙浦天馬院，著《選
> 佛譜》、閱《宗鏡錄》，刪正法湧、永樂、法真諸人所竄雜
> 說，引經論之誤，及歷來寫刻之譌，於三百六十餘問答，
> 一一定其大義，標其起盡，閱完，作《校定宗鏡錄跋》四

---

38 按：此四處夾註雖沒有明文標明出自何人之筆，但從其文詞義來論，極有可
　　能是出自成時法師，至少也是經過他的認可才增補的。

則，又汰《袁宏道集》，存一冊，名《袁子》。秋八月，遊黃山、白嶽諸處，冬復結制天馬，著《起信裂網疏》。次年五十六歲甲午，於正月應豐南仁義院請，法施畢，出新安。二月後褒灑陀日，還靈峰。夏臥病，選《西齋淨土詩》、製《贊》補入《淨土九要》，名《淨土十要》；夏竟，病癒。七月，述《儒釋宗傳竊議》。八月，續閱《大藏》竟。九月，成《閱藏知津》、《法海觀瀾》二書。冬十月病，復有《獨坐書懷四律》，中有“庶幾二三子，慰我一生思”之句。十一月十八日，有《病中口號偈》。臘月初三，有《病閒偶成》一律，中有“名字位中真佛眼，未知畢竟付何人”之句，是日口授遺囑，立四誓，命以照南、等慈二子傳五戒、菩薩戒，命以照南、靈晟、性旦三子代座代應請，命闍維後，磨骨和粉䴵，分作二分，一分施鳥獸，一分施鱗介，普結法喜，同生西方；十三起淨社，有願文，嗣有《求生淨土偈》六首；除夕有《艮六居銘》，有偈。乙未元旦有偈二首；二十日病復發；二十一日晨起病止，午刻，趺坐繩牀角，向西舉手而逝，時生年五十七歲，法臘三十四。僧夏從癸亥臘月，至癸酉自恣日；又從乙酉春，至今乙未正月，共計夏十有九。丁酉冬，門人如法茶毗，髮長覆耳，面貌如生，趺坐巍然，牙齒俱不壞。因不敢從粉骷遺囑，奉骨塔於靈峰之大殿右。（丁酉下“四十二字”，係戊戌春茶毗後補記。）嗚呼痛哉！世閒眼滅，正法幢摧，惡心向佛之魔邪，誰與救正？好心遭毒之男女，誰與扶持？良以吾輩業重，不能感哲人久住故耳。老人《傳》末云：尚有《閱藏知津》、《法海觀瀾》、《圓覺》、《維摩》、《起信》諸疏，厥願未完，姑竢後緣。又閱藏畢，然香願文中云：一者竊見

南北兩藏，並皆模糊失次，或半滿不辨，或經論互名，或
真偽不分，或巧拙無別，雖有宋朝《法寶標目》，明朝《彙
目義門》，並未盡美盡善。今輒不揣，謬述《閱藏知津》、《法
海觀瀾》二書，儻不背佛旨，乞得成就流通。二者如《圓
覺》、《維摩》、《彌陀》、《地藏》乃至《大涅槃經》，夙有微
願，再加解釋，幷《僧史》、《寶訓》，亦願增修，仰求庇護，
令得速成。又定嗣註經目，有《行願品續疏》、《圓覺經新
疏》、《無量壽如來會疏》、《觀經疏鈔錄要》、《十輪經解》、
《賢護經解》、《藥師七佛經疏》、《地藏本願經疏》、《維摩
補疏》、《金光明最勝王經續疏》、《同性經解》、《無字法門
經疏》、《十二頭陀經疏》、《仁王續疏》、《大涅槃合論》、《四
阿含節要》、《十善業道經解》、《發菩提心論解》、《摩訶止
觀輔行錄要》、《僧史刪補》、《緇門寶訓》，共二十一種。上
三處所列，唯《閱藏知津》、《法海觀瀾》、《起信疏》告成，
餘俱不可復得矣。雖然，老人著述頗富，識取綱宗，更何
所欠？況大用方新，願輪正轉，珍池受記之後，速入娑婆，
收拾有緣，喘息未了，公案當可頓完。吾輩現在未來，皆
可親近受學，勿以時方形骸不實之相，貳其心可也。但成
時受恩最深，負恩最重，又緬想哲人開出，妙法難逢；又
念大事因緣，關繫萬世。雖流通有時，而眾生障難殷繁。
爰然香一千炷，捨身洪流。一報師恩，助轉願輪，二供妙
法，生生值遇，三轉劫濁，救苦眾生，四代粉骳，滿師弘
誓，五懺重罪，決生珍池。嗚呼！知我罪我，唯大地眾生
乎！順治乙未臘月十二日不肖門人成時稽首謹記。
附記
靈峰大師入滅八年壬寅七月，門人性旦病逝。先書囑語，

面乞不肖成時，幷胞兄胡淨廣，粉遺骨，代先老人滿甲午臘月初三日所命。先是成時邀淨侶，禮佛，說《佛名經》，旦就壇然頂燈，以報法乳深恩。至是復有此囑，謹就八月，集衆修行藥王本事七晝夜，而作法焉。於時法弟通玄粉骶，成時說偈曰：“無身何必苦摧殘，只爲無身故不貪。此意許誰能會得，前三三與後三三。”旦出新安績邑胡氏望族，年三十三歲，退居近住，故無夏。不畜徒衆，故無傳。爲學精細，少年如槁木死灰，雖性相圓明，而以未悟爲恥，以愚拙爲懼，故不敢任法道，身屛弱而苦行，不爲人敬憚，而愈不文其過。病中初現業相，哀顧於佛，乃見彌陀接引。去時眼耳根離，唯蹲坐微笑不已。著有《和西齋淨土詩》，及《圓覺疏》，未行。旦逝之次年四月，道友程從焜感其事，亦力疾念佛西逝。自聞異香越數日，猶趺坐巍然，舉手昂視。焜，歙之槐塘人，其近事菩薩兩戒，皆稟於先老人者。癸卯冬，成時稽首附記。[39]

　　對以上所引成時法師增補的文字，筆者以爲有幾個疑點：第一，《八不道人傳》中的四處夾註，著實令人生疑。前一個夾註“老人親筆評語三處附”置於標題“八不道人傳”之後，先聲奪人，很可能是想憑藉智旭老人的名義來使《自傳》的“三處附”獲得真實性和合法性，而實際上仍給人“此地無銀三百兩”之感。此“三處附”果真都經“老人親筆評語”嗎？我們不妨考證一下：門人靈晟、照南的附記文字，雖然沒署寫作時間，但從其文首所言“先大師”、“先師”的稱呼，可知此二處附記都是在智旭往生後才撰寫的。至於成時的附記，從其所署的寫作時間“乙未臘

---

39 《靈峰宗論》卷首《靈峰蕅益大師自傳》。

月"和"癸卯冬"來看,更是作於智旭往生之後無疑。由此可證,所謂"老人親筆評語三處附"並非真實,而之所以夾註於前,恐怕帶有遮人眼目以使增補的偽傳瞞天過海之企圖。後三個夾註,文義刻薄,頗有貶抑智旭的意味。筆者是這樣來理解夾註之義的:"既悟此身非父母生,何故又刲肱救母,參。"意在反譏智旭"未悟"之愚;"三業未淨,謬有知律之名,名過於實,此道人生平之恥。"意在嘲諷智旭"未淨"之恥;"時人以耳爲目,皆云道人獨宏台宗,謬矣謬矣。"意在揭發智旭"無宗"之實。非常明顯,這三個夾註完全是在與《八不道人傳》唱反調,夾註者一再貶抑智旭爲人,不知用意何在?也許這與肆意妄改《宗論》文本的用心是一致的。第二,成時法師補續的傳記文字,雖然也很清楚明白,但仍露出一些破綻來。補傳文字主要集中記述智旭最後三年著述的情況,並比較詳細交代了智旭圓寂前後的過程。此傳文所記智旭臘月初三日口授遺囑內容"立四誓,命以照南、等慈二子傳五戒、菩薩戒,命以照南、靈晟、性旦三子代座代應請",與智旭於甲午年十二月十三日《大病中啓建淨社願文》中所說的"智旭從今以去,誓不登座說法,除同志執經問義不敢倦荅。若敷文演義,自有照南、靈晟、性旦,略可宣傳……若授戒學律,自有照南、等慈可以教授"[40],意思大致吻合。而從遺囑和願文的內容來看,其傳命的門弟子中唯獨缺了成時法師的份。也許正因如此,成時才對智旭表面上畢恭畢敬而心底滿蘊報復情緒,以致敢公然在傳文裏寫出貶抑智旭的文字並表述自己的負恩之罪,如"雖然,老人著述頗富,識取綱宗,更何所欠?"、"但成時受恩最深,負恩最重……嗚呼!知我罪我,唯大地衆生乎!"第

---

40 《靈峰宗論》卷一之四。

三,成時法師把智旭入滅八年後其弟子性旦病逝前後的事蹟作爲《附記》置於《自傳》的末尾,雖與智旭生平有絲毫的聯繫,但卻有畫蛇添足之嫌。從《附記》的文字上推敲,表面是在記事,實際上是在非難同門,最主要的也許就是要指責智旭所用非人。成時法師自以爲才華悟性都在同門弟子之上但卻不被智旭重用,而像性旦這般愚鈍夭壽的人卻反而能被智旭"命以代座代應請",所以始終不服氣,以致特意引述性旦的無能來譏諷智旭的過失。如果以上三個疑點可以成立的話,那麼我們便有充足的理由認定《自傳》底本存在被成時妄加改補之可能性。

三、《私諡竊議》更添疑

除了"《宗論》原稿被妄刪"、"《自傳》底本被妄改"兩種事實可以質疑《自傳》的真僞問題之外,成時法師苦心創作的《靈峰始日大師私諡竊議》(簡稱《私諡竊議》)也是我們提出質疑的主要依據。《私諡竊議》見載於《靈峰宗論》卷首,緊接在《自傳》之後,全文約一千一百餘字,開篇云"蕅益老人,遷化靈峰,門人成時,議行私諡",接著便大量引經據典,援史論今,闡明私諡之所由來,之後便開始竊議如何給智旭定一個虛有的諡號。成時尊稱智旭爲始日大師是出於如此品評而定的:

> 先大師生當其世,自號孤臣孽子,力揭三學一源以救之。其於律也,以斷有漏法爲宗,洞開遮,會同異,融大小,顯修證,純乳無水。即律即教即禪,一如先佛世尊之律,師未嘗有一行也。稽諸古宣公不逮。若夫恒轉三輪,深契二共,師尚不敢擬雲棲、顓愚二師,矧東林、天台、臨濟諸老。其於教也,以破我法二執爲宗,教觀並明,性相互融,權實不二,性修交徹,純乳無水。即教即律即禪,一

如先佛世尊之教，師未嘗有一字也。稽諸古荊谿清涼不逮。若夫五品誕登，三因圓發，師尚不敢擬幽谿，矧天台、慈恩、永明諸老。至師之禪，徹悟心源，深契方便，法法皆通，法法皆備，而無一法可得。即禪即律即教，允爲曹谿、永明之徒，而師終以戒之定道未深，教之理果未尅，故遂不敢謬膺祖位，墮邇來大妄語之覆轍。蓋唯真實識法，是以真實之懼，豈非名字位中大宗匠之正標榜哉？夫日之方昇也，大地未盡蒙光，而普天胥旦，濃夢者雖未瞻明，而夜遊伏匿，作務興成，其師之象歟！宜尊稱爲始日大師。謹按志磐法師，諡道興法智諸祖也。曰：「他日有能考論懿德，上之清朝，賜以徽諡者，幸當用此定名，庶乎不失其實。」先大師貫徹三學，力振頹流，其著述若《釋論》若《宗論》，皆慧命所關，津梁斯在。上考先佛，下埈後聖，當必有乘願大士，受靈山囑者，爲之入藏流通。徽諡定名，倖存今議，不敢過，不敢不及也。補傳後一日。[41]

　　儘管《私諡竊議》在形式上不屬於《自傳》的組成部分，但是從其文字內容（竊議智旭之諡號）、寫作時間（補傳後一日）、輯錄位置（緊接在《自傳》之後），仍可以看出成時法師草創此文意在增補其補續《自傳》時不能盡言之意，所以此文事實上也可視爲成時法師補續《自傳》的一部分。通過推敲以上引文的含義，我們可以進一步發現成時法師的居心所在。成時法師表面上聲稱對智旭的評價是「不敢過，不敢不及」，而實際上是既「敢過」又「敢不及」：對智旭於律於教方面的評價，明顯言過其實，片面誇大；於禪學領悟及其生平修證功夫的評價，則又有意貶抑，

---

41 《靈峰宗論》卷首《靈峰始日大師私諡竊議》。

謬說其師"戒之定道未深,教之理果未尅",僅類於"日之方昇"之象。筆者管見,成時法師以此"不及"之論,來定其師之諡號,無非是想達到三個目的:一是企盼清朝能徽諡其師爲始日大師,好讓靈峰寺受到朝廷恩惠;二是俟待其師著作入藏流通,好讓自己的僞作也流傳千古;三是對其師連尊帶貶,從而借此擡高自己。而從根本目的上看,成時爲的就是圖謀自己的名利和發泄心底的憤懣。如此說來,成時之居心,昭然若揭。由此,《自傳》的真實性問題也就更加值得懷疑和考辨。

由於史料的缺失,我們實在難以一一考辨出《自傳》中不合事實之文句,但筆者深信:只要我們都能慎思明辨現存智旭的每一著作,一定能找到更有力的證據,替智旭大師再作一篇名副其實的傳記。

第三節　與本研究相關的問題考辨

不難發現,《靈峰宗論》中常有敘及智旭生平的文字,但相對零散不全,須反復斟酌後方能梳理出頭緒來。由於已經發現成時編錄的《靈峰宗論》有被肆意刪改的痕跡,所以其中所載內容之可信度也就難以定奪,尤其是那些關於智旭生平的若干記載文字。問題還在於,筆者發現一些與《宗論》說法有些許差別的文字材料。由此引發了一系列有待考辨的問題,如:智旭的生卒年月問題、金陵本《宗論》的刪改問題、《宗論》之《自傳》的可信度問題、《宗論》篇中內容的真僞問題、智旭的宗派歸屬問題、成時與智旭的關係問題、《周易禪解》序與跋的文本問題等等。所有這些問題,古往今來都有不同的說法,究竟孰是孰非,只有通過細緻的比較和科學的考辨才能有所定論。由於篇幅所限，在此只能考辨一些與本研究相關的問題。

一、關於智旭的生卒年月問題考

關於智旭的出生時間。《宗論》中明確提及的有好多處，如卷首《八不道人傳》說是“蓋萬曆二十七年己亥五月三日亥時也”，卷一之二《爲父母普求拯拔啓》說是“不肖智旭，生於萬曆己亥，是時嚴慈，並年四十，止一子，撫育倍殷。旭年二十，先嚴捐館……至廿八慈母復棄”，卷六之一《退戒緣起並囑語》說是“智旭，生於萬曆己亥”，卷六之四《重治毗尼事義集要自序》說是“予生於萬曆己亥五月初三日亥時，至壬戌五月七日薙髮出家，是爲二十四歲”。關於智旭的卒年時間，《宗論》之《靈峰蕅益大師自傳》中成時法師的補傳也說得很清楚：“乙未，元旦有偈二首；二十日病復發；二十一日晨起病止，午刻，趺坐繩牀角，向西舉手而逝，時生年五十七歲，法臘三十四。”由此，目前學界關於智旭的生卒年月沒有疑問，一致認同《靈峰宗論》中的說法，即生於萬曆二十七年己亥（1599）五月初三日，卒於順治十二年乙未（1655）正月二十一日。當然，這種認同主要是建立在信任《宗論》的基礎上，而不是經過考辨得出的結論。在這個問題上，由於筆者發現了一些與《宗論》說法相異的材料，所以在經過對《宗論》被妄刪之事實的認定和對《靈峰蕅益大師自傳》質疑之後，便無法直接採用《宗論》的說法作爲可靠史料來否定其他種說法。

關於卒年問題，與《宗論》相異的雖然只有一種說法，但持這種說法的史料卻有很多處，如民國《吳縣誌》卷七十七上《清·

列傳·釋道一》的記載[42]，與同治《蘇州府志》[43]中的記載是完全一樣的，都摘自《金蓋心燈》，都說是"歲甲午正月二十一日端坐而逝"；如民國僧人釋惟靜《佛教歷史》說是"清順治十年冬有疾……明年正月二十一日……向西舉手而逝，年五十七"[44]；又如民國學者丁福保《佛學大辭典》說是"順治十一年正月二十一日寂，壽五十七"[45]；再如嵇文甫《晚明思想史論》中也有相同的說法："蕅益名智旭，晚號靈峰，俗姓鍾，吳縣人。生於萬曆二十六年（1598），卒於清順治十一年（1654），壽57歲。"[46]值得一提的是，此處嵇氏所言"生於萬曆二十六年"，也與眾不同，不知其所憑何據。鑒於以上不同說法的存在，所以我們仍有必要對智旭的生卒年月問題加以考辨。

關於生年問題，《宗論》與嵇文甫的說法，究竟孰是孰非呢？筆者以為，這個問題可以根據智旭"釋論"部分著作中的相關記載作為考辨依據，因為"釋論"部分大多是在智旭生前就以單行本行世，沒有被成時法師刪改過，應該是更為可信的。光緒十七年秋八月金陵刻經處本《選佛譜》上冊卷首《選佛譜敘》有載："萬曆己未，余年二十一歲，曾於閭都坊閒，購得一《昇佛圖》。"[47]萬曆己未，即西元1619年，而當年智旭是二十一歲，由此推算

---

42 曹允源、李根源纂：民國《吳縣誌》，引自《中國地方誌集成·江蘇府縣誌輯（12）》，該書據民國二十二年（一九三三）蘇州文新公司鉛印本影印，江蘇古籍出版社，1991年6月版，第569頁。
43 詳見《中國地方誌集成·江蘇府縣誌輯（10）》之同治《蘇州府志（四）》，（清）李銘皖、譚鈞培、馮桂芬修纂，江蘇古籍出版社1991年6月版，第452頁。
44 該書原名《佛教略史》，釋惟靜著、釋圓乘校，江蘇廣陵古籍刻印社據民國初年刻本影印，1996年4月版，引見該書第875-876頁。
45 《佛學大辭典》，丁福保編纂，文物出版社，1984年1月版，第1103頁。
46 《晚明思想史論》第六章"佛門的幾個龍象"，嵇文甫著，東方出版社"民國學術經典文庫"本，1996年3月版，第139頁。
47 按：比較《靈峰宗論》卷六之四《選佛譜自序》與《選佛譜敘》後發現，《宗

智旭的生年應該是 1599 年才對。如此考證，應以《宗論》的說法為是。

關於卒年問題，與《宗論》不同的說法雖有多處，但其實都是持"甲午說"，即說是"清順治十一年（1654）正月二十一日"。就《宗論》所載的各種文章來看，確實有不少是智旭在甲午年末和乙未年初作的，如卷一《閱藏畢願文》題下署"甲午九月初一日"、卷一《大病中啓建淨社願文》篇首記"甲午十二月十有三日"、卷十有詩偈直接標題爲《甲午除夕》和《乙未元旦二首》等等。如此說來，《宗論》的說法還是相當有依據的。但是，僅僅以《宗論》作證並不足信。爲此，我們還是必須參考"釋論"部分中的說法。筆者發現，《大正藏》本和金陵刻經處本《閱藏知津》之《敘》末署有"甲午重陽後一日北天目沙門釋智旭撰"[48]，由這句話所署的時間可以肯定智旭在甲午年九月仍在世，以此應該足以否定前代所持的"甲午說"。所以，智旭的卒年時間仍可以《宗論》的說法爲是。

二、金陵本《宗論》的刪改問題

由前面所考辨的智旭生卒年月問題，又引發了兩個相關的問題：第一，爲什麼說"釋論"著作記載的可以作爲考據？第二，既然被妄刪的《宗論》關於生卒年的記載經得起考證，那麼其可信度是不是就無須再質疑？或者說其可疑度就相當小？爲了回答這兩個問題，我們必須再重新審視和評價金陵本《宗論》的刪改問題。

論》對該序文有明顯的刪改痕跡，如"余年二十一歲"、"坊閒"、"得"等字句均被刪除，由此可證《選佛譜敘》的版本較詳實可信。

48 按：此句在《靈峰宗論》卷六之四《閱藏知津自序》文中也被刪掉。

今人釋宗舜《蕅益大師〈靈峰宗論〉刪改問題初探》一文，依據《古今圖書集成》中的材料與金陵本《宗論》互證，對成時法師刪改《宗論》原稿的事實及其刪改引證材料的數量、內容、質量、原因等作了有理有據的研究，但這僅僅是初步的探究，其結論主要是告訴人們一個事實：《宗論》確實有被成時法師妄自刪改的地方，而且改得不好。至於《宗論》中大部分文章被刪改的情況如何，並沒有論及。最關鍵的遺留問題是，金陵本《宗論》的可信度究竟有多少？有鑒於此，筆者擬再根據新發現的材料，對刪改問題簡要提出一些看法：

第一，成時法師所輯錄的不夠全面。成時法師所編輯的金陵本《宗論》，儘管有十大卷之多，但並沒有把智旭的"宗論"文字都收編進去。漏編的詩文、語錄、序跋等到底有多少呢？這無疑是一個難以解開的謎。因此，我們只能以極個別的發現材料來作些推測。據《古今圖書集成》中《復陳旻昭》一文末段所記"如是師帶病遠來……《山居八百偈》，附呈清覽。又附《戒消災經略釋》一卷，知居士必能得意於語言文字之外……便長揖西馳矣"[49]，得知智旭生平有《山居八百偈》[50]，而金陵本《宗論》卷十卻只有《山居六十二偈》，所收錄的僅有百分之八。又如筆者還發現《古今圖書集成》之《博物彙編·神異典》第九十二卷佛像部載有六首像贊[51]，其中《宗論》卷九有收錄的是《達磨祖師像贊》二

---

[49] 詳見《古今圖書集成》第 50 冊《博物彙編·神異典》第二百十卷居士部，中華書局、巴蜀書社，1985 年 10 月版，第 61942 頁。此段在《宗論》中被刪。

[50] 按：《古今圖書集成》中就有兩首金陵本未收的《山居偈》之"其三"、"其四"，詳見《古今圖書集成》第 49 冊《博物彙編·神異典》第七十三卷釋教部，第 60599 頁，版本同前。

[51] 按：此六首，釋宗舜《蕅益大師〈靈峰宗論〉刪改問題初探》一文中沒有提及，可能是沒有發現；詳見《古今圖書集成》第 49 冊第 60797 頁，版本同前。

首、《海湧文殊像贊》一首；未收錄的是《觀音大士像贊》、《海潮大士像贊》、《蓮舟大士像贊》各一首。由此可見，成時法師所輯錄的並不全面。但是話說回來，我們也應該肯定智旭生平主要的宗經論說，基本上都被成時法師收入了金陵本《宗論》。

第二，成時法師所輯錄的不夠真實。輯錄不全面，雖是一大損失，但還是符合常理的。輯錄不真實，不僅損失巨大，而且讓人不可思議。妄刪妄改，自然會導致文本失真。那麼，成時法師所輯錄的《宗論》到底不夠真實到何種程度呢？是否還有較大的真實性？如前所述，我們已經發現了不少收入《宗論》的文章，有明顯被成時法師刪改的情況。根據這些已發現的材料，深入研究成時刪改文字的特點，也許我們可以對《宗論》的可信度問題初步得出一個較爲明確的答案。

結合前面所引用過的刪改例子，我們大致可以發現成時刪改文字有幾個顯著特點：其一，刪多改少。總體上看，縮寫的多，改寫的少，續寫的也相當少，基本上還是保持了原著的主體風貌。儘管有不少一整段被刪的情況出現，但迄今爲止，尚未發現有整篇內容被打亂順序或整段文字被篡改內容等情況，倒是發現有一些只刪沒改或完全沒有被刪改的個別情況，如《古今圖書集成》本中的《達磨祖師像贊二首》第一首 “一句安心語，萬劫系驢橛。轉得鼻孔來，虛空出鮮血。怪底東施強效顰，卻令西子蒙不潔。何如分付老雲門，早與瞿曇同打殺”，與《宗論》卷九之三《達磨祖師像贊五首》第二首是完全一樣的。其二，刪繁從簡的多，故意變義的少。從改動的情況看，有明顯的刪繁從簡的傾向，也因此造成改是作非、改明爲晦、改文成野等弊病。但大多是過於隨意刪改惹的禍，當然也有一些是故意改變文義的。其三，序跋文末標明寫作時間地點的文字一律被刪除，文中涉及智旭行腳經

過的文字也常被刪簡。其四，文中涉及智旭反映靈峰寺內部人事
情況和對政治時事發表的感慨等文字大多被刪除。以上特點，下
文還將具體分析。綜合以上特點，筆者認爲金陵本《宗論》雖被
成時法師妄自刪改，基本上還是比較符合原稿內容實際的，從某
種意義上說仍具有較高的可信度和史料價值。所以，我們在研究
智旭的生平思想時，仍不能因爲發現《宗論》有被刪改的事實而
否定《宗論》的文本價值和史料意義，而應在研究過程中適當結
合《宗論》的相關內容，並在盡可能作些考辨的前提下，正確運
用其中記載的事實材料。這也正是本節特意考辨刪改問題所要推
證的主要結論之一。當然，我們無論如何都必須清醒地意識到，《宗
論》史料價值儘管不因成時刪改而被大打折扣，但其中所有內容
都帶有真偽難辨的問題已經構成不可忽視的事實。

三、《周易禪解》序跋文本問題

　　爲了進一步分析說明《宗論》的刪改問題，充分論證單行本
"釋論" 著作的記載真實可信，也爲了比較出一個優質的《周易
禪解》序跋文本，以下擬先後摘錄通行本[52]《周易禪解》中的序
文和跋文，並以此爲例具體分析其與金陵本《宗論》所收錄文字
的異同。通行本《周易禪解序》與金陵本《宗論》卷六之《周易
禪解自序》全文對照如下：

52　《周易禪解》的流行版本主要有兩種底本：一是清初釋通瑞刻本，一是民國
　　四年金陵刻經處刻本。因爲這兩種版本，版式基本相同，總體上沒有文字上
　　的出入，金陵本主要也是根據釋通瑞刻本重刻的；後來市面上出現的幾種又
　　都是完全依據金陵本影印的，不存在版本的差誤問題，所以我們把這些刻本
　　和影印本統稱爲通行本，以利行文方便。本書所有引用《周易禪解》中的文
　　句，都是依據《續修四庫全書》第 15 冊所影印收錄的上海圖書館藏清初釋
　　通瑞刻本。後文中有引用處只註卷次，不再一一另註版本出處。

蕅益子結冬於月臺。禪誦之餘，手持《韋編》而箋釋之。或問曰：「子所解者是易耶（邪）？」余應之曰：「然。」復有視而問曰：「子所解者非易耶（邪）？」余亦應之曰：「然。」又有視而問曰：「子所解者亦易亦非易耶（邪）？」余亦應之曰：「然。」更有視而問曰：「子所解者非易非非易耶（邪）？」余亦應之曰：「然。」侍者聞而笑曰：「若是乎墮在四句中也。」余曰：「汝不聞四句皆不可說，有因緣故四句皆可說乎？因緣者，四悉檀也。人謂我釋子也，而亦通儒，能解易，則生歡喜焉。故謂是易者，吾然之，世界悉檀也。或謂我釋子也，奈何解易，以同俗儒？知所解之非易，則善心生焉。故謂非易者，吾然之，為人悉檀也。或謂儒釋殆無分也。若知易與非易，必有差別，雖異而同，雖同而異，則儱侗之病不得作焉。故謂亦易亦非易者，吾然之，對治悉檀也。或謂儒釋必有實法也。若知非易，則儒非定儒；知非非易，則釋非定釋。但有名字，而無實性，頓見不思議理焉。故謂非易非非易者，吾然之，第一義悉檀也。」侍者曰：「不然。若所解是易，則人將謂易可助出世法，成增益謗。若所解非易，則人將謂師自說禪，何嘗知易，成減損謗。若所解亦易亦非易，則人將謂儒原非禪，禪亦非儒，成相違謗。若所解非易非非易，則人將謂儒不成儒，禪不成禪，成戲論謗。烏見其為四悉檀也？」余曰：「是固然。汝獨不聞人參善補人，而氣喘者服之立斃乎？抑不聞大黃最損人，而中滿者服之立瘥乎？春之生育萬物也，物固有遇春而爛壞者。夏之長養庶品也，草亦有夏枯者。秋之肅殺也，而菊有黃花。冬之閉藏也，而松柏青青，梅英馥馥。如必擇其有利無害者而後爲之，天地恐亦不能無憾矣。且佛以慈眼視大千，知羣機已熟，然後示生；猶有魔波旬擾亂之，九十五種嫉妒之，提婆達多思中害之。豈惟堯舜稱猶病哉？吾所由解易者，無他，以禪入儒，務誘儒以知禪耳。縱令不得四益（，）而起四謗，如從地倒，還從地起。置毒乳中，轉至醍醐，厥毒仍在。徧行爲外道師，薩遮爲尼犍主，意在斯也。"

侍者再拜而謝曰："此非弟子所及也。請得筆而存之。"

崇禎辛巳仲冬旭道人書于溫陵之毫餘樓。

通行本《周易禪解》卷末之《易解跋》與金陵本《靈峰宗論》卷七之《周易禪解自跋》全文對照如下：

憶曩歲幻遊溫陵，結冬月臺，有郭氏子來問《易》義，遂舉筆屬稿，先成《繫辭》等五傳，次成《上經》，而《下經》解未及半，偶（以）應紫雲法華之請，旋置高閣，屈指忽越三載半矣。今春應雷都請，兵阻石城，聊就濟生庵度夏。日長无事，爲二三子商究大乘止觀法門，復以（之）餘力拈示易學，始竟前稿。

嗟嗟！從閩至吳，地不過三千餘里；從辛巳冬至今（乙酉）夏，時不過一千二百餘日，乃世事幻夢，蓋不啻萬別千差。交易耶（邪）？變易耶（邪）？至于歷盡萬別千差世事（差別），時地（，）俱易，而不易者依然如故。吾是以知"日月稽天而不歷，江河競注而不流"，肇公非欺我也。得其不易者，以應其至易；觀其至易者，以驗其不易。常與无常，二鳥雙遊。吾安知文王之于羑里，周公之被流言，孔子之息機于周流，而韋編三爲之絕，不同感于斯旨耶（邪）？予愧無三聖之德之學，而竊類三聖與民同患之時，故（因）閣筆而復爲之跋，時乙酉閏六月二十九日也。北天目道人古吳蕅益智旭書。

以上兩則引文中凡是字符邊上加著重號者，都是《宗論》中沒有的；凡是加（）的字符，都是通行本《周易禪解》中沒有的。很明顯，《周易禪解》本的文字多於《宗論》本。面對這種情況，一般都會以爲是版本的不同而已，儘管也會感覺到《宗論》本是對《周易禪解》本的刪改，但總是難以下定論，因爲刪改後的篇章仍然大體文從字順，甚至讓人覺得更簡捷明快，以致也有可能懷疑《周易禪解》本是後人妄自添補的版本。但是，我們有了前面對《宗論》刪改問題的考辨之後，就可以更加肯定地得出結論：《周易禪解》本是真，《宗論》本是僞。如果不是這樣考辨，我們將因難以定奪《周易禪解》序與跋的文本，而無法依據其中的記載來研究相關問題。根據引文的詳細對照，我們從中可以更清楚地發現不少成時刪改《宗論》的特點：

第一，常刪掉一些有助文采但不涉文義的虛詞、介詞、代詞等。如《序》文刪掉的“于”、“手”、“釋”、“者”、“應之”、“亦應之”、“所”、“聞而”、“四句”、“而亦”、“生”、“是”、“則”、“將”、“所解”、“獨”、“人”、“抑不聞”、“恐亦”、“其”、“知”、“務”、“以”、“令”、“得”等字詞，儘管有傷文采文風，但仍能保住原意。但也有一些被刪掉之後造成文義不通或不同的，如《序》文之句“或謂我釋子也，奈何解易，以同俗儒”，被刪了“我”、“也”、“奈”之後，變成“或謂釋子何解易，以同俗儒”，就有半通不通之嫌。再如《跋》文之句“至于歷盡萬別千差世事，時地俱易，而不易者依然如故”，被刪改成“至歷盡差別時地，俱易而不易者依然如故”，就有變義和改義之罪過了。

第二，常把一些動詞詞組、名詞詞組、形容詞詞組改刪成單音詞，也基本上不背離原意。如《序》文中，把"生育"改刪成"育"、"爛壞"改刪成"爛"、"菊有黃花"改刪成"菊有花"、"青青"改刪成"青"、"擾亂"改刪成"亂"、"嫉妒"改刪成"妒"等等。

　　第三，把有關智旭行履和寫作過程的一些細節情況簡略化，雖然沒有破壞原意，但卻讓人對某些事實難以查證。如把《序》《跋》末尾所署的時間、地點、名號等一概刪掉。再如《跋》文篇首，把"繫辭"刪掉，讓人無法確知是哪五傳；把延擱和復寫《周易禪解》的情由大大簡化，讓人無法確知當時的具體寫作背景。

　　第四，大多以刪改爲主，偶有增改也基本上是依從文義。如《跋》文中把"至今夏"增改成"至今乙酉夏"，文義不變，增改的原因可能是成時考慮到篇末的寫作時間"乙酉"要被刪掉。再如《跋》文中把"偶應……請"改成"以應請"、"故閣筆"改成"因閣筆"，雖用字有別，但也還能維持原意。綜上所述，筆者認爲《宗論》確有被刪改的事實，但刪改之後仍然有絕大部分的內容基本符合原作的文理和文義。當然，被刪改之後，在無原稿或同樣的文稿可校正的情況下，就必然會造成真僞難辨，以致不能更加客觀真實地瞭解和評價智旭生平的事實。所以，不管怎麼說，成時法師輯錄其師文集的功勞雖大，但妄自刪改而使原作失真的罪責卻是永遠得不到寬赦的。

　　以上歸納的幾個特點，同樣存在於我們已經發現的其他著作的序跋和詩文等。由於篇幅所限，恕不再一一引證說明。也許，會有更多的發現材料，能進一步凸現和歸納出成時法師刪改智旭原稿的特點，從而對刪改問題作出更切實的說明。當然，這有待更專門的研究者了。在此，我們所作的力所能及的考論，除了想盡量達到窺斑見豹的效果外，更主要的是想借此對我們本研究中所必須要探討的問題作出更加確切的結論：

一、智旭單行本著作中的記載較之金陵本《宗論》，更爲可信真實。由此，筆者認爲研究智旭單行本著作，更能真實瞭解到智旭的思想，因此其研究的價值和意義就更加重大。

二、成時法師妄刪《宗論》的確是事實，但刪改後並非絕大部分失真，而是大部分基本上能反映出原作的真實。換句話說，金陵本《宗論》仍具有一定的可信度。由此，我們在後面的研究中仍可適當引用《宗論》中的說法，與《周易禪解》本相互印證。但是，印證過程中如果有出現互相抵牾之處，我們便直接了當地以《周易禪解》本中的說法爲是，槪不再細加考辨孰真孰僞的問題。

三、誠如成時法師在補傳中所言：“知我罪我唯大地衆生乎！”由於相關史料的缺失，致使他妄自刪改智旭原稿之事實難以得到全面徹底的揭露和證實，所以我們必須不斷發現史料，並不斷加以科學細緻的考辨，才能曉知成時法師作僞欺師的更多罪狀，才能還智旭大師以真實，責成時法師之虛妄。

第二章　《周易禪解》的成書過程與流傳

　　知人論世，是研究和評價前人著作的必經途徑。因爲，前人畢竟已經作古，不僅其傳世的著作無法得以親自選編和校對，而且更不可能再與關注他的後人展開公平的對話，所以僅僅依憑對其某種著作所作解讀而得到的結論往往會造成錯誤的評判。爲此，我們在研究《周易禪解》之前盡力借助各種史料的記述，就是爲了能全方位多角度地還原出一個本真如實的智旭來。儘管這種努力仍不夠全面徹底，但肯定不是徒勞之擧，因爲我們終究對智旭生平的事實有了更加明確的認識。有了這些事實作爲切入點，再來具體探討智旭某時期的著作，就能進一步做到知人論世。所以，在考察智旭生平的主要概況之後，我們還必須繼續探討智旭與《周易禪解》的關係問題。

　　智旭生平著述宏富，但大部分是釋解佛經的論著，《周易禪解》是他留下的唯一一部關於《周易》研究的著作。平實而論，《周易禪解》也是迄今爲止唯一一部大量運用佛學思想全面解說《周易》經傳的著作。面對像智旭這樣的一代高僧，面對像《周易禪解》這樣一部有分量的著作，我們不禁會提出諸如此類的問題：智旭是在何時何地撰寫《周易禪解》的？他爲什麼要寫《周易禪解》呢？他爲什麼能寫出《周易禪解》呢？他是怎麼寫《周易禪解》的？又爲什麼敢以禪解《周易》呢？《周易禪解》成書刊行以後的流傳情況如何呢？面對這些問題，本章擬結合一些相關的史料，側重對智旭撰寫《周易禪解》的主要原因、目的及其該書版本流傳等問題作深入的研究。

第一節　《周易禪解》的寫作原因

如果僅從淺層次上看，《周易禪解》無非就是智旭因感于"有郭氏子來問《易》義"，然後就"舉筆屬稿"而成。但是，冰凍三尺非一日之寒，如果智旭不是有著深厚的易學和禪學功底，不是對禪學與易學的關係已經有過深思熟慮，怎麼可能一經他人詢問《周易》的義理就能很快寫出一部詮釋《周易》的著作呢？唯物辯證法思想認爲，任何事物的形成除了有明顯的直接的起因外，還必須有一定的內因和外因，而且外因必須通過內因起作用。借助這一思想原理，我們無疑能對智旭寫作《周易禪解》的原因有更深刻更全面的認識。有鑒於此，對《周易禪解》的寫作原因，筆者認爲還必須透過表面現象繼續作深入的研究。

一、外因：晚明社會的政治與思想

在揭示寫作原因時，我們首先要面對的一個最重要的問題是：《周易》爲什麼會與佛學扯上關係？或者說，爲什麼會出現以禪學解註《周易》的現象？眾所周知，《易經》是我國先秦時期的一部特殊著作，自孔子《易傳》成書之後，其學術地位與日俱增，至漢代儒家就把它奉爲"群經之首"，並把《易經》和《易傳》合成一編，且命名爲《周易》。自三國時期魏國的王弼援引道家思想解註《周易》以來，後代學者援引各種思想註釋和解說《周易》的著作就越來越多，越來越雜。佛教發源於古印度，自漢末時期傳入我國以後，就得以廣泛的傳播，日益中國化，並逐漸形成強大的隊伍與本土傳統的儒、道兩教相抗衡，尤其是中國化的佛學思想不斷深入人心，逐漸成爲我國思想文化的重要組成部分。《周易》是我國本土傳統文化的核心和代表，佛學思想要深入我國人民的心中就必須要歷經本土化和中國化的過程，而要實現本土化和中國化，勢必要與這部被奉爲神聖經典的《周易》發生關係。但是，《周易》與佛學思想原屬不同思維方式的產物，不但《周易》的經文和傳文與佛教經典的表達方式迥然不同，而且《周易》的理論體系也與佛學的思想內容差異明顯。也正因爲如此，《周易》與佛學的關係一直是若即若離、若明若暗。

據研究發現，佛教傳入中土不久，就開始與《周易》發生關係，甚至還出現了以禪解《易》思想的萌芽。正如孔穎達《周易正義序》述六朝《易》學時說："其江南義疏，十有餘家，皆辭尚虛玄，義多浮誕。原夫《易》理難窮，雖復玄之又玄，至於垂範作則，便是有而教有，若論住內住外之空，就能就所之說，斯乃義涉於釋氏，非爲教於孔門也。"可見當時南朝諸家說《易》之風，已頗有些禪味。至清《四庫全書提要·經部易類》論宋王宗傳《童溪易傳》則說："以禪言易，起於南宋之初""明萬曆以後，動以心學說《易》，流別於此二人（楊簡和王宗傳）。"論《楊氏易傳》又說：以佛理說《易》，始於宋人王宗傳、楊簡，"至於明季，其說大行，紫溪蘇浚解《易》遂以《冥冥篇》爲名，而《易》全入禪矣。"由此可見，在智旭之前已有以禪學言《易》和以心學言《易》的先例。《四庫提要》的記述是否準確屬實，尚有待深入的研究，但無疑也說明了一個事實：在智旭之前，以禪學解說《周易》的現象不僅是推遲到南宋時期才初步發生，而且是經歷了很長一段時間後才變成普遍現象的。在這個事實的基礎上，我們進一步發現：從南宋初期到明代中後期，無論是楊簡、王宗傳、蘇浚的解《易》之作，還是其他以禪學或心學解《易》之作，都沒有體現出濃厚的佛學思想，也都沒有對《周易》經傳進行全面完整的佛學解釋。由此，我們又發現了一個新的關鍵問題：以禪解《易》和以《易》解禪的著作，爲什麼會推遲到智旭生活的晚明時代才不斷出現？而真正地以佛學思想全面解註《周易》的代表性作品，卻是在明末清初改朝換代之時才由智旭完成？爲了回答前面提出的問題，筆者作了以下三個方面的思考：

第一，晚明[1]極其動蕩不安的社會，造就了一個個性極其張揚的時代。先秦時期，《周易》作爲主要的經典之一，逐漸形成嚴密的傳承系統。秦漢時期，《周易》學說的傳承，更是嚴格墨守師法和家法，且不能違背正統的儒家思想來解說《周易》。至三國時期，天下大亂，儒家經學衰微，玄學思潮風行，始有魏國王弼大膽而巧妙地援用道家思想來解釋《周易》，雖然造成巨大的影響，但仍遭到不少的非議。自此之後，由於儒學的復興，儒家仍一直保持正統的地位，雖然仍有不少以異說雜說來解釋《周易》，但真正敢於打破傳統師法家法觀念的無以多見。之所以推遲到南宋初期才有個別以禪說《易》者，也正是緣於此。從另外一個角度看，佛教（學）的核心內容，作爲一種宗教思想，同樣具有不可逾越的特性，儘管不可避免地要走向中國化的道路，但要被人明目張膽地把教外的極端思想迅速地糅合進來，也是不可能的事。總之，不管是儒家學者，還是佛教僧人，在正常受到傳統思想和教規教

---

1 關於晚明時代的分期問題，學界尚沒有明確的界定。本書所指的晚明時代，基本上是援用稽文甫《晚明思想史論》中的說法："大體上斷自隆（慶）萬（曆）以後，約略相當於西曆 16 世紀的下半期以及 17 世紀的上半期"（該書第一章首段），即大約在 1567 至 1643 年之間。而本書所指的明清之際，則特指大清建立至南明滅亡之間，即 1636 至 1659 年之間。

條束縛的情況下，是不可能公然運用異說來發表思想主張的；重要的還在於，要溝通《周易》與佛學的關係確實不是那麼容易的事。所以，既需要有一個不平常的時代促使傳統的束縛迅速得以擺脫，也需要有一系列成熟的思想理論成爲架通佛學與《周易》之間的橋梁。

晚明社會的動盪不安，正好提供了一個有利的時代。晚明的動盪，主要是政治腐敗和經濟衰退引起的。明代從英宗正統年間開始，政治腐敗便日趨嚴重，延續到武宗正德年間時已經糜爛不堪，當時的社會有如《武宗實錄》卷一五五中所載：「上天示戒，下民離心，妖孽並作，邪說橫起，天下之勢，日以岌岌。」而從明萬曆中期開始，由於連年戰爭，政局混亂，土地兼併惡性膨脹，國家財政崩潰，人民生活貧困，生產力急遽下降，所以社會經濟長期滑坡。到了晚明時期，由於農民起義和清兵入侵，窮困混亂的社會更是雪上加霜。尤其是到了改朝換代前夕的明清之際，在內憂外患的情況下，各種王朝統治並存，社會極其動盪不安。社會的動盪，既削弱了封建正統的束縛力，也激發了民眾對面臨的災難及其根源進行全面深刻的反思，以致當時的思想界反而呈現出極其活躍繁榮的局面。所以，這個時期各個不同的領域都有思想家出現，各種思潮雲蒸霞蔚，並取得前所未有的學術成就。根據研究表明，這一思潮的時代特徵主要體現在幾個方面：高倡民族愛國思想；抨擊君主專制思想；批判程朱理學和陸王心學；倡導經世致用的實學思想；總結自然科學思想。[2]而從總的來看，晚明的思潮主要是以高揚主體性爲特徵，因此造就了一個個性極其張揚的時代。也正是這樣的時代，才使禪易關係的交通融合成爲

2　參看《中國明代哲學》，李書增等著，河南人民出版社，2002 年 1 月版，第 1-59 頁。

可能。

第二，晚明各種傳統思想的衰微，使儒佛關係呈現出大融通的趨勢。從漢代到明代，與晚明一樣動蕩不安的社會是多見的，爲什麼其他的時代發生不了禪易之間的大融合呢？這個問題可以從幾個方面加以說明。一方面是直到晚明之前，各種傳統的思想才都發展成熟。以先秦孔子、孟子的仁義思想爲核心的儒家思想一開始並不完善，後來經過董仲舒、程頤、朱熹、陸九淵、王陽明等歷代大儒的發展之後，不僅體系相當完備，而且融進了不少的佛教思想，尤其是產生於宋代的理學和心學，經過元明兩代思想家的繼承和發展之後，都達到相當豐富和成熟的地步。佛教傳入中國之後，不斷加快中國化的進程，在歷經六朝、隋唐、宋元之後，不僅各種中國化的佛教宗派及其思想都發展成熟，而且也吸收了不少儒家的思想。值得說明的是，儒家的心性論發展到理學和心學階段，在很大程度上已經與佛教心性論相類似，智旭也主要是借助理學和心學的思想來溝通佛學與《周易》的。正因儒佛二教的思想體系都已經發展成熟，而且彼此之間都有相互包容的思想，所以才使得儒佛的大融合成爲可能。

另一方面，到了晚明時期，各種傳統的思想都日益衰微。由成熟而走向衰微的原因是多方面的，其中社會的動蕩是起決定因素的。社會的動蕩，民族的屈辱，國家的危亡，促使民衆猛然懷疑傳統理論思想的虛妄。明代傳統思想的衰微，並非一蹴而就，而是歷經了繼承、發展、變異、分化、末落等階段，這從明代思想發展史中可以看得很清楚。從總的情況來看，明代的思想是以理學的發展和演變爲主要脈絡的，在很大程度上豐富和發展了宋元時期形成的各種學術思想，在晚明之前主要呈現出理學獨尊、心學崛起、氣學復興等發展軌跡。而晚明時期的王學分化、實學高揚、新學啓蒙等新的圖像，無疑乃是理學和心學衰微至極的標誌。佛教方面也如此。明代佛教繼續傳承宋元以來的各宗派，但大多因循守舊，影響不大，除了禪宗和淨土宗較活躍以外，其餘各宗都日趨衰微。到了晚明時期，儘管佛教開始呈現復興氣象，但主要還是以居士佛教爲甚，由於狂禪思想和禪淨合流思想的出現，包括禪宗和淨土宗在內的所有傳統宗派實際上也都很不景氣。此外，由於晚明的思想以高揚個性爲特徵，雖然其思想的表現仍依循著儒釋道既有的範疇、名相，但是內涵和外延都發生了一定的變化，除了各自仍保持既有的思想特色並有所創新外，彼此之間相互融合的趨勢比以往更趨明顯。所以，晚明時期雖然是一個大動蕩、大分化的時代，但思想上卻一直呈現出大融合的趨勢。晚明儒佛思想的大融合，不僅表現在儒家方面，同樣亦表現在佛教方面。晚明的儒佛互通，最鮮明的特色就是心學與禪學交互作用。在儒家方面，主要是王陽明的徒子徒孫逐漸把心學與禪學混爲一談，直至演變出盛極一時的狂禪學風。當時狂禪潮流，掩襲一世。在思想主張方面，如王畿、李贄、徐渭、林兆恩、何心隱等人都有鮮明的儒佛互補或相通的思想言論，他們以儒家立場推揚儒佛合流的言論學說，也受到了佛門中人的積極呼應，如雲棲袾宏、紫柏真可、憨山德清等著名高僧，也都紛紛著書立說，大力宣揚儒佛和會配合的思想。此外，當時這些高僧大多傳承不清，不自標宗門而廣泛平等地研讀各家學說，也是這一融合精神的鮮明體現。所有這些現象和思想，不僅對後來的智旭影響很大，而且有些直接就成爲智旭解《易》的理論材料。可見，正是晚明出現了儒佛之間的大融通，才使禪易之間的會通成爲可能。所以，從晚明儒佛關係發展特徵和變化趨勢，尋找《周易禪解》成書的原因，確實是很有必要的。[3]

第三，晚明融通儒佛的名士高僧，爲打通禪易關係奠定堅實的基礎。回顧歷史，我們不難發現在晚明以前儒佛之間也已經有過多次明顯的融合和會通，甚至有幾次也是發生在動蕩不安的年代，如六朝時期、五代十國時期、宋金元之際，那麼爲什麼在那些年代產生不了像《周易禪解》那樣的著作呢？答案應該是，那些年代缺少像晚明時期那樣不僅有不少的儒士大夫陸續撰寫一批以心學佛學言《易》的著作，而且有衆多的高僧居士紛紛在作以禪解《易》的嘗試。由於陸九淵、楊簡、王陽明心學思想的影響，明代出現了不少儒家學者大量運用心學理論來重新解說《周易》的著作。據《明史·藝文志》和《四庫提要》著錄，明代心學派解《易》的著作，有十餘種。在晚明之前，代表人物有湛若水（1466～1560）、王畿（1498～1583）等人。當時，有代表性的專著還不多，如湛若水編有《修復古易經傳訓測》十卷，惜已亡佚；王畿《大象義述》，借《大象文句》，闡發其心學教義；季本（1485～1563）《易學四同》八卷，大旨在於發明楊簡之《易》，宗主心學。而到了晚明時期，儘管"心學"流派已由全盛走向衰微，但是心學的影響依然存在，以致相關的解《易》著作不斷湧現。關於這時期的心學派《易》作，我們可以《四庫提要》的收錄作一個簡單介紹[4]：如紫溪蘇浚（1541～1599）《周易冥冥篇》四卷，大旨

---

3 大陸學者夏金華《佛學與易學》書中第二章第五節，主要從明末儒佛相互關係的變化與發展來揭示智旭寫作《周易禪解》的原因。對此研究方法與結論，筆者表示認同，但具體的論證思路和角度與夏氏仍有較大的差別。詳見該書第 104-110 頁，台灣新文豐出版公司，1997 年 4 月版。

4 本段中所簡介的明代心學派《易》家和《易》著，主要參考李學勤、呂文鬱主編《四庫大辭典》上冊之《經部·易類》中的說法。爲方便讀者瞭解每一

主王弼虛無之說，一切歸之于心學；如錢一本（1539～1617）《四聖一心錄》六卷，大多是捨事理而言心；如顧曾唯（1553 年進士）《顧氏易解》無卷數，書中有一篇《自序》，實爲宋代楊簡《慈湖易解·序》稍加節簡而成；如孫應鰲（1553 年進士）《淮海易談》四卷，該書認爲天地萬物，所在皆有易理，關鍵是人心是否能明；如鄭圭（約 1522～1620）《易臆》三卷，出言立論，皆有關心學；如高攀龍（1562～1626）《周易易簡說》三卷，有明顯的以心言《易》傾向；如鄒德溥（1583 進士）《易會》八卷，該書《自序》說 "就心所會者述之，故名《易會》"，可見其心學傾向；如吳極（1616進士）《易學》五卷，該書多采楊簡《己易》、蘇軾《易解》、焦竑《易筌》、鄒德溥《易會》四書之說，以擬議、發明心學大義爲主。由於心學解《易》在晚明前期頗有泛濫趨勢，所以也遭到時人的批駁，如楊時喬（1531～1609）的《周易古今文全書》，大約作於萬曆十八年（1590），該書共分六部，每部都有自序，大意在薈萃古今，而專斥心學說《易》之謬。晚明中後期儒家心學衰微至極，此後風氣竟由禪學而轉，於是又出現了一些以《易》釋佛或以佛解《易》的著作：如徐世淳（1584～1641）《易就》六卷，該書似儒家之語錄，又似禪家之機鋒；又如方時化（1594 舉人），著有《易引》九卷、《周易頌》二卷、《學易述談》四卷、《易指要繹》三卷、《易疑》四卷、《易通》一卷等六種易學著作，大體都是以佛經解《易》，總以禪機爲主，強《易》就佛。

　　在晚明儒佛合流思想的影響下，尤其是在士大夫們以心學和禪學解說《周易》之潮流的推動下，不少居士和高僧也陸續參與

《易》家的生活年代，筆者特地在其名後夾註了生卒年份，有些生卒年不詳的，也力求註明其活動的大致時代。詳見該書第 1-113 頁，吉林大學出版社，1996 年 1 月版。

禪學與《周易》關係問題的討論。他們在參與過程中，主要從儒佛關係方面談論佛學與《周易》的關係問題，也有人撰寫了著作，但有見載或傳世的不多，如：黃正憲（號廣寓居士）《易象管窺》十五卷，有以《易》入釋的傾向；李贄（別號溫陵居士，1527～1602），著有《九正易因》，原名《易因》，因九易其稿而改名，該書乃由爲方時化講論《周易》的記錄而成，頗有心學和禪學的傾向；又如焦竑（1541～1620）《易筌》六卷附《論》一卷，該書意欲將佛和道通於《易》，以致受到時人以禪學相譏諷；再如高僧紫柏真可，不僅認爲“不讀《易》則學問不能通方”[5]，而且還著有《解易》之文，對《周易》卦爻義理進行精煉的佛學闡釋。考察《周易禪解》所直接引用的註《易》之文，我們可以發現當時精通易學的學者和居士是相當多的，如馮文所、潘雪松、李衷一、孫聞斯、溫陵郭氏、鄭孩如、錢啓新、陸庸成、陳旻昭、陳非白、季彭己、張慎甫、洪覺山、洪化昭等[6]。智旭在《周易禪解》中廣泛吸取當時心學派《易》家的觀點，作爲解說的佐證，可以證明他解《易》的思想與心學解《易》派有密切的聯繫。由此還可反過來證明，當時以心學、禪學言《易》的風氣不僅十分盛行，而且對智旭有著直接深刻的影響。所以，正是以禪解《易》的言行

---

5 錢謙益編《紫柏尊者別集》卷四。

6 這些人物都是《周易禪解》中提到過的，有幾個從《靈峰宗論》中可以考證出是智旭的朋友，如溫陵郭氏、陳旻昭、陳非白；有幾個是尚未查出來歷的，但很有可能是明代人，如馮文所、李衷一、孫聞斯、鄭孩如、張慎甫、洪覺山；有幾個是尚待確證或已查證的，如陸庸成（原名振奇，字庸成，著有《易芥》八卷，《四庫》有存目）、錢啓新（原名一本，字國瑞，曾主講東林學院，學者稱啓新先生，著有《像抄》六卷、《像象管見》九卷、《四聖一心錄》六卷等《易》作，《四庫》都有存目）、潘雪松（疑其是《洗心齋讀易述》作者潘士藻，此人號松雪，與“雪松”很相似）、季彭己（疑其是《易學四同》作者季本，此人號彭山，與“彭己”很相近）、洪化昭（自號日北居士，大概是天啓、崇禎間人，著有《周易獨坐談》五卷，疑其與洪覺山是同一個人）。

著作不斷出現，才使以佛理佛法全面解說《周易》經傳的著作面世成爲可能。

二、內因：中年智旭的個性和遭遇

有外因還必須有內因，因爲外因必須通過內因才能起作用。通過前面對外因的闡述，我們得出了一個結論，那就是晚明時期是一個易佛關係大融通的時代。但是，仍有兩個問題沒有解決：一是智旭爲什麼會與《周易》發生關係？二是那樣的時代，言《易》之作如此之多，爲什麼惟獨智旭的《周易禪解》最全面、最成功呢？對此，本小節擬圍繞這兩個問題，從三個方面揭示寫作內因：

第一，智旭的天生個性促使他對《周易》發生興趣。對事物的喜好，與人的天生個性有直接的聯繫。儘管《周易》很神秘、很令人好奇，但並不是每個人都會接近它的。筆者認爲，智旭對《周易》發生興趣，與他的生平個性密切相關。通過考察《靈峰宗論》，筆者發現智旭既是一個具有“八不”性格的怪人，也是一個徹底的“唯心”主義高僧，更是一個地道的狂狷儒士。這主要從他生平的六件事中體現出來，茲略加歸納和分析：

1、徹悟心源由夢境。可以說，智旭由儒入佛，又由佛而轉向主張以佛合儒，都源於他多次對“心”理的徹悟。而他的徹悟，又往往是靠做夢得來的。從《八不道人傳》可以看得很清楚，智旭很相信夢境，他出家前後的“三夢憨山”就是極爲典型的例子。

2、問卜心事靠拈鬮。智旭一旦心中兩難之時，便靠拈鬮以決之。如《宗論》卷一之二《前安居日供鬮文》、《自恣日拈鬮文》，再如他三十二歲“擬註《梵網》”時，也是靠拈鬮的結果而選擇了“究心台部”的。而拈鬮實際上與《周易》的卜卦、抽籤等行爲極其相似，至少可以說明問卜者的心態是完全一樣的。

3、禱祝心願書願文。智旭不僅經常書寫懺文和願文，而且常刺血以書之。智旭自以爲 "夙生業重，現世罪深"[7]、 "行人一切供養，血書爲最"[8]，所以常書寫願文在佛祖面前燃香禱祝，《宗論》中類似的願文、血書不少，如卷一之一的《刺血書經願文》（戊戌）、《爲雪航楫公講律刺血書願文》（己巳），卷七之三《刺血書華嚴經疏》等等。這一點雖然不能用來直接說明智旭是因此而好《易》的，但完全可體現他虔誠忠義之舉的原儒個性，從而間接地說明他不排儒的深層次原因。

4、效盡忠孝常刲股。遇到親人好友病急之時，智旭便經常刲股肉以救之。刲股肉救人，歷來是儒者所爲。儒家以 "忠孝" 治天下，常宣揚刲肉救人的行爲，如《宋史》記載云 "上以孝取人，則勇者割股，怯者廬墓。"[9]所謂 "割股" 是指孝子割下自己的股肉做藥，用來治療親人的疾病。據浙江《鄞縣誌》云： "唐陳藏器撰《本草拾遺》中言：人肉可療羸疾。後世孝子之割股療親，皆根據其說。" 智旭也相信這種做法，並經常效仿。最典型的例子，就是在其母大病臨危之時，智旭四次割肱以救；在其友惺谷法師病急時，不惜割股相救。智旭如此之舉，說明他仍十分信仰儒家關於忠孝的倫理綱常。智旭經常在懺悔，也因爲他出家而不能對生身父母盡全孝而倍感痛憾所致。由此，我們可以進一步說明，智旭習慣的個性和做法，在很大程度上是與儒家思想相合的。這也正是智旭出家後會再接近儒學，以至於不顧一切去闡釋儒家經典的原始動因之一。

5、爲人處世愛和合。儘管智旭是一個 "八不" 之人，但並不

7　《靈峰宗論》卷一之二《持呪文》。
8　《靈峰宗論》卷七之一《願彌血書法華經跋》。
9　見《宋史·選舉志一》。

過於偏執。從他的交遊情況來看，智旭交往的朋友不僅很多，而且相互之間的感情都很深。尤其是對各種不同的宗派，智旭始終都認爲是可以有機地統一起來的，所謂"融會諸宗，歸極淨土"[10]的思想正是他愛好和合的鮮明體現。從這個角度看，智旭敢於援佛解《易》，也是他和合個性的一次體現而已。

6、所思所得好著述。智旭之所以著述繁富，與他愛立文字有關係。他在十幾歲時，就開始寫作，初學理學時，單是所著的《闢佛論》就有數千篇。出家以後，初學禪宗，但是並不認同禪宗"不立文字"的做法，所以仍堅持創作，凡有所見所思、所學所得都盡可能見諸文字。即使是在極其厭倦寫作的時候，也還是寫下不少，正如他在四十歲入閩之前撰《絕餘篇》以表示要棄筆絕著，而在入閩和離閩前後實際上仍寫了不少，按他後來的說法是："古人云：三折肱而知醫，閱人多而曉相。予肱之折，不止三矣！咎我以名者，不能責我以實，吾將爲名乎？恕己而尤人，不如反躬而自悔。悔雖遲，猶愈於不悔者乎？故從壬午夏，迄於丁亥冬，結爲《淨信堂續集》。因未完閱藏著述之願，姑未戒筆云。"[11]由此，我們認爲正是智旭好著述的個性，才使他在遇到"有郭氏子問《易》義"時，便開始舉筆解說《周易》。所以，我們說《周易禪解》的寫作與智旭生平的個性密切相關。

第二，智旭的師承淵源使他與《周易》結下不解之緣。智旭的知識結構相當複雜，這與他一生不專主一家一派而轉學多師有莫大的關係。智旭對《周易》知識的獲得，源於他早年"就外傳"時的所學所思。據《八不道人傳》，智旭從十二歲開始到二十歲出頭，主要精力都放在儒家經典上，不僅學習刻苦，而且學思結合，

---

10 《靈峰宗論》卷十之四附《跋·書重刻〈靈峰宗論〉後》。
11 《靈峰宗論》卷六之三《淨信堂續集自序》。

苦參力討，乃至有"大悟孔、顏心法"之妙得。可以說明，智旭在此期間對《周易》也是頗費心思的。出家之時，智旭雖然是在雪嶺門下剃度的，但心中真正景仰的僧師其實是憨山大師，以及紫柏真可和雲棲袾宏等高僧。儘管智旭無緣與這些高僧見面，但卻默默地以這些高僧作爲榜樣和老師，深受這些高僧行爲言論的影響。毫無疑問，這些高僧鮮明的儒佛合流思想也深刻地影響了智旭的一生。對此，我們不妨舉例略加說明。如被智旭讚譽爲"破盡流俗之見……百世聞風若新"[12]的紫柏真可，是晚明佛門中率先提出儒佛合一論的，思想達到了很深的程度，不僅提出了三教同源，而且還以佛理來化解儒家的五常，甚至還留有《解易》篇傳世。又如袾宏所著《竹窗二筆》，書中隨處可見其主張儒佛必須共存之言論："儒佛二教聖人，其設化各有所主，固不必歧而二之，亦不必強而合之"[13]、"核實而論，則儒與佛，不相病而相資"[14]。據《八不道人傳》，智旭十七歲時就是因讀袾宏《自知錄》和《竹窗隨筆》"乃不謗佛"的，可見袾宏對智旭影響之大。再如智旭魂牽夢繞的憨山大師，也是極力主張儒佛融合的，有著鮮明的以佛釋儒、以儒釋佛、以佛附儒、三教同源等思想傾向。[15]由此，可以說明後來智旭以佛學解釋儒家經典《周易》、《四書》，都同他對三大高僧的間接師承有密切聯繫。

　　第三，智旭的不幸遭遇使他深刻理解《周易》之理。《周易》本是先人的憂患之作，其至簡至易而又博大精深的道理，只有經

12　《靈峰宗論》卷九之三《紫柏尊者達大師像贊二首》。

13　《竹窗二筆·儒佛配合》。

14　《竹窗二筆·儒佛交非》。

15　此處說明三大高僧的儒佛合一思想傾向，主要參考郭朋先生的研究結論。詳見《中國佛教思想史》下卷，福建人民出版社，1995 年 9 月版，第 422－436頁。

歷過不幸和憂患的智者才能有深刻的理解。孔子大半生歷經坎坷，直到五十歲以後才學《易》，並很刻苦研習之後才寫出《易傳》，就是一個很典型的例子。據筆者研究，智旭之所以能深刻理解《易》理，與他前大半生的不幸遭遇密切相關。智旭不幸遭遇主要來自三個方面的憂患：

1、家國憂患。智旭生活在晚明中後期，當時的社會極其動蕩，尤其是寫作《周易禪解》前後二十年中，整個國家完全處於民不聊生的水深火熱之中。那時正值明清之際，由於地主階級的殘酷剝削以及清軍在入關前後的燒殺劫掠和武裝鎮壓，社會經濟遭到嚴重的破壞，到處呈現凋敝的景象。據史料記載，當時南方的各大城市都受到兵火的洗劫，史稱“揚州十日”的清軍大屠殺，就是發生在智旭寫完《周易禪解》的那年四月，當時智旭住在南京。由於智旭長期處在一個極其動蕩不安的社會環境中，所以具有強烈的民族和國家憂患的意識。智旭在《易解跋》中所體悟到的“至于歷盡萬別千差世事，時地俱易，而不易者依然如故。吾是以知日月稽天而不歷，江河競注而不流，肇公非欺我也。得其不易者，以應其至易；觀其至易者，以驗其不易。常與無常，二鳥雙遊。吾安知文王之于羑里，周公之被流言，孔子之息機於周流，而韋編三爲之絕，不同感于斯旨耶？予愧無三聖之德之學，而竊類三聖與民同患之時，故閣筆而復爲之跋”，正是來自於如此深刻的家國憂患。

2、身心憂患。即身體和心理的雙重憂患。從身體方面看，智旭自出家以後，逐漸養成幾個不利身體健康的習慣：一是屢次割肉以救人。如前面所說的四次割肱救母和一次割股救惺如法師。二是經常書寫懺文和願文，然後燃臂香在佛祖前誠心禱告。三是常刺血以書願文和佛經。如《宗論》卷一之一的《刺血書經願文》

（戊戌）、《爲雪航楫公講律刺血書願文》（己巳）、卷七之三《刺血書華嚴經疏》等。智旭經常如此虔誠愛人敬佛，身體就越來越虛弱，以至感染了惡疾，痛不欲生。從心理方面，給智旭造成最大壓力的主要有兩件事：一是少年時代因學理學，有過極力謗佛的罪過；二是青年時代急於出家，未能盡全孝於生身父母。從智旭留在《宗論》中的不少文章，可以發現這兩件事一直是籠罩在智旭心裏的陰影和創傷。身心的憂患，使天性狂熱的智旭越來越沈默和深沈，也使他更加努力去思考宇宙和人生，從而明白了更多的道理，也更喜歡以儒學道理示人。對此，智旭在《宗論》卷七之一《性學開蒙自跋》說得很具體：

> 良以兩家性學，世罕兼通。儒未必習佛，習亦難窺堂奧。佛未必習儒，習亦不肎精研。予年十二就外傅，麤知書義，便以道學自任，於居敬慎獨之功，致知格物之要，深究之。年二十，看《顏淵問仁章》，竊疑"天下歸仁"語，苦參力討，廢寢忘餐者三晝夜，忽然大悟，頓見孔、顏心學真血脈、真骨髓。因識孔子聞知之傳，誠待其人，非漢宋諸儒能擬議也。越四年，知出世大法，發心離俗，先參少室禪宗，後學天台教觀，不啻皆如渤海相似。十五六載，僅沾一滴，方爲向若之歎。反觀向所悟孔、顏心學，又今一滴中之一滴矣。嗟乎！道曠無涯，爲若此也。世之沾沾自足者，何啻井蛙也哉？然又知一滴之性，即大海性，故身爲釋子，喜拈孔、顏心學示人。知與不知，任諸旦暮……"

3、佛門憂患。智旭生活的時代既是一個社會動蕩的時代，也是一個佛教末法的時代。自從他走進佛門以來，就一直憂心忡忡。剛開始是學禪宗，就發現禪門正墮禪病，自以爲這是戒律混亂和鬆弛的緣故；而當他潛心閱覽律藏，欲將整理律學以救當時禪病時，又發現律學雖精但要真正實踐是很難的，所以又自以爲只有台宗才能救禪病；而就在他究心台部之時，又傷心地發現當時的天台宗與佛教其他宗派之間的門戶之爭過於激烈，仍然有很多的弊病。可以說，智旭在佛門裏始終爲佛門的衰頹和墮落擔憂。如此憂患意識，使智旭越發覺得"融會諸宗"、"融合儒佛"是勢在必行的。正是智旭有著不平常的遭遇和憂患，才造就了比同時代任何一種心學派《易》著都成功的《周易禪解》。從這個意義上說，《周易禪解》也確實是智旭經歷目睹憂患的苦心之作。

三、起因：溫陵郭氏子問《易》義

有因還必須有緣，才能機緣巧合而成果。通過前面對內因的闡述，我們又可得出一個結論：智旭具備了解說《周易》的素質和條件。但是，要揭示其寫作原因，仍有兩個問題亟待解決：爲什麼智旭不是在青少年時期，也不是在晚年，而是在四十出頭的時候寫出《周易禪解》的？智旭爲什麼不學紫柏真可只寫短篇的《解易》之文，而是那麼認真地全面解說《周易》經傳？本小節擬圍繞這兩個問題，從以下三個方面具體剖析寫作起因：

第一，智旭死裏逃生感悟學術之同異。關於智旭與《周易禪解》的關係，我們主要根據《周易禪解》的序文和跋文內容展開研究。《周易禪解》的寫作起因，首先也必須從序跋文中來尋找。但我們所要研究的不應當只是關注"有郭氏子問《易》義"這件事情，而應當通過這件事情來發現更多的直接起因。爲此，我們結合《宗論》進一步查證了智旭在溫陵寫作《周易禪解》前後的各方面情況：智旭是在四十歲那年的秋天，爲踐誦帚師之約，才行往福建，並在多天渡過福州的洪塘（今閩江的一段），來到溫陵的。在入閩的前幾年，智旭經過了九死一生，而且因此大徹大悟。

從智旭當年入閩前留下的《自輯絕餘編自序》和往溫陵途中所撰
的《陳罪求哀疏》以及在離閩後的《閩遊集自序》等三篇文章中，
約略可知他入閩前後的情形。如卷六之二《絕餘編自序》：

> 生平行履，百無一長，獨大菩提心，忘身爲法，捨己從人，
> 則堪質三世慈尊者也。自庚午至甲戌，五年中，幾經困衡
> 無退。迨乙亥仲秋，志終不伸。丙子春乃遁，途中大病，
> 逗遛九華，哀禱地藏本師，仍得閱藏著述之決。嗟乎！文
> 字性空，性空即是實相。實相離一切相，即一切法，豈離
> 文字而解脫哉？昔棄筆硯絕而不絕，今也不絕而絕矣！姑
> 名《絕餘》。

此《自序》說得很清楚：智旭自庚午（1630）至丙子（1636），
即從三十二歲到三十八歲這七年中，時運相當不濟，先是五年的
“困衡無退”，接下一年是“志終不伸”，最後是不得不逃遁卻
又大病一場。正是如此身心交瘁，使得智旭開始產生了棄絕著述
的念頭。又如卷一之三《陳罪求哀疏》：

> 稽首大孝能仁父，孝順爲宗《梵網經》……言念罪旭，少
> 年主張理學，妄詆三寶，過犯彌天……詎料於今十六年，
> 竟成虛度。修行至道，仰彌高而鑽彌堅；剪除惑業，根益
> 深而枝益茂。死期將至，初志何成？扼腕撫心，厥罪曷罄？

智旭此《疏》接著依次列出他生平的七大負：負我生恩、負
我性靈、負我宗門、負我僧相、負此名位、負正法輪、上負帝主
弘護深恩下負普爲眾生所發菩提心願。之後，又說“負茲莫大七
罪，復淹淹殘喘，九死一生，半體酸楚，已經十有餘年。三日惡
瘧，更纏三年之外。”此《疏》是智旭在戊寅年（1638）正值其
出家十六年和其父過世二十年的諱日寫的，《疏》中透露了幾個事
實：其一，智旭以爲自己死期將至而扼腕撫心；其二，智旭主要

是把自己多年來的不幸遭遇，歸因於所謂的“少年妄詆三寶”和出家後的“七大負罪”；其三，智旭在此很長一段時間，身體確實很不好。這些事實也可進一步印證前文關於智旭生平身心憂患的論述。再如卷六之二《閩遊集自序》：

> 自丙子臥病九華，無復人世閒想。戊寅秋，踐吾友帝師之約，幻遊閩南，擬掩關靜坐耳。詎意鼓兩片皮，作座主活計邪。流浪溫陵霞漳閒，幾及四載，種種家醜，播揚略盡。二三同志，苦欲災木，余惟賦性僻拗，不近人情，所有言句，多觸時諱，流通之者，殆非愛我者也。然業將身命，付諸龍天，誠復不敢自愛，遂弁數語，以聽知我罪我於天下後世云。

智旭此《自序》主要交代了他自丙子至壬午年間，即從三十八歲到四十四歲的主要活動和心態。從前引的三篇文章，我們發現智旭在寫《周易禪解》之前，確實有過死裏逃生的經歷，而且對他的思想觸動很大。我們可以再引幾段《宗論》的文句，來說明智旭在此期間對學術的感悟情況。如卷六之一《退戒緣起幷囑語》在簡述自己十幾年的出家生涯後，說：“予又病日苦增，死將不久，追思出家初志，分毫未酬，數年苦心，亦付唐喪，撫躬自責，哀哉痛心，恐混迹故鄉，虛生浪死，故決志行遁，畢此殘生。”卷一之三《九華地藏塔前願文》作於丙子年三月，有云“備受病苦，痛娑婆之弊惡，歎沈溺之無端，由是扶病入山……乃至舊歲染疾後，種種不盡如法。”卷九之四《自像贊三十三首》：“至年三十八，大病爲良藥。高臥九子峰，糠粃堪咀嚼。甫註《梵網經》，遂有溫陵約。抱病述玄文，抉開千古膜。”卷六之一《四書蕅益解自序》：“蕅益子，年十二談理學，而不知理；年二十習玄門，而不知玄；年二十三叅禪，而不知禪；年二十七習律，而不

知律；年三十六演教，而不知教。逮大病幾絕，歸臥九華，腐滓
以爲饌，糠粃以爲糧，忘形骸，斷世故，萬慮盡灰，一心無寄，
然後知儒也、玄也、禪也、律也、教也，無非楊葉與空拳也。”
所引的這四段文字，剛好是可以比較完整地按時間順序，說明智
旭從丙子春決志行遁，到扶病入九華山，以至在九華山臥病坐忘
頓悟和在溫陵抱病述玄抉膜的大致經過。從中我們也可看出，智
旭因此在學術方面最大的感悟是：知儒、玄、禪、律、教等無非
是楊葉與空拳也。[16]“楊葉”與“空拳”都是哄騙小兒的手法而
已，智旭以此作喻，意在說明世間的所謂儒、玄、禪、律、教等
學說，本來是沒有的，都只是一種假名和空名，只不過是用來誘
人的一種手段而已。換句話說，各種不同學說，儘管名稱有別，
究其實際都是假和空的，既是有名無實，也就根本不存在什麼差
別，當然也就不要去計較和爭論它們的異同。筆者以爲，正是智
旭死裏逃生後如此的感悟，才使得他在此後不久敢於以禪解
《易》，而且能夠做得相當的成功。

　　第二，智旭溫陵結冬研讀易學之典籍。據智旭《閩遊集自序》
說：“幻遊閩南，擬掩關靜坐耳。”而他到底沒能完全那樣做。
智旭是四十歲那年入閩的，四十一歲住在溫陵，當年確實沒有勤
於創作，但還是抱病撰寫了《大佛頂經玄義》二卷，文句十卷。
四十二歲住在漳州，實際上是往返於今天的廈門、漳州、泉州、
霞浦等地區，又述有《金剛破空論》、《蕅益三頌》、《齋經科註》
等作品。至四十三歲那年（辛巳）冬天，他在溫陵月臺結冬。這

16　“楊葉”：楊樹之葉。古時人們常以耍弄楊葉來逗哄啼哭的小孩，此用以比
　　喻佛教的方正之理義與巧妙之言辭。“空拳”：空手作拳。也是以手法來哄
　　騙小孩的方式之一，以此比喻諸佛善於運用巧妙的手法來說明不可思議的
　　“法性本空”之理。“無非楊葉與空拳”，即指哄騙的手法不一樣，而實際
　　上都是空的，都只是爲了達到相同的目的。

很長一段時間裏，智旭相對以前是較少著作的，大多是在靜坐養病和用功讀書。筆者猜測，智旭當時不僅廣讀佛經，而且也讀儒經，尤其是對《周易》的研讀很有可能達到孔子"韋編三絕"的境界。推測的依據有三：其一，據《周易禪解》的序跋文句可以推知智旭結夲之時有研究《周易》的事實。《序》文說："蕅益子結夲於月臺。禪誦之餘，手持《韋編》而箋釋之。"顯然沒有提郭氏問《易》之事。而《易解跋》"憶曩歲幻遊溫陵，結夲月臺，有郭氏子來問《易》義，遂舉筆屬稿"倒是提了。儘管序跋對問《易》與解《易》的先後順序都不是交代得很清楚，但是我們完全可以這樣來推測：郭氏之所以向智旭問《易》，是因爲智旭當時經常在讀《易》；然後，智旭才感于問《易》而開始解《易》。其二，智旭很可能有過讀《易》至於三絕的體驗，才會開示別人學《易》應該那樣做。此論可依據《宗論》卷二之二《法語二·示郭太爵》："居士當讀《韋編》，至於三絕，必大有進者。更作一番筆削，不閱而知，其可行遠也。如切如磋，如琢如磨。請三復斯語。"儘管不能明確認定此"郭太爵"是那個問《易》的溫陵郭氏，但從智旭的示語無疑可說明他讀《易》是很用心的。其三，《周易禪解》中直接援引了二十多家解《易》作品中的原話來做解說，有力地說明智旭解《易》時身邊肯定有不少《易》學著作，由此進一步推斷智旭當時在溫陵是廣讀《易》學著作的。所以說，正是智旭在溫陵時潛心研究《周易》，並廣讀《易》學典籍，才使他有深厚的功底來以佛解《易》，以至能在郭氏子問《易》之後"遂舉筆屬稿"而成就《周易禪解》之傑作。

　　第三，智旭身國憂患感于郭氏之問《易》。話說回來，智旭此時爲什麼要研讀《周易》呢？這個問題在前文已有過簡要的回答，不妨再作具體的分析和補充。通過智旭的《自傳》，我們都很清楚智旭在十幾歲時是儒家思想的堅定信仰者，不僅撰寫出大量闢佛的論稿，而且頓悟了孔、顏"天下歸仁"的心法。而等到他聞《地藏本願經》，發出世心，夢晤憨山，皈依佛教，徑山修禪，並大量研讀佛經之後，他不僅堅定學佛和信佛，而且一直對少年時代輕信理學思想而妄排佛學的行為耿耿於懷，抱罪終身，這從他留在《靈峰宗論》中的大量願文和文疏，可以發現智旭對這件事情在心理上的負罪程度。既然如此，為什麼後來的智旭還會去接觸儒學經典，並為之作解呢？經過前文研究發現，原來智旭進入佛門之後有過一段極其坎坷不平的歷程，以致在入閩之前的身心幾乎都到了破碎的地步。智旭是二十四歲那年夏天出家的，剛開始是學禪宗，可是當時佛門又正墮禪病，所以未領片益。二十七歲，他就古吳閱律藏一遍之後，開始領悟到產生禪病的主要原因，乃是佛門律學衰微、戒律鬆弛，所以他便決心宏律。可是到了三十一歲時，他又反悔了，以為自己不適合做和尚，原因就在於自己"煩惱習強，躬行多玷"。到了三十二歲，他又發現只有天台宗才能療救禪門之病，於是開始"究心台部"，但又因當時的台宗固執門庭之故而不肯正式去傳承天台宗，只是私淑台家教觀。從此開始，智旭的心態一直得不到安寧和平衡，心情也越發鬱悶和偏激，逐漸陷入身心交瘁的境地："身則衆病交煎，心則他緣逼迫"[17]。而當他死裏逃生時，就深刻體悟了儒佛之間的關係，所以也就不再排儒，甚至變得喜歡讀儒典。《周易》是憂患之書，身處憂患的智旭在讀《周易》的同時自然會有許多的同感和共鳴，以致會反復地研讀，以至會對很平常的問《易》之事而煞費苦心去全面解說《周易》。

---

17 《靈峰宗論》卷一之三《閱藏願文》。

在這裏，我們還要解決另一個重要起因問題：智旭在溫陵並沒有寫完《周易禪解》，三年後再續竟前稿的起因又是什麼呢？對此，《易解跋》解釋說："先成《繫辭》等五傳，次成《上經》，而《下經》解未及半，偶應紫雲法華之請，旋置高閣，屈指忽越三載半矣。今春應曇都請，兵阻石城，聊就濟生庵度夏。日長无事，爲二三子商究大乘止觀法門，復以餘力拈示易學，始竟前稿。"這裏智旭似乎交代得很清楚，表達得很輕鬆，而從此《跋》文後半部分的內容看，智旭在寫完《周易禪解》之前的心情無疑是相當沈重的。所以我們認爲《跋》文所表述的僅僅是表面的起因而已，深層次的起因應該是身國憂患所促使的。借助《宗論》的幾段文字，就可以比較清楚地說明問題。如卷一之四《祖堂結大悲壇懺文》：說"智旭於四十六歲，自反多愧……乃至濟生庵修大悲行法。"又如卷六之三《淨信堂續集自序》所說："壬午從閩至吳興，奉三寶命，志在傳一隙之明也。艱阻逶出，捨鐵佛而遊檇李之天寧，捨天寧而居郭南之靈峰，歷普德濟生而結社於牛首之幽棲，虛名日盛，志終不行。已矣乎！佛祖心印將安寄乎？"由這兩則引文，可以說明離閩之後的智旭身心仍然飽受憂患。除此，智旭還有深沈的憂國之患，如卷一之四《占察行法願文》："痛念劫濁難逃，刀兵競起，雖云同分妄見，實非無因誤招……俾毫光照處，消兵戈爲瑞日祥雲；法雨霑時，轉邪藥爲道芽靈種。所願風調雨順，國泰民安，正教流通，魔邪竄絕。次祈比丘智旭，身無病苦，心脫結纏，定與慧而等持，戒並乘而悉淨……又祈江北江南，乃至震旦域內，近日遭兵難者，種種債負消除，一一怨嫌解釋。"

通過本節對寫作原因的具體分析，我們可得出一些結論：智旭寫作《周易禪解》，不是偶然的，而是偶然之中蘊涵著必然的因素；不是隨意借助《周易》來發表自己的佛學主張，而是真正的有備而來、有感而發。因此，我們也不能簡單地看待《周易禪解》，而應該認真地加以解讀和研究。

第二節 《周易禪解》的寫作過程

《周易禪解》的寫作過程較長，並非一時一地之作。據作者《自序》所言，此書初創於明代崇禎十四年辛巳（1641）仲冬，"蕅益子結夏於月臺，禪誦之餘，手持《韋編》而箋釋之。" 據作者《易解跋》稱，是年遊溫陵（今福建泉州市）之月臺，因"有郭氏子來問《易》義，遂舉筆屬稿，先成《繫辭》等五傳，次成上經，而下經之解未及半，偶應紫雲法華之請，旋置高閣，屈指忽越三載半矣。"時至乙酉年夏，即清順治二年（1645），作者於石城（今屬江蘇南京）又續解之，始竟前稿。關於《周易禪解》寫作過程中的主要問題，本節擬在該書序、跋文的基礎上，結合《靈峰宗論》中的相關內容作進一步的探究。

一、寫作意圖：誘儒知禪

智旭在《周易禪解序》中對自己想要寫作此書的意圖和目的作了簡明的概括："吾所由解《易》者，無他，以禪入儒，務誘儒以知禪耳。" 所以人們在說明智旭寫作《周易禪解》的目的時，大多也僅是以此來表述而已。當然，以智旭的原話來說明問題，是很合理的，也基本上切中了要害。但是，我們不能因此停止追問：難道智旭真的"無他"意圖嗎？根據研究，筆者認為智旭的寫作意圖雖是務在誘儒以知禪，而實際上所要達到的目的不止如此。智旭之所以沒有完全表露真正的意圖，可以說與他的憂患和苦衷是分不開的，因爲他作爲佛門中人，是不可以隨便去研究外教經典的，而他非但沒有循規蹈矩，反而大刀闊斧地以禪入儒；如果他的做法只是站在佛教的立場，佛門中人還是會原諒他的。而實際上，智旭並不止是偏袒一方的立場，而是想憑自己的知見"公正"地比較儒佛之關係，如此得出的結論將讓同門中人難以接受，如果再把目的大肆標明的話，恐怕就會遭到人們嚴厲的指責和非議。所以，只用"務誘儒以知禪"來隱含其他目的，不僅合情合理，而且顯得冠冕堂皇。對其隱含的目的，以下試圖從三個方面加以揭示：

其一，引禪知儒，說明儒佛相通的道理。智旭說"誘儒以知禪"，其實就隱含著另一種意思，即"引禪知儒"。試論之，既然以佛學爲主的《周易禪解》，可以誘導儒者們來研讀，讓他們因此更加瞭解佛學與儒學的關係，同樣也可以引導佛門僧人們來研讀，讓他們充分理解佛學與儒學可以相通的道理。如果不是這樣，那麼智旭豈不僅是爲讓儒者知禪而作《周易禪解》？如果僅是爲儒者所作，《周易禪解》還會有多大的寫作意義？可以說，智旭所要達到的是闡明儒佛相通的道理，至於究竟是爲儒或爲禪而作實際上並不重要，因爲一部著作行世以後會得到什麼樣的讀者，並不是原作者所能完全意料和控制的，這一點聰明的智旭應該是很清楚的。對此寫作目的，智旭在《靈峰宗論》卷二之五《法語五·示馬太昭》一文中顯然談得更具體明白些：

> 予向拈《周易禪解》，信無十一，疑逾十九。嗟嗟！我誠過矣。然察疑者之情，謂儒自儒，佛自佛，欲明佛理，佛經可解，何亂我儒宗？《易》果有禪乎？四大聖人豈無知者？《易》果無禪乎？爾何人斯，敢肆異說。噫！予是以笑而

不答也。昔陸象山，始疑天地何所窮際，逮豁悟後，不過曰："東海有聖人出焉，此心同也，此理同也。南西北海有聖人出焉，此心此理，亦莫不然。"更不復談及天地，豈非以無窮無盡之天地，總不出此心此理，故不復生有邊無邊諸戲論哉？《易》曰："範圍天地之化而不過，曲成萬物而不遺，通乎晝夜之道而知，故神無方而易無體。"夫易既範圍曲成矣，何無體？既無體矣，以何物範圍天地曲成萬物？噫！試深思之，可謂《易》無禪邪。且聖人明言"陰陽不測之謂神"，又言"神無方"矣，後儒必以乾陽配天配君，坤陰配地配臣，則廣八卦所云"乾爲寒爲冰爲瘠馬等"、"坤爲吝嗇爲文爲墨等"，果何謂邪？聖人明言"易無體"矣，後儒必以《易》定是《易》，尚不可推諸《詩》、《書》、《禮》、《樂》，況可推三寶四諦、十二因緣、六度萬行，是四聖之心邪？非四聖之心邪？至動莫若乾，畫（畫）反奇，恐動或非動也。至靜莫若坤，畫（畫）反偶，恐靜或非靜也。艮山兌澤，皆不動之物也，何得稱咸也？巽風震雷，皆不停之象也，何反稱恒也？坎中男也，何水至冷也？離中女也，何火至熱也？水降滅火也，火然竭水也，何以稱既濟也？水潤得所也，火炎上而順性也，何以稱未濟也？故曰"不可爲典要，惟變所適"，胡後儒之執爲典要，不知變通也？

在以上引文中，智旭專門回答了懷疑者的兩個問題：一是"欲明佛理，佛經可解，何亂我儒宗"？二是《易》中是否有禪？認爲應該從變通的角度來理解《周易》，才能夠更加全面準確地把握作《易》者的本意；而從變通的角度，既可說《易》果無禪，又可說《易》真有禪；既可說《易》中有禪，那麼就不能把《易》

僅視爲儒典，僅限於以《易》解《易》或以儒解《易》，當然也可以禪解《易》。由此推論，智旭解《易》的目的乃是爲了說明儒佛之間存在相通的關係確實可以在《周易》中找到依據。如此說來，智旭作《周易禪解》就不止是"誘儒知禪"而已，同時也爲了能"引禪知儒"。

其二，禪易互證，說明禪易相通的道理。要闡明儒佛相通的道理，最關鍵的問題是禪易是否能夠相通。因此，智旭在《周易禪解》中並不僅僅是在以禪解《易》，而是盡可能地讓禪易互證，既說明《易》中有禪，又證明禪中有《易》，禪與《易》是互攝互含的。不妨先據《周易禪解》的內容來作些說明。如《周易·乾》卦辭有"元亨利貞"一語，《文言》稱之爲"四德"。智旭對"四德"作了新解："所以《乾》、《坤》各明'元亨利貞'四德也。今以儒理言之，則爲'仁義禮智'。若一往對釋者，仁是常德，體無遷故；禮是樂德，具莊嚴故；義是我德，裁制自在故；智是淨德，無昏翳故。若互攝互含者，仁義禮智性恒，故常；仁義禮智以爲受用，故樂；仁義禮智自在滿足，故我；仁義禮智無雜無垢，故淨。又四德無雜，故爲仁；四德周備，故爲禮；四德相攝，故爲義；四德爲一切法本，故爲智也。"[18]此處智旭即認爲，儒理"仁禮義智"不僅可與佛性"常樂我淨"對釋，仁禮義智四德亦互含常樂我淨。而這一儒佛相通的思想，正是借助禪易互證而得出的。所以，從引文的內容還可以看出，智旭互證禪易的目的，既說明了禪易相通的道理，又提供了儒佛相通的依據。不妨再據《靈峰宗論》卷二之五《法語五·示馬太昭》中後一段話，來看智旭是如何說明禪中有《易》和禪易相通的：

18　《周易禪解》卷一解《乾·文言》"君子行此四德者，故曰乾元亨利貞"一句。

馬太昭，自幼留心《易》學，獨不以先入之言爲主，客冬
聞台宗"一切皆權，一切皆實，一切皆亦權亦實，一切皆
非權非實"之語，方知《周易》亦權亦實，亦兼權實，亦
非權實。又聞"現前一念心性，不變隨緣，隨緣不變"之
妙，方知不易之爲變易，變易之終不易。夫所謂不易者，
惟無方無體故耳。使有方有體，則是器非道，何名神？何
名易哉？又不達无方无體，不惟陰陽是器，太極亦器也。
苟達無方無體，不惟太極非器，陰陽乃至萬物亦非器也。
周子曰："太極本無極也。"亦可曰"陽本無陽也，陰本
無陰也，八卦本無卦也，六爻本無爻也"，故曰"陰陽不
測之謂神"也。陰陽設有方體，安得名不測也？《論》云：
"諸法無自性，無他性，無共性，無無因性，無性亦無性，
無性之性，乃名諸法實性。"噫！此《易》邪？禪邪？亦
《易》亦禪邪？非《易》非禪邪？居士必能默識之矣。

在這一段話中，智旭主要是從佛理而達易理，又從易理而返
歸佛理，深入比較了禪易之間的異同。儘管話中沒有直接說出
"《易》即禪，禪即《易》"，但有此等蘊意應該是很明顯的。
所以，智旭也深信：只要馬太昭居士能變通地理解佛理和易理，
"必能默識"禪易相通的道理。由此，我們進一步認爲智旭的寫
作目的也在於揭示禪易相通的思想理論之所在。

其三，援易解禪，說明禪學更高的道理。智旭說"誘儒知
禪"，而不說"誘禪知儒"，無疑表明了他堅定的佛教立場和寫
作態度，也體現了他思想中不變的傾向，那就是禪學思想比儒學
更高明。智旭在《周易禪解序》中指出"誘儒知禪"的目的後，
又補充說："縱令不得四益而起四謗，如從地倒，還從地起。置
毒乳中，轉至醍醐，厥毒仍在。徧行爲外道師，薩遮爲尼犍主，

意在斯也。"即認爲把《易》與禪學合在一起解說，猶如"置毒乳中"，即使解得再好也是仍有"毒性"存在。可見智旭還是以爲儒家及其《周易》學說是有毒性的，比不上佛學純正。所以，筆者認爲智旭援《易》解禪並不是要說明禪學和儒學是完全可以相提並論、等量齊觀的，而是爲了說明禪學更高的道理。借助《宗論》，我們發現了智旭一生刻骨銘心追求的三大心願是："一願毗尼實義，昭揭中天，教觀禪那，盡除流弊，靈山共睹儼然，淨土同期托質。二願修治大藏，昭佛祖之慧命，救贖衆生，普法界之慈緣。三願學無邊法門，窮正覺心源，竟法海涯底。折擧一廢除之魔見，導萬有不齊之羣機。讚戒讚聞，無人不秉真說；宏禪宏淨，無處不轉正輪。"[19]從這三大願的內容來看，智旭的佛教立場是無比堅定的。當然，他也就不可能因發現禪易相通的道理而改變自己的誓願。據第三願"導萬有不齊之羣機"句義分析，智旭大有想通過窮竟佛理佛法，從而實現以佛學思想統一天下各種學說的強烈願望。通過對《周易禪解》的解讀，我們進一步發現智旭的確有"以禪解《易》，又援《易》解禪，借《易》以明禪學更高"的目的。如解《乾·文言》時，認爲《乾》、《坤》二卦，既明佛性，又明修行，既論因，亦論果，宛如是在闡發涅槃佛性的學說："統論《乾》、《坤》二義：約性，則寂明之體；約修，則明靜之德；約因，則止觀之功；約果，則定慧之嚴也。若性若修、若因若果，無非常樂我淨。"[20]解《乾·彖》時，智旭還認爲整個《易傳》的宗旨，都是"孔子借釋彖爻之辭，而深明性修不二之學。以乾表雄猛不可沮壞之佛性，以'元亨利貞'表佛性本具

19　《靈峰宗論》卷一之一《持準提呪願文》。

20　《周易禪解》卷一解《乾·文言》"君子行此四德者，故曰乾元亨利貞"一句。

'常樂我淨'四德。佛性必常,常必備乎四德"[21]。解《乾·象》時,智旭又認爲:"六十四卦《大象傳》,皆是約觀心釋。所謂無有一事一物而不會歸于即心即性也。本由法性不息,所以天行常健。今法天行之健而自強不息,則以修合性矣。"[22]此處乃以佛性論來闡發《周易》"自強不息"的思想,從而勸導衆生法天行之健,"以修合性",而獲得功德圓滿。從智旭解說的內容來看,佛學思想完全涵蓋了《周易》的所有內容,《周易》無非是爲闡明佛理佛法而作的,而且《周易》具體而深刻地闡明了"性修不二之學",值得學佛者學習和借鑒。按照如此說法,修行者不可不明《易》,因爲《易》以明禪;研《易》者不可不知禪,因爲禪高於《易》。對此,當代易學專家唐明邦教授認爲:

> 這是智旭大師撰寫《周易禪解》的基本目的所在,將《周易》基本思想,納入佛學思想體系,重加詮釋,誘導儒者一心修禪,將儒學之精粹,納入佛學,正是"借花獻佛"的用心。於《易》於禪均有妙悟,是以《周易禪解》不失爲中國文化史上的奇書。然亦只有植根於中華傳統文化的沃壤,才得以綻出如此佛學之奇葩。[23]

唐教授對智旭撰寫《周易禪解》的"基本目的"所作出的結論,的確是很中肯的。通過我們前面的分析過程可以很明顯地看到,智旭的確是"將《周易》基本思想,納入佛學思想體系,重加詮釋"、"將儒學之精粹,納入佛學",也的確是"於《易》於禪均有妙悟",但是並非只是"誘導儒者",同時也是在"引

---

21 《周易禪解》卷一解《乾·象》"首出庶物,萬國咸寧"一句。
22 《周易禪解》卷一解《乾·象》"天行健,君子以自強不息"一句。
23 引見唐明邦《以佛解〈易〉援儒證佛》,載《佛學研究》1995 年年刊,第 177 頁。

導禪者"如何借《易》修禪。我們還進一步發現，智旭把儒學納入佛學，雖然說明了儒佛相通和禪易相通的道理，但是並不是爲了證明儒與佛、禪與易是完全相同的。在智旭看來，之所以是相通而不是相同，乃是因爲儒學與易學思想都蘊涵在佛學思想裏面，佛學從根本上說是高於儒學與易學的。所以，我們認爲作《周易禪解》既說明儒佛相通和禪易相通的道理，又進而說明禪學更高的道理，才是智旭"借花獻佛"的真正用心所在。

二、寫作思路：援禪證易

　　寫作思路是寫作過程的組成部分，既與寫作的題目和內容密切相關，也與寫作的方法和技巧緊密聯繫。智旭在《周易禪解》序跋文中，對其寫作思路沒有提及，所以我們只能通過解讀書中內容，來作一些力所能及的探討。經過研究發現，智旭援禪解說《周易》的思路相當清晰，主要體現在如下幾個方面：

　　第一，既然所解的是《周易》，當依循《周易》的文本和體例。《周易》流傳到晚明時期，早已存在各種不同版本並流行於世。選擇哪種版本作爲解說的文本對象，無疑是擺在智旭面前最首要的問題。從《周易禪解》中的《周易》文本內容來看，我們發現智旭的確很注重版本問題，因爲他所採用的不僅是易學界通行已久的範本 —— 王弼的經傳參合本和朱熹的《周易本義》通行本，而且沒有效仿宋明的心學派易學家隨意篡改《周易》的文字內容。另外一個問題是，易學界對《周易》的解釋有著一整套相當完整嚴密的體例，如果是以禪學來解說的話是否還必須運用這些已有的解釋條例？我們同樣發現，智旭在解說過程中，大多數地方還是沿用易學的各種條例來解說和歸納卦爻辭蘊涵的義理。可以說，智旭不僅廣泛地運用已有的條例，而且運用得很熟練很到位。

從這些情況來看，智旭寫作之前是有所考慮的，而且一開始的思路和做法都是正確的。關於依循《周易》文本和體例的具體事例，後文還會展開詳細的論述，此處暫不細說。

第二，既是爲《周易》作“解”，當把義理解說通暢。面對奧雅難通、片言隻語的《易經》卦爻辭，面對蘊意豐贍、儒味濃厚的《易傳》解說語，應該如何作“解”呢？這無疑也是智旭在寫作時必須面對和思考的主要問題。通過查閱《靈峰宗論》，筆者發現智旭對“解”的思路有自己獨特的看法。如卷二之二《法語二·示淨禪》：“聽法須觀心，書寫須解義。然解義正不必強加穿鑿，亦不徒循章摘句。”又如卷二之二《法語二·示郭太爵》有談及如何解《易》：

> 位別業殊，有不別不殊者在。君子素其位而行，以富貴貧賤夷狄患難，皆唯心所現。全攬法界爲體，全體即是法界。法界橫徧豎窮，無少事少理趨過，所以無入而不自得也。《佛頂》二十五門，無一門非圓通。《華嚴》入法界品，無一法非解脫。各可就路還家，不勞取一捨一，故曰：“素其位而行，不願乎其外。”一塵法界，即無邊法界，法界本來無外故也。雲摶之法界不大，蜩鳩之法界不小。以此解《易》，舉凡十界十如，權實之要，五時八教，施設之方，總入一卦一爻。卦爻之法界不少，界如權實之法界不多，故孔子曰：“假我數年，五十以學《易》，可以無大過矣。”孔子傳千古聖賢心學，全以內自寡過者，爲趨吉避凶之門，所謂無入而不自得也。箋釋者，固不必盡殉舊說，亦不必盡廢舊說。但虛其心，體其言外之旨，疏其文字之脈，始信宋儒之循行數墨，公羣之索隱立異，皆非孔子之所謂學也。晦菴早富著述，晚乃悔，欲追泯之不可得。居士當讀

《韋編》，至於三絕，必大有進者。更作一番筆削，不閱而
知，其可行遠也。如切如磋，如琢如磨。請三復斯語。

從智旭的言語中，我們可以清楚地看到他所開示的“解”
《易》的方法：一是要懂得用“萬法唯心”、“法界一如”的佛
學思想來理解卦爻所指稱的意義，才能解得圓通；二是要懂得從
孔子所傳心學入手，才能入而有得；三是要虛心反復研讀《易經》，
既要“體其言外之旨，疏其文字之脈”，又要善於援引各種舊說
加以箋釋，但不可強加穿鑿和循章摘句。據此三法來反觀《周易
禪解》的內容，我們可以發現智旭“解”《易》的思路正與其開
示的方法暗合。比如：書中大量以禪學思想作“解”，與方法一
合；先解孔子《繫辭》以下五傳再解經文，並常借助《易傳》文
句“解”卦爻辭，與方法二合；書中很少註釋經傳字詞的意義，
而是偏重於疏通其整個文句蘊涵的義理，且常直接援用其他《易》
家的說法作為註腳，與方法三合。智旭以“解”為主，而不以
“註”為主，與其援禪入《易》的思路是合拍的，出發點和歸宿
點是一致的，都是為了使所“解”的《周易》義理圓融通暢。

第三，既以“禪解”為名，當以禪學的內容為主。解說《周
易》，如果不借助以往的研究成果，就很難解讀出其中蘊涵的深刻
義理。但是，如果大量沿用傳統的《易》說來作解的話，就體現
不出“禪解”的特色。對此，智旭的思路是很明確的：盡量把佛
法的內容與每一卦爻結合起來說解。可是，要處處體現禪學的思
想並不容易，如何才能兩全其美又特色鮮明呢？從書中的內容
看，智旭大體上是這樣做的：一是大多把經文和傳文連起來解說，
避免單獨直接箋釋卦爻辭的麻煩；二是大多先用既有的解《易》
條例把每一卦、爻的義理內容傳釋出來，再進行或多或少的禪學
解說，使易理和禪理、義理和佛法有機地統一在卦爻辭之下；三

是在解完每一卦爻之後，再盡量用禪學的思想內容作一個概括總結，使各經卦的禪學意蘊更加突出。總體來看，書中的內容不僅佛學的名相概念繁多，而且相關的思想內容分量比重大。

　　第四，既知禪與《易》不可直通，當借助可兩通的思想媒介。爲了打通禪《易》關係，宋明時期的心學解《易》派主要依靠理學和心學的思想作媒介來進行溝通的，但是所取得的著作成果並不盡人意，最大的缺陷就是未能結合禪學的思想全面通解《周易》。對於想全面解說《周易》的智旭來說，這無疑也是擺在他寫作前的一大難題。根據書中的內容，筆者發現智旭有著與眾不同的寫作思路：正視《易傳》，由傳說易理，由理契於心，由心達佛性，會通再解經。體現這一思路的根據主要有兩方面：一方面，不止是把《易傳》當解《易經》的著作，而是把它當作《易經》思想的合理延伸，然後通過《易傳》闡明易理在理和心層面上與佛理的溝通，從而爲後來以禪解《易經》卦爻辭奠定堅實的理論基礎。心學派易家有一個雷同的做法，就是不承認孔子的《易傳》，而直接憑己之學解說《易經》，因而大多難以自圓其說而顯得異常牽強。也許智旭正是發現了這一不足，所以解說前非但不排斥反而先極力肯定孔子所作的《繫辭傳》是“徹乎性修之源，通乎天人之會，極乎巨細之事，貫乎日用之微”[24]，然後再依託《易傳》來闡發易佛相通的思想。另一方面，智旭不是先解經文，而是先解孔子的《繫辭傳》、《說卦傳》、《序卦傳》、《雜卦傳》，然後由解《傳》所得出的結論，再來解說六十四卦經文。如在解《繫辭上傳》時先把“易”理解爲“易理”，然後再套用理學對“理”的認識來界定“易理”的本性，於是便很自然地得出結論：“易理

24　《周易禪解》卷八解《繫辭上傳》開篇語。

本在天地之先，亦貫徹於天地萬物之始終。"爾後，再套用心學"心即理"的命題導出"自心合於天理"、"吾自心本具之易理"等結論，以致最後能推證出"蓋易即吾人不思議之心體"、"易理具有隨緣不變、不變隨緣之義"、"易理即佛性"等道理。在解卦爻辭時，主要也是依據《易傳》的思想加以發揮，也盡量運用理學和心學的理論加以解說。最典型的例子，就是在解《乾·上九》"亢龍有悔"時，直接引用王陽明的話"乾六爻作一人看，有顯晦，無優劣；作六人看，有貴賤，無優劣"當解說依據。當然，智旭並沒有處處體現出明顯的理學和心學思想，即使有用也大多是隱含在字裏行間，這些都要經仔細推敲才能發現。這樣做無非是想先借助《易傳》來闡明易理，以便能儘快找出佛與《易》的契合點，然後以此作為開啟《周易》卦爻辭義理的鑰匙。從另一角度看，智旭先從《易傳》入手，既有利於對儒家義理的進一步瞭解和熟悉，也有助於更加深刻地理解《易經》涵括的道理，以便於更全面更自然地會通佛與《易》。總之，為了能借助思想媒介來解說，智旭考慮的不是直接援用宋明儒家的思想，而是直接依靠先秦儒家孔子《易傳》的思想，再間接借助理學和心學的思想加以解說；不是逐步推導佛《易》相通之理，而是直接給出相通的結論，再借助儒家的思想逐步尋找依據，從而使儒與佛都能在《易》的辭義中找到契合點。而從總的思路來看，智旭始終沒有脫離援禪證《易》的想法和做法。

三、寫作順序：先傳後經

智旭在《易解跋》中對自己的寫作順序有作了簡單的交代，但語焉不詳，仍有一些問題需要研究，如他解《易》為什麼要先傳後經？為什麼會歷時三年半才寫就？中有停頓，是何時停頓？

停頓時是解到哪里？對前三個問題，筆者已在前面幾節的論述中附帶研討了，這裏不妨再略加歸納：寫作順序先傳後經，是爲了借《易傳》而明易理，並由易理而達佛理，爲解經文作好理論準備；歷時三年半才寫就，如跋文所言是"以應請旋置"，更主要的是因社會動蕩，又有雜事煩擾，以致寫作中停頓了近三年；再次續解，是又感于身國憂患，故借避難所再抒發胸臆；停頓時應是壬午年（1642）夏天[25]。至於停頓時是解到哪里的問題，以下擬在陳堅先生的研究成果基礎上，作進一步的研究。陳堅先生認爲：

> 《周易禪解》並非智旭的一時之作，他在《周易禪解·跋》中說："先成《繫辭》等五傳，次成上經，而下經解未及半，偶應紫雲法華之請，旋置高閣，屈指忽越三載矣。今春應雷都請，兵阻石城，聊就濟生庵度夏。日長无事，爲二三子商究大乘止觀法門，復以餘拈示'易學'，始竟前稿。"可見，《周易禪解》是分兩個時段完成的，且前後相隔三年有半。智旭自己只是說明了在前一個時段完成了五傳和上經的解釋，"而下經解未及半"便擱筆了；但是他卻沒有指明到底是解到下經的哪一卦才擱筆的。據筆者的分析，智旭在前一時段應該是解到下經的《姤卦》，因爲從《姤卦》的下一卦《萃卦》開始，解釋方法和釋詞風格都發生了明顯的改變。在前一時段的解釋中（包括五傳、上經、下經從咸卦到姤卦），智旭採用的是比較法，具體地說就是，他不但用佛法來解釋（句首標以"佛法釋者"或"觀

---

25 據《靈峰宗論》卷六之二《閩遊集自序》和卷六之三《淨信堂續集自序》，可知智旭是在壬午夏天離開溫陵的。據卷首《靈峰蕅益大師自傳》和卷六之四《重治毗尼事義集要自序》，可知智旭離閩是去了湖州、茗城等地。

心釋者"或"約佛法"),而且還在佛法解釋的前面列舉了
世俗的解釋以資比較,使得人們能更好地瞭解佛法的解
釋。這些世俗的解釋,有的是他自己作的(句首標以"約
世道"或不標),更多的則是引用世俗人士的解釋(句首標
以被引用者的人名,如"蘇眉山曰"、"楊慈湖曰"、"鄭
幼清曰"、"鄭孩如曰"等等)。比如,對於《蒙卦》九二
爻辭(包蒙吉,納婦吉,子克家),智旭是這樣解釋的:

> 以"九"居"二",知及之,仁能守之,師之德也。
> 蘇眉山曰:"童蒙"若無能為,然容之則足為助,拒之則
> 所喪多矣。明不可以無蒙,猶子不可以無婦。子而無婦,
> 不能家矣。
> 佛法釋者:定慧平等,自利已成,故可以"包"容覆育群
> "蒙"而"吉"。以此教授群"蒙"修行妙定,名"納婦
> 吉",定能生慧,慧能紹隆佛種,為"子克家"。"婦"
> 是定,"子"是慧也。(合編本49頁)

這樣的解釋雖然顯得有些呆板,但卻工整規範,一目了然。
然而對於下經從《萃卦》到最後《未濟卦》智旭就基本上不再把
世俗的解釋和佛法的解釋在行文中分開來了,而是將兩者靈活地
揉合在一塊,比如對於《旅卦》九四爻辭(旅于處,得其資斧,
我心不快),智旭是這樣解釋的(其中的"資糧"是一個佛教術
語):

> 君子行役,志元不在"資斧","九四"近附"六五",
> 聊可處矣。以陽居陰,陰為"資斧",猶云"資糧",可
> 以致用,故名"資斧"。然五方在旅,不能即大用我以
> 行其志,故雖獲"于處",而猶"未得位也"。既"未得
> 位",故雖"得其資斧",而於行道之"心",仍"未快"

也。（合編本 224 頁）[26]

　　以上是陳堅先生對該問題的分析過程。《周易》的下經有三十四卦，以智旭所言"下經解未及半"，即尚未解到《困》卦，因爲《困》卦是下經的第十七卦。以此推論，智旭極有可能是解到《益》、《夬》、《姤》、《萃》、《升》等五卦的其中一卦時擱筆的。到底會是哪一卦呢？陳堅先生主要根據書中前後文風的變化情況加以分析，並得出"應該是解到下經的《姤卦》"的結論。對此，筆者基本上贊同陳先生的分析方法和依據，但對其結論卻不敢完全認同。筆者的理由是：智旭在解說中常直接引用前人或時人的言《易》之說，而在解下經後半部分時明顯減少，很可能是由於續解時是因戰亂而躲避在濟生庵，身邊缺少相關易學參考書籍的緣故；從其解下經的情況來看，文風是從解《萃》卦初六爻辭開始突變，即突然不再分成"約世道"、"約觀心"、"佛法釋者"等幾部分來解說，也不再引用《易》說，歷《升》、《困》、《井》、《革》、《鼎》、《震》等六卦之後，至《艮》、《漸》等卦開始才又偶引《易》說和作"佛法釋者"形式，但比起解上經是明顯減少的；從解《萃·象》來看，智旭的解說只有兩條，一是作"楊慈湖曰"，後引楊氏的解說語，二是作"蕅益子曰：約佛法，則毗尼內禁；約觀心，則密呪治習"，值得注意的是，智旭在此之前解經文時作"楊慈湖曰"共有三處，而此後再也沒有，這很可能是離開溫陵後身邊就沒有隨帶《楊氏易傳》等易學書籍的緣故。所以，根據陳堅先生的分析依據，再結合以上對問題情況的分析，

26 引見陳堅《以佛解易　佛易一家 —— 讀智旭〈周易禪解〉》，載《周易研究》1998 年第 4 期，第 16 頁。陳堅先生文中所謂的"合編本"，即所根據的《周易禪解》版本是陳德述註釋、施維點校的合編本《周易·四書禪解》。其引文中的"復以餘拈示"應爲"復以餘力拈示"，"鄭幼清曰"應爲"吳幼清曰"。

筆者認爲智旭也有可能是解到《萃》卦才擱筆。

第三節　《周易禪解》的版本流傳

《周易禪解》在智旭生前就由其門弟子釋通瑞刊行於世，之後的流傳情況難以查證。可能是因爲該書既以禪解易，又言是在誘儒知禪，所以並不受到清朝廷和清儒者的重視，以致沒有被收進《四庫全書》。又因爲佛門善於保護圖書資料，所以該書沒有被清政府銷毀，反而得以流傳。民國四年夏六月，金陵刻經處重刻，始有多種版本出現。本節主要對已發現的各種版本進行比較研究。

一、版本情況：版異本同

《周易禪解》完稿於清順治二年（乙酉，1645），書成之後並沒有及時付梓刊行。之後不久（大約在順治年間）[27]，才由智旭門弟子釋通瑞爲之刊刻印行，始流傳至今。此書已流傳了近三百五十年，這期間也陸續產生了一些不同的版本。以下主要根據筆者搜查資料過程中的發現，簡單介紹此書的版本情況。主要有如下幾種：

（一）清初釋通瑞刻本。據上海古籍出版社 1989 年 10 月第
　　　1 版《中國古籍善本書目·經部》:《周易禪解》十卷,（明）

27　《周易禪解》成書刊行的具體時間，史無記載。據《靈峰宗論》卷首成時法
　　師於清順治乙未（1655 年，即智旭入滅那年）十二月十六日所作《靈峰蕅
　　益大師宗論序說》，可知此書是智旭大師生前已行世的作品；又據釋通瑞《校
　　刻易禪紀事》有“瑞叨侍大師五年”後“遂發心募梓全集”之說，通瑞叨侍
　　大師時此書已完稿成書。由此，我們推斷此書刊行的時間大約是在清順治七
　　至十一年間。

釋智旭撰，明崇禎十四年釋通瑞刻本[28]，清初釋通瑞刻本。館藏上海圖書館和中共北京市委圖書館。一九九五年上海古籍出版社出版的《續修四庫全書》第十五冊，乃影印上海圖書館所藏的清初刻本釋通瑞刻本，並註明＂原書版框高二○八毫米寬三五八毫米＂。

（二）民國金陵刻經處刻本。該本把十卷的內容分成三冊：上冊是卷一之三，中冊是卷四之六，下冊是卷七之十。書末題曰：＂《周易禪解》十卷，連圈計字十一萬五千四百十八個，又加刻卦象工十八個，由願款支付刻資洋二百六十圓四角。　民國四年夏六月，金陵刻經處識。＂據此可知，此本當重刻於一九一五年。

（三）享保刊本。此本是日本享保年間的刊本[29]，可惜無以得見。筆者此說乃據民國六十九年六月影印本《靜嘉堂文庫漢籍分類目錄正續全》第 18 頁的記載：＂古亭書屋林家舊藏，經部‧易類‧（一）易，五冊三七函四九架敬字型大小＂收藏＂《周易禪解》十卷，明釋智旭撰，享保刊。＂

（四）蕭天石本。該本書前多了蕭天石的《周易禪解序》，序文末尾署＂中華民國六十六年丁巳夏暑文山遯叟於石屋艸堂＂。據該本的版權頁，此書是台灣省文山遯叟

---

[28] 此處明顯是把寫作時間當作刊刻時間，故不可信。對此，張善文《歷代易家與易學要籍》早就指出：＂今《中國古籍善本書目》定此書爲‘崇禎十四年釋通瑞刻本’，蓋誤以屬稿之年爲刻書之年矣。＂

[29] 據弘一大師《蕅益大師年譜》：日本享保八年（即清雍正元年癸卯）孟春，有＂日本京都《靈峰宗論》重刊版＂，該版有老苾芻光謙《序》云＂昔嘗讀靈峰蕅益大師所著諸書，見其學之兼通博涉＂之句。據此推測，享保刊本極有可能是在此時與《靈峰宗論》一起在京都重刊。

蕭天石先生主編的《禪宗叢書》中的一種，由台灣自由出版社於中華民國六十七年（1978）八月初版印行。該書封面署"北天目道人蕅益智旭著"，從其內容看乃是影印金陵刻經處本。

（五）無求備齋易經集成本。此本今山東大學圖書館有藏書。筆者據網上資料得知該本"《周易禪解》十卷，（明）釋智旭撰，1976 年台北成文出版社據民國 4 年（1915）金陵刻經處刻本影印。"無求備齋，是台灣當代著名易學家嚴靈峰的書齋號，由此得知該本乃由嚴先生重刊。

（六）江蘇廣陵本。該本於 1998 年元月由江蘇廣陵古籍刻印社出版，共一冊，書前有簡短的《出版說明》略加介紹智旭其人和寫作其書的目的和特色，並說明"本社據民國刊本影印"。從該本影印的內容看，底本乃完全依據民國四年的金陵刻經處本。

（七）新標點本（或稱合編本）。該本書名爲《周易·四書禪解》，作者署"（明）智旭著；施維點校；陳德述註釋"，於 1996 年 12 月由北京團結出版社出版。從該書內容看，乃是把智旭的《周易禪解》和《四書禪解》合成一冊，並在每種著作前附載註釋者撰寫的《緒言》，對原著作內容主要是加以分段和標點及適當的註釋，但沒有校勘和翻譯，也不知所據底本的出處。該本只收載九卷，沒有收錄原著作第十卷的內容。

通過對以上不同版本進行比較後發現：目前見到的各種刊刻或影印的版本，原書內容都與原版清初通瑞本基本一樣，只是本子的版式略有不同而已。由此我們可以簡單概括出《周易禪解》

的版本情況：至今已有幾種不同版式的流傳版本；金陵本乃是根據通瑞本重刻的，其他單行影印本都源於金陵本。

二、各版比較：略有差異

　　儘管各種版本的形式和內容基本相同，但還是略有差異的。為能進一步瞭解各種版本的具體情況，以下擬對幾種主要的版本進行比較，也順便對一些版本存在的不足，予以指出和說明。由於各種版本都是來源於清初釋通瑞刻本，所以在比較之前有必要先把此版本的情況作一些介紹。通瑞本主要有兩個特點：

　　第一，篇次完整清晰。全書主要由十一個部分組成，依次是：序、卷一、卷二、卷三、卷四、卷五、卷六、卷七、卷八、卷九、卷十。每一部分都重新分頁。"序"部分包括《周易禪解序》、《周易禪解目錄》、《較刻易禪紀事》三種內容。卷一至卷九，包括《周易》經傳文字及其解說內容、卷九末附有《易解跋》等，此部分各卷首尾都有標明書名卷次號，如"周易禪解卷第一"、"周易禪解卷第九"等，在各卷首卷次號後一行中下部都署有"北天目道人蕅益智旭著"，在各卷末卷次號後一行都署有捐資助刻者的名字，這些名字依次是"祖堂修如捐貲刻"、"弟子戴從邏捐貲刻"、"弟子寂元募刻"、"弟子悟偉、照本仝刻"、"弟子均華募刻"、"弟子道合募刻"、"弟子崇存、大弘仝募刻"、"弟子顯喻募刻"、"弟子恒心募刻"。卷十是圖說部分，載有"河圖"、"洛書"等八幅易圖及其解說文字，卷前無標題，未署"北天目道人蕅益智旭著"，卷末未標募刻者的名字。

　　第二，版式工整完善。每頁十八行，每面九行，每行可容納二十個漢字。每頁的折頁處都有一行字，規範地依次標明本書的書名、該頁內容屬於本書的哪一部分及其在那一部分的頁碼，如：

"易禪 序 一"、"易禪 目錄 三"、"易禪 卷一上經乾五"等等。各行中凡是屬於與原書內容相關的標題或《周易》經傳的原文都是頂格,其餘屬於解說內容都一律空一字格;凡是《周易》經傳的原文,都與智旭的解說文字嚴格隔行分開。各部分之間也都是嚴格分開,即不出現兩部分的內容在同一頁面上。

從上面兩個特點可以看出,通瑞本既是一個精心編輯又精雕細刻的初刻本,也是一個保存收藏得完好無缺的好善本。有這麼好的版本存世,無疑給我們的研究帶來了極大的方便。因此,以下就以通瑞本爲範本,來比較各版本之間的細微差異。

首先,比較金陵本與通瑞本的差異。這兩本是大致相同的,金陵本的不同之處主要有三方面:第一,雖然也同樣由十一個部分構成,但"序"部分和"卷一"的頁碼是連在一起;每頁二十行;折頁處的標記文字不頂格,大致是居中,且書名不是題"易禪"而是題"周易禪解"。第二,把通瑞本"序"部分的《周易禪解》之《較刻易禪紀事》,題目校改爲《校刻易禪紀事》,全文內容移置於卷十末尾。爲作比較,茲錄金陵本《紀事》全文內容如下:

> 瑞叨侍大師五年,每見久精易學之士,一聞大師拈義,無不傾服。遂發心募梓全集,輒以《易禪》居首。大師解《易》既畢,方出圖說,故並附於末卷。或有問曰:"紫陽《本義》,圖說在前,謂聖人作《易》精微之旨,全在語言文字之先,今胡得倒置耶?"大師答曰:"聖人悟無言而示有言,學者因有言而悟無言,所以古有左圖右書之說,何倒之有?且文字與圖,皆標月指耳,不肯觀月,而爭指之前後,不亦惑乎?"問者默然。茲因校刻,幷識此語,願我同志閱斯編者,了知文字與圖,無非吾人心性註腳,不作

有言會，不作無言會，庶不負法恩矣。門弟子通瑞百拜敬
書。

此文與通瑞本只有一點不同，即一爲“校刻”，一爲“較
刻”。此點充分說明金陵本完全是以通瑞本爲底本加以改版重刻
的，而且又進行了校勘。必須加以說明的是，金陵本在重刻過程
中也出現了個別的失誤，如《周易禪解目錄》中就錯了三處：把
“大壯”誤刻成“大社”，漏刻“晉”卦，把“睽”刻成“暌”。
第三，此本共一函三冊，單獨印行；卷一至卷九，各卷卷末沒有
再標署清初募刻者的名字，但是書末多了介紹民國重刻時的一些
情況。從這三個不同點來看，金陵本與通瑞本的文本內容實質上
還是完全一樣的，不能說是更好，但也不能因有個別誤刻而過於
貶低其版本價值。可以說，金陵本仍是一個值得信賴的好版本，
可以等同於通瑞本來作爲研究的文本對象。

其次，比較通瑞本與蕭天石本、廣陵本、無求備齋本。這後
三種版本都是據金陵本影印出版的，唯一的區別是影印本書前多
加了編書者撰寫的說明文字或序文等。如廣陵本書前有《出版說
明》，蕭天石本書前有編者自撰的《周易禪解序》。因爲蕭天石先
生撰寫的《周易禪解序》，有涉及到禪易關係研究方面的觀點內
容，可以作爲參考材料，所以特地摘錄全文如下：

　　《易》與《老》、《莊》，古稱“三玄”；此三玄一入道家之
　　丹宗，其聖義尤臻神化無極、玄妙无方。衍而言之，《易》
　　與《老》、《莊》與禪宗以及丹宗，合之則實可稱爲“五玄”
　　矣。世之治《易》學者多矣，解《易》者千百家，而能通
　　乎《易》道者寡；通乎易道矣，解也解得，說也說得，明
　　也明得，寫也寫得，而真能於功行上證入於易道，得其圜
　　中，而上與天地合其德，與日月合其明，與鬼神合其吉凶，

與造物者合其生化，與宇宙合其流轉，無始無終，雖歷億萬世無窮劫，而仍能長生而無生，長化而無化，長住而無住，長滅而無滅者，萬不得一焉。

夫易之爲道，大而無極；故能涵融萬德，因物與合，會通百家，無用不宜。儒家解之謂之儒易，道家解之謂之道易，禪宗解之謂之禪易，丹家解之謂之丹易，術數家占卜家解之謂之術數易或占卜易，萬千百家，各有所解，各有所本；各有所用，亦各有所得。入而不徹不得者有之矣；未有入乎易，明乎易，復能行乎易，而不能有得者，未之有也！《易》謂"易有聖人之道四焉"，實則四何能盡焉？易謂"一陰一陽之謂道"，彌綸宇宙，包裹六合，充盈天地之閒者，無一莫非陰陽，亦即無一莫非道也。易有天道、地道、人道，並曰："立天之道，曰陰與陽；立地之道，曰柔與剛；立人之道，曰仁與義。"余則嘗謂"易中尚有神道"，並繼之曰："立神之道，曰生與化。"實則天地人神，一以貫之者，道也。故歷史上萬千聖人以及任何宗教，莫不教人學道者此也。故孔子曰："道不可須臾離，可離非道也。"又曰："朝聞道，夕死可矣。"佛告阿難亦曰："千日學慧，不如一日學道，如不學道，滴水難消。"而老子則獨標一道，而以道立德，以道垂教，以道垂統，以道示化。蓋道外無物，道外無法，道外無卦，道外無理也。何謂道？即心是道；何謂禪？即心是禪；何謂易？即心是易；再上一乘樓，若問先天道，無易亦無心。故余早年曾示諸生有曰："道不遠乎人，返還自在身，莫向有心求，宜向無心覓。"又曰："後天易者跡也；先天易者神也。跡有象有形，而神無相無形，亦無名無字。"故老子於《道德經》，當頭一棒即曰："道、可道，非常道。名、可名，非常名。"故欲究先天易者，切宜知"離卻卦爻方爲易，盡掃名言始見真。"蓋心中一有卦爻象數義理名言在，便爲卦爻象數義理名言縛，而死於卦爻象數義理名言下，有焉能"透出天地外，不落五行中。"古聖謂"伏羲一畫開天地"，試參："一畫未畫以前，天地是何天地？天地未開以前，宇宙是何氣象？"此可用《易經》中之"觀"字功夫，靜心冥觀，凝神寂照，久而不動，自可導入先天地境界中。在此時此際，亦自可息人欲而見天理，息人心而見道心！卦爻兩無，禪道亦泯！淺言之，禪道不二，禪不用以《易》解，《易》又何用以禪解哉！今北天目道人藕益子之爲《周易禪解》者，在此老慈悲心切，爲學《易》者與學禪者，兩作方便說教耳！良以事《易》者而通乎禪，則其所得者爲最上乘《易》；事禪者而通乎《易》，則其所得者爲最上乘禪。如用莊子語"通其分爲一"，則可以說："即心是佛，即心是禪，亦即心是道，即心是易。"余故曰："自心原有易，強名爲心易。莫向卦爻求，宜從自心覓。"大道無多子，返求即得，且一得永得，簡易直接，豈有他哉。

近年餘來，以主編"中國子學名著集成"事冗（全書一百冊），致原爲自由出版社主編之九大叢書，概未再爲選輯刊行，各方讀者，紛紛來函詢催，復應該社發行人之請，特爲選錄密宗叢書二種，禪宗叢書一種。並贅數語於卷端，俾世之讀者，知藕益子之《禪解》，仍爲後天易解，若進而上入於先天易道，則亦與宗門不二。且亦不重在解悟，而重在行證。事知解宗徒之文字禪輩，與徒在文字易上傳學

者，總屬隔一層，乃下之又下者矣。如欲深究，可參拙著
《禪宗心法》與《道海玄微》二書，或不無小有補益於萬
一也，是爲序。

中華民國六十六年丁巳夏暑文山遯叟於石屋艸堂。[30]

從以上引文可以發現，蕭天石先生對禪易關係的認識是相當
深刻的。但是仍有幾處說法值得商榷：一是"禪宗解之謂之禪
易"，顯然是把"禪解"之"禪"當作"禪宗"解。若以此爲說，
則所有以禪解《易》的著作都應是以禪宗的學說爲主，而實際上
並非如此。二是"今北天目道人溈益子之爲《周易禪解》者，在
此老慈悲心切，爲學《易》者與學禪者，兩作方便說教耳！"，
即以爲《周易禪解》寫作目的是"兩作方便說教"。若是如此，
則智旭便只是"借《易》說教"而已，而無更深的寫作意圖。三
是"知溈益子之《禪解》，仍爲後天易解，若進而上入於先天易道，
則亦與宗門不二。且亦不重在解悟，而重在行證。事知解宗徒之
文字禪輩，與徒在文字易上傳學者，總屬隔一層，乃下之又下者
矣"，似乎貶低了智旭的《周易禪解》，不太合乎《周易禪解》所
得出的道理。以上三處的點評依據，可參考前後文對相關問題的
論述，此不贅述。

最後，比較新標點本與通瑞本的差異。此本與通瑞本最大的
區別有三：一是此本是簡體字本，採用現代著作體例編排並加以
新式標點、分段、註釋；二是此本只有九卷，缺了卷十圖說部分，
也缺了《較刻易禪紀事》一文；三是此本不是單行本，而是與《四
書禪解》合編成一冊，書前多了註釋者撰寫的《緒言》。陳堅先生
對此本評價甚高："今人陳德述和施維對此書作了精心的註釋和

---

30 北天目道人溈益智旭《周易禪解》，作爲文山遯叟蕭天石主編《禪宗叢書》
之一，台灣自由出版社印行，一九七八年八月初版。

點校，並將其與智旭以佛解儒的三部作品《論語點睛》、《大學直指》和《中庸直指》合編爲一本（後三者也同樣被作了精心的註釋和點校），名爲《周易·四書禪解》，爲我們研究《周易禪解》提供了一個方便的版本。"[31]這樣的評價並不完全切合實際，筆者不敢苟同。平實而論，此本並不是一本"精心"註釋和點校的著作，反而顯得有些粗疏，理由有三：一、既不說明所依據的底本，又隨意刪掉原來的內容。如此掩蓋《周易禪解》的本來真面目，容易讓人誤解原書只有九卷。二、註釋雖詳細，但沒能很好結合原書的思想內容，而是片面依靠佛學方面的知識加以套用，以至有不少註釋常遊離於原書本義之外。三，有標點無校勘，出版前也沒能很好地進行校對，以致與通瑞本相比在文字內容方面有一些誤差：如《易解跋》原本爲"復以餘力拈示易學"，此本誤爲"復以餘拈示易學"；又如卷八《繫辭上傳》，把原本"開物成務"、"聰明睿知"誤爲"開物務成"、"總明睿知"。因此，筆者認爲此本作爲方便讀者入門瞭解《周易禪解》是有幫助的，但切不可以此作爲研究《周易禪解》的文本依據，至少也要與通瑞本或金陵本加以參照。當然，新標點本雖然存在一定的缺憾，但對《周易禪解》在當代和未來的流傳和研究無疑也是大有裨益的。我們衷心希望此本的整理者，能在此基礎上早日作出真正精心的註釋和點校，使《周易禪解》能真正擁有一個可靠真實而又通俗易懂的現代版本。

三、流傳情況：持續不斷

關於《周易禪解》版本的流傳情況，筆者尚未找到更豐富、

---

31 引見陳堅《智旭對〈周易·大過卦〉的佛學解讀》，原載《周易研究》2002年第 2 期，第 57 頁。

準確的材料加以研究，只能根據已找到或發現的各種版本來作些推斷說明。以下主要分成三個方面：

一是清代時期。自釋通瑞初刻本在清初刊行以後，《周易禪解》就開始得到較為廣泛的流傳。因為據《較刻易禪紀事》，當時釋通瑞不僅把此書編入智旭全集，而且"輒以《易禪》居首"，也就是說把《周易禪解》名為"《易禪》"並放在全集的最前面。從智旭門弟子對《周易禪解》的重視程度，以及他們後來形成的在清代盛極一時的靈峰派之影響來看，智旭的學說在清代仍有相當的影響。由此推斷，《周易禪解》也應該是與全集一樣有較大的流傳面才對。也許是通瑞本已經相當精美完善的緣故，迄今為止，我們尚無發現清代的其他刻本。但這其中有一點不可忽視的是，清代乾隆時期御修的《四庫全書》及其《提要》並沒有收錄《周易禪解》，甚至連存目也沒有。根據筆者的理解，這並不能作為《周易禪解》在當時沒有得到廣泛流傳的證據，因為清儒收書明顯有排斥異己的傾向。清儒重漢學，而《周易禪解》的做法不僅是違背漢學正統，而且也變亂了佛門規矩，所以不予收入。從這個角度，我們或許可以更好地理解《周易禪解》在整個清代不受重視以致沒有留下相關記述流傳情況史料的原因所在。此外，筆者認為《周易禪解》在清代乃是持續不斷地流傳，還有另外一個推斷依據。因為，借助日本享保刊本的發現，完全可以說明該書在清代不僅流傳面較廣，甚至其影響已引起海外漢學家的注意，所以才有可能出現在日本重刊並得以流傳的情況。

二是近現代時期。這個時期對《周易禪解》的流傳可以說是作用明顯的。從版本方面看，民國金陵刻經處本的出現，使此書開始脫離通瑞的全集本而以單行本面世，無疑能進一步擴大其流傳面，也更方便讀者研讀。從目前許多圖書館都藏有金陵刻經處

本的情況來看，此書在民國時期的流傳面已更爲廣泛。另外值得
重視的一點是，這時期著手進行編撰的《續修四庫全書》也收錄
了此書，且正式把其當作明代易學著作的一種。

　　三是當代近三十年。這個時期的流傳面可以說是迅速擴大，
主要表現在兩方面：一方面，是在二十世紀七十年代後期的台灣，
《周易禪解》先後被當作易學類和禪宗類書籍影印出版，先是於
1976 年作爲《無求備齋易經集成》叢書的一種，後是於 1978 年
作爲《禪宗叢書》之一，這兩種的正式出版迅速擴大了此書在台
灣的流傳，也影響到大陸和海外。另一方面，是九十年代後期的
大陸，廣陵本和新標點本的出現是擴大流傳面的重要原因。當然
也與陸續有些學者研究此書有關係。從新標點本的版權頁上看，
此書 1996 年第 1 版的印數是一萬冊，而在 1999 年以後就很難在
書店裏買到此本了，由此我們可以發現此書在這時期的流傳面還
是很廣的。以上是有關流傳情況的簡單描述，至於更爲具體的流
傳過程，還有待進一步的研究和整理。

　　本節根據筆者對所發現的各種版本進行分析比較之後，初步
得出一個結論：《周易禪解》不僅擁有完善、可靠且保存完整無缺
的初刻本和重刻本，而且所流傳的各種影印本也比較多，其流傳
情況總的來說也是相當理想的。據此，可以說明《周易禪解》成
書以來，一直得到出版界的重視，也產生了較爲深遠的影響。

第三章　《周易禪解》的文本內容與特點

　　作爲原典研究，首先探明原作者與所研究著作的關係是相當必要的，但真正重要的還是如何去解讀該著作的內容及其思想。只有對著作文本內容如實加以細緻研究，才能更客觀地發現問題和解決問題。通過第二章對寫作原因、過程、版本等情況的深入研究，我們對《周易禪解》成書前後的情況總算有了比較全面的瞭解。在這個基礎上，我們將開始深入到《周易禪解》的文本中，對其內容進行認真細緻的解讀。所以，本章擬從研究《周易禪解》的結構和體例入手，側重概括和歸納該書解說《易經》卦爻辭和《易傳》的具體內容，分析和說明該書與歷代衆多《易》學著作和佛學著作的不同之處，並根據其解說內容的實際分析其主要特點和著作性質。

第一節　《周易禪解》的結構體例

　　《周易禪解》並不是一部獨立發表思想見解和主張的學術著作，而是依託《周易》經傳文本的解註著作。可見，《周易禪解》的結構和體例始終都會與《周易》文本發生千絲萬縷的聯繫。因此，只有從《周易》的文本入手，才能理清《周易禪解》的結構和體例等情況。本節主要考論《周易禪解》所選用的《周易》版本、篇章結構、解說體例等，並力求分析和說明智旭如此確定結構體例的原因、目的及意義等。

一、文本：《周易》經傳合編本

不妨先對《周易》的版本流變情況作一番簡單的回顧。《周易》古經原來只是六十四卦符號及卦辭、爻辭。戰國以後出現的相傳源於孔子的《易傳》，漢人稱《十翼》，共有《文言傳》、《彖傳》上下、《象傳》上下、《繫辭傳》上下、《說卦傳》、《序卦傳》、《雜卦傳》，凡七種十篇。在漢代以前，《周易》古經與《易傳》七種是沒有合編在一起的，各自都是單行本。自從漢代《易》學振興之時起，學者們就開始將經傳參合併行，此後《易》家所言《周易》者，通常是兼指《易經》和《易傳》的。據史料記載，漢代以來《周易》的合編本有多種，主要是《易傳》各篇安插在《易經》中的位置有差別。如據《漢書・藝文志》著錄：“《易經》十二篇，施、孟、梁丘三家。”顏師古註：“上下經及《十翼》，故十二篇。”可見這種合編本僅僅是把《易傳》十篇與《易經》簡單合併在一起而已，還不是真正的參合本。真正的參合本，就是把《易傳》的內容參入卦爻辭，據北宋王堯臣等撰《崇文總目》說：“凡以《彖》、《象》、《文言》雜入卦中者，自費氏始。”費氏即漢代的易學家費直。據當代易學專家張善文教授在《王弼改定周易體制考》[1]一文中的考證，費直的經傳參合本，後經東漢鄭玄的修訂又得到進一步完善，最後經三國魏王弼的改編，才使參合本的《周易》基本上成爲定本，並一直流傳到今天。在唐初，由於孔穎達撰《周易正義》時採用的是王弼的《周易註》，遂使王

---

1 原載《福建師範大學學報》1989 年第 2 期，第 19-30 頁。本段主要參考該文中的觀點。

弼參合本在唐代幾定於一尊，成爲研究《周易》的範本。但是，宋代以來開始有不少學者不滿意王弼等人的做法，認爲這種經傳參合本是變亂古制，因此兩宋之間竭力否定王弼傳本，試圖復古《易》之舊者大有人在。如王洙、邵雍、呂大防、晁說之，吳仁傑、呂祖謙等人均有"古《周易》"考訂本，而以大防《周易古經》、說之《錄古周易》、祖謙《古易》三種影響較大。南宋朱熹撰《周易本義》時主要篇次便是依呂祖謙所定，爲先上下經後附《易傳》各篇，凡經傳十二篇。然而，朱熹精心撰定的《本義》十二篇次第，刊行不久後又被割亂而恢復成王弼既定之經傳參合本，所以明代以來最爲通行的《周易本義》之體例，實際上仍與王弼本基本相同。《周易》版本在流傳過程中，還出現另外一個問題，就是歷代往往會有一些《易》家僅憑己意妄自改刪《周易》參合本的文字內容。如元代《易》家吳澄的《易纂言》，雖然篇次是依呂、朱本，但是體例上卻有所不同，尤其是多處改換了文字內容，甚至是把《文言傳》的"子曰"都統統刪除。由於宋元以來各種篡改本的廣泛存在，所以到明代時《周易》的版本已經變得非常雜亂。

　　鑒於《周易》版本的多樣化，筆者認爲，研究智旭是選用何種《周易》版本作爲解說的對象和依據，是我們進入《周易禪解》之時應該搞清楚的重要問題。爲了解決這個問題，筆者根據比較歷代各主要《周易》版本發現，智旭所選用的《周易》經傳合編本，與王弼參合本、孔穎達《周易正義》本、朱熹《周易本義》通行本大致相同。因爲孔本是以王本爲底本，所以一般是視爲同一版本。而朱本參合的形式雖然是沿襲王本，但在文字內容結構方面仍與王本有細微的差別。通過進一步仔細比較與王本、朱本的異同後發現，智旭所用的文本既參考了王本，也借鑒了朱本，可以說是對王本、朱本的改裝本。之所以說是改裝本，是因爲其與王本、朱本之間都是大同小異。具體表現在以下五個方面：

（一）經傳參合的體例，與王本、朱本相同。都是把《易傳》十篇內容參合在《易經》的卦爻辭之中，安插的位置一樣。最直接的判定依據是：王本、朱本的《彖傳》、《大象傳》、《小象傳》在《坤》卦以下六十三卦中都是相應地參合在每一卦辭、爻辭之後，惟獨在《乾》卦是連在一起並置於卦爻辭之後。這種參合法是很獨特的，而《周易禪解》也是如此參合法。以此爲據，足以判定智旭仍舊是依循王本和朱本的體制，即選用王弼所定的合編本。

（二）具體分卷與朱本完全不同，而與王本比較接近。《周易禪解》與王本容納《周易》經傳的文字內容都是九卷，而朱本只有四卷。與王本大同小異：不同的是，王本把《乾》至《履》等十卦內容合成一卷，把《繫辭下傳》單獨作一卷，而《周易禪解》把《乾》、《坤》兩卦單獨作一卷，把《屯》至《履》等八卦作一卷，把《繫辭下傳》以下的《易傳》內容合成一卷。相同的是，卷三至卷八的構成完全一樣；此外，兩本的全部內容都是十卷，智旭附載一卷圖說於《周易禪解》末尾，與王弼附載一卷《周易略例》於後，似乎此做法也極爲相似。由此可以說明《周易禪解》所選用的《周易》底本與王本有比較密切的關係。

（三）文字內容的排列順序與王本有差異，而與朱本較爲接近。《周易禪解》與朱本在《繫辭上傳》緊接"《易》曰：負且乘，致寇致，盜之招也"之後，都是"天一地二……此所以成變化而行鬼神也"一段，而王本是"大衍之數五十……其知神之所爲乎"一段。值得說明的是，朱本的做法乃是根據程頤《易說》，程頤以爲《繫辭傳》"簡編失次"，當作更移，所以就把古本的"天

一地二，天三地四，天五地六，天七地八，天九地十"連同"天
數五，地數五，五位相得而各有合。天數二十有五，地數三十，
凡天地之數五十有五，此所以成變化而行鬼神也"等文句都移到
"大衍之數五十"之前。另外，《周易禪解》卷十的八幅易圖，與
朱本卷首前八幅易圖的名稱和排列順序是完全一樣的，但是有四
圖的畫法略有差異。由此可以證明智旭在很大的程度上又是擇取
朱本。

（四）從文句的斷句方面看，三本大部分是一樣的，但略有
差異。有時只與王本同，如《乾》九三爻辭"君子終日乾乾夕惕
若厲无咎"，王本斷作"君子終日乾乾，夕惕若厲，无咎"，而
朱本斷作"君子終日乾乾，夕惕若，厲无咎"；有時與王本、朱
本都不同，如《周易禪解·乾》用九爻辭"見群龍無首，吉"，王
本斷作"見群龍，無首，吉"，朱本斷作"見群龍，無首吉"；
有時只與朱本同，如《乾·文言》"元者善之長"，《周易禪解》
與朱本都在"元者"後作小斷號，而王本沒有。

（五）《周易禪解》安置註解文字的部位，與王本和朱本也都
有差異。最明顯的區別是：王本和朱本對卦爻辭及其傳文大多是
逐句加以註解，主要是解爻辭而很少解爻辭之《象》，而《周易禪
解》主要是把爻辭及其《象》合併在一起再解說，有時又是分開
的；尤其是對《繫辭傳》，朱本是上下各分成十二章，王本沒有分
章，《周易禪解》也沒有分章，但是其解說的段落起止與朱本卻相
當接近，可見其仍留有由朱本而改裝的痕跡。

綜合以上情況來看，智旭在選用版本方面更有可能是直接以
朱本作爲底本，然後再參考王本和其他本，所以說是改裝本。智
旭之所以選擇王本和朱本來稍作改裝，應該是有原因和目的的。
智旭的選擇，取決于他對《周易》文本的重視和對王弼合編本的

肯定，他在《周易禪解》開篇時就簡要地敍述了《周易》的成書
經過，並說：

> 古本文王、周公《彖》、《爻》二辭，自分上下兩經。孔子
> 則有《上經彖傳》、《下經彖傳》、《上經象傳》、《下經象傳》、
> 乾、坤二卦《文言》、《繫辭上傳》、《繫辭下傳》、《說卦傳》、
> 《序卦傳》、《雜卦傳》，共名《十翼》。後人以孔子前之五
> 傳，會入上下兩經，而《繫辭》等五傳不可會入，附後別
> 行，即今經也。

智旭的言外之意是"今經"雖經"後人"的以《易傳》參合，
但還是符合"古本"原意的，所以他也仍然依照參合本來做解
說。智旭不排斥參合本，目的無非就是想借助一個好的版本真正
全面地解說《周易》經傳，使援禪解《易》的做法首先獲得合情
合理的文本依據。原因應該是傳自王弼的合編本確實有很多的優
點：不但是流傳最久遠、最全面、最權威的合編本，而且確實合
編得相當全面、合理，既方便研習也便於解說；另外，合編本還
是王弼援道註《易》的範本，可以說是援異說解《易》的成功嘗
試；更重要的是，合編本視經傳為一體，與智旭對孔子《易傳》
的看法完全一致。所以，智旭選用王本，並類比王弼解《易》的
風格，既較好借題發揮《易》中之禪，又容易為廣大學者所接受。
從某種意義上說，依據王本和朱本而稍作改裝的《周易禪解》，不
但有取長補短、揚長避短的好處，更主要的是能與作者的思想更
加契合。在一定程度上，也因此減少了教外學者的指責和非議。

二、結構：經傳後面附《易》圖

除序跋文之外，《周易禪解》的結構大致是這樣的：《周易》
上經分成四卷，下經分成三卷，《繫辭》以下《易傳》部分分成兩

卷,圖說一卷。具體依次是:卷一解《乾》、《坤》兩卦,卷二解《屯》、《蒙》、《需》、《訟》、《師》、《比》、《小畜》、《履》等八卦,卷三解《泰》、《否》、《同人》、《大有》、《謙》、《豫》、《隨》、《蠱》、《臨》、《觀》等十卦,卷四解《噬嗑》、《賁》、《剝》、《復》、《无妄》、《大畜》、《頤》、《大過》、《坎》、《離》等十卦,卷五解《咸》、《恒》、《遯》、《大壯》、《晉》、《明夷》、《家人》、《睽》、《蹇》、《解》、《損》、《益》等十二卦,卷六解《夬》、《姤》、《萃》、《升》、《困》、《井》、《革》、《鼎》、《震》、《艮》、《漸》、《歸妹》等十二卦,卷七解《豐》、《旅》、《巽》、《兌》、《渙》、《節》、《中孚》、《小過》、《既濟》、《未濟》等十卦,卷八解《繫辭上傳》,卷九解《繫辭下傳》、《說卦傳》、《序卦傳》、《雜卦傳》,卷十包括解《河圖》、《洛書》、《伏羲八卦次序》、《伏羲八卦方位》、《六十四卦次序》、《六十四卦方位》、《文王八卦次序》、《文王八卦方位》等八種圖說。

縱觀古今解說《周易》的著作,像《周易禪解》這樣的篇章結構可以說是既完整又得體的一種。試論之,筆者認爲《周易禪解》的結構具備三大優點:

其一,把《乾》、《坤》兩卦單獨作爲一卷。這種做法並不多見,楊萬里《誠齋易傳》是這樣做,但全書共有二十卷,其做法更多的是因爲分卷較多而自然形成的,沒有寓含太多的意味。大部分做法是如王本把前十卦作爲一卷,也有如朱本把上經三十卦只作一卷;也有一些是把《乾》、《坤》兩卦各單獨作一卷的,如楊簡《楊氏易傳》;把《乾》卦分成兩卷的也有,如《童溪易傳》。古人著述分卷,與今日寫書要編寫章節,意思應該是一樣的,既與表達的內容多少有關,也與所表達的意義相關。《繫辭上傳》說:

"乾坤其易之蘊耶。"[2]智旭解說："雖有三百八十四爻動靜陳設……雖復觸處指點,然收彼三百八十四爻大綱,總不出乾、坤二法。"《繫辭下傳》又說："乾坤其易之門耶。"智旭解說："有易理即有乾坤,由乾坤即通易理,如城必有門,門必通城。"可見,智旭把《乾》、《坤》二卦單獨成卷,與他對此兩卦意義和作用的深刻認識有密切關係。

其二,卷二至卷八仍與王本相同。這種做法,既使各卷的比重趨於平均、合理,也使全書的結構顯得緊湊、得體。值得重提的是,智旭基本上沿用王弼的分卷方式,說明他選擇王本作底本確實是有所用心的。

其三,卷十載錄朱熹的幾幅《易》圖。按卷十圖說末尾智旭所言"右圖說有八,或與舊同,或與舊異,只貴遙通儒釋心要而已,觀者恕之,蕅益敬識",此卷所解說的八幅《易》圖是"或與舊同,或與舊異",但他並沒有明言此"舊"具體是何時何人的作品。據筆者考證,此八圖來源於朱熹《周易本義》卷首的"朱子圖說",與朱本最前面八幅《易》圖的名稱和排序完全一致,只是有些圖畫得不盡相同。與朱本全同的有四幅:"河圖"、"洛書"、"伏羲六十四卦方位"圖、"文王八卦次序"圖。與朱本差異的也有四幅:1、"伏羲八卦次序"圖。朱本是以外圓中方爲模型的,其圖是在一個圓圈內描述"太極一兩儀一四象一八卦"的生化過程,是以圓圈內底部的空白表示"太極"之義;而智旭畫的是以下圓上方爲模型的,其圖也是描述"太極一兩儀一四

---

2 按:筆者查考了不少前代的《周易》版本,發現此句各本都是作"乾坤其易之蘊邪",惟獨智旭《周易禪解》中都把各處的語氣詞"邪"改作"耶";而在《靈峰宗論》裏,成時法師又把智旭所有寫作"耶"的語氣詞通通改作"邪"。這其中的原因,目前還很難查明。

象—八卦"的生化過程,但是以自製的同心三層黑白圓圈圖(大致與《周易參同契》之"水火匡廓圖"近似)作"太極"之圖,然後由下往上依次畫出三層長方形黑白圖來表示兩儀、四象、八卦的生成。2、"伏羲八卦方位"圖。朱本圖中對每一卦形符號都標明卦名、卦象、卦數(如乾一,天;兌二,澤),而智旭畫的只標註八卦各自的卦名。3、"伏羲六十四卦次序"圖。朱本是以底部長方形內的空白表示太極,而智旭畫的是以一個空白圓圈來表示太極,且在此"太極圖"下方畫幾個帶有佛教標誌的圖——"卐"(這些圖形,金陵本與通瑞本不同)。4、"文王八卦方位"圖。朱本在圖中有標出東南西北,而智旭畫的則沒有標出。此外,智旭之圖說與朱本還有一個明顯區別是:兩者解說圖形的文字小同大異,但朱熹是把圖說放在卷首,智旭是把圖說作爲一卷置於書末。對此,釋通瑞在《較刻易禪紀事》中有解釋說明:

> 大師解《易》既畢,方出圖說,故並附於末卷。或有問曰:"紫陽《本義》,圖說在前,謂聖人作《易》精微之旨,全在語言文字之先,今胡得倒置耶?"大師答曰:"聖人悟無言而示有言,學者因有言而悟無言,所以古有左圖右書之說,何倒之有?且文字與圖,皆標月指耳,不肯觀月,而爭指之前後,不亦惑乎?"

由此可見,智旭既沿用又修改朱熹《周易本義》中載錄的幾幅《易》圖,並與其放置的地方完全相反,乃是有明確意圖的:特地附《易》圖於書末,並非重視圖書之學,"只貴遙通儒釋心要而已",進一步解說了《易》圖涵蘊之數理也是與禪理相通的;而把沿用的圖說置於書末,並非無意倒置,而是特意以此方式來說明"聖人悟無言而示有言,學者因有言而悟無言"和"文字與圖,皆標月指耳"等佛理,讓人進一步認識《易》圖的深刻含義。

進而論之，智旭對《易》圖的解說，也作爲《周易禪解》全書結構的有機組成部分，無疑能使其所解釋的對象更加全面，從而獲得更有說服力的結論。

以上主要從宏觀的角度來考察《周易禪解》全書的大致結構，這樣的框架結構主要與《周易》經傳的文本有直接的聯繫，因此通過與諸版本結構的相互比較之後，我們也能進一步瞭解智旭所依據《周易》版本的情況，尤其是對其改裝權威流行版本而形成的新的特點能有更好的認識。在結構方面，還可以從微觀的角度來考察其解說每一卦爻、每一傳文所形成的結構特徵，這樣的篇章結構主要與其解說的體例和內容密切相關，所以我們擬結合後文的論述再加以分析說明。

三、體例：據卦爻辭傳依次解說

在前文考察和比較《周易禪解》的版本及其所依據的《周易》文本中，實際上也是從大的方面探討了該書文本的體例，所以以下主要是從小的方面分析該書的解說體例。經過研究發現，《周易禪解》作爲解註《周易》的作品，不但比較嚴格遵守約定俗成的規範的解釋《周易》之條例，不憑空篡改經傳文句而爲說，而且在解說過程中也相對嚴格按照既定的表達方式和體例格式，逐卦逐爻依次解說。具體表現在三個方面：

第一，各卦解說文字的段落分佈之體例。智旭解說《周易》上下經各卦內容的文字一般是分成九段，即依次解卦辭、《彖》、《象》、初爻辭及其《象》、二爻辭及其《象》、三爻辭及其《象》、四爻辭及其《象》、五爻辭及其《象》、六爻辭及其《象》。但也有一些特例：（一）分成四段。唯有一例，即解《小畜》時把六爻的爻辭及其《象》連在一起作一段解說。（二）分成八段。唯有一例，即解《剝》時把卦辭和《彖》合在一起解說。（三）分成十五段。只有兩例，即把六組爻辭及其《象》都分開解，如解《屯》、《蒙》。（四）分成十二段。只有三例，如解《需》依次解卦辭、《彖》、《象》、初九爻辭、九二爻辭、九三爻辭、九三《象》、六四爻辭、六四《象》、九五爻辭、上六爻辭、上六《象》，而對初九、九二、九五這三爻辭的《象》都只列原文，不作解說；又如解《訟》也有類似情況，但此卦是初六、九四、九五的《象》不解；再如解《比》，其中初六、六二、六三、九五的《象》不解。（五）分成十段。只有兩例。如解《師》，其中初六、六三、六四、六五、上六的《象》不解；又如解《坤》（不包括解《坤·文言》），因多了"用六"爻，故比一般的多一段解說詞。（六）分成十四段。只有解《乾》，這是特例。因爲合編本《周易》的《乾》卦體例與其餘六十三卦不同，即是先卦爻辭，後《彖》、《象》，且多了"用九"，所以其解說共十四段是這樣分佈的：解卦、爻辭分八段，解《彖》分成四段，解《大象》一段，解《小象》一段。

　　從以上的分佈情況來看，智旭所確定的解說段落之體例還是比較一致的。之所以會出現一些特例，主要是個別《象》辭未作解說引起的。爲什麼會出現"未解"現象呢？引發這種現象的主要原因應該有三種可能：一是"漏解"，即由於各種原因導致"疏忽"了；二是"誤刻"，即排版雕刻時因刻工的"疏忽"而把解說文字穿插在同一爻辭與《象》辭之間；三是"無誤"，即不是"疏忽"所致而是特意使然。筆者認爲第三種可能性最大，因爲從這些"未解"的《象》辭內容來看，大多是意思明瞭，或與爻辭雷同，或內含意義微弱，不作解說似乎也是可以的。不妨舉例說明，如《需》卦，初九爻辭是"需于郊，利用恒，无咎"，《象》辭是"需于郊，不犯難行也。利用恒无咎，未失常也"，此《象》

辭很顯然是意思明瞭；又如《訟》卦，九四爻辭是"不克訟，復即命，渝安貞，吉"，其《象》辭是"復即命，渝安貞，不失也"，明顯乃與爻辭雷同；再如《比》卦，初六爻辭是"有孚比之，无咎。有孚盈否，終來有他吉"，其《象》辭是"比之初六，有他吉也"，與爻辭相比較而言無疑內含的意義相當微弱。

　　此外，我們還可以此思路來反觀另一個現象問題：爲什麼智旭解《屯》《蒙》兩卦時，特意將爻辭與《象》辭都分開來解說？筆者認爲，智旭這麼做有三方面可能因素：一是這兩卦在《乾》《坤》二卦之後，所處的位置含義豐贍，值得認真、細緻地解說。從其解說的文字來看，與後面各卦相比，確實是比較詳盡的。二是這兩卦在後六十二卦的最前面，智旭先以此兩卦作爲他解《易》的範例，說明用佛法完全可以解通《周易》的每一部分；而後面所採取的"合併"解法，大概是考慮到時間和精力的問題，所以"從簡"。更重要的是，《象》辭是對爻辭的解說，具有相同的語義基礎，合併在一塊未嘗不可。這應該也是智旭所能意識到的，所以他才會這麼做。三是這兩卦的爻辭與《象》辭都有一些區別，值得再行解說以明其義理，如《屯》卦，六四爻辭是"乘馬班如，求婚媾，往吉无不利"，其《象》辭是"求而往，明也"，兩辭之間的差別值得分開解說；又如《蒙》卦，六四爻辭是"困蒙，吝"，其《象》辭是"困蒙之吝，獨遠實也"，兩辭之間也是值得分別的。由此，筆者認爲不能排除這樣一種可能，那就是先把這兩卦的《象》辭用佛法佛理疏釋，以作其援禪解卦爻辭的典型例證。當然，我們也不能完全排除有另外的可能，所以對此還有待深入研究。關於解"《繫辭》以下五傳"的段落分佈情況，後文解讀文本內容時再作說明，此不贅述。

　　第二，各卦解說文字的表達形式之體例。在表達形式方面，解上經與下經有較大的差別，解上下經與解"《繫辭》以下五傳"也有明顯的不同。先談上經：解卦爻辭，從總的情況來看，較爲多數是先用傳統解《易》的思想條例，依經傳文字作些闡釋和發揮，然後再用其他的思想來解。至於是引用何種思想或何人何書的解說，文中都一一註明，常用的標註如"佛法釋者"、"約佛法者"、"約觀心者"、"觀心釋者"、"佛法觀心釋者"、"約世道"、"約佛法"、"約觀心"、"約佛法釋六爻者"、"約位象人者"、"統論六爻"、"蘇眉山曰"、"俞玉吾曰"、"《說統》云"、"《九家易》曰"等等，一般在每一卦都會出現"佛法釋者"和"觀心釋者"，但最常用的還是"佛法釋者"，有時每一段每一爻都有，如解《屯》就是特例。從具體的情況來看，並沒有形成一以貫之的體例，所以很難以某一卦的解說爲例來分析其表達形式之體例。因此，我們只能分成幾個方面加以說明：

一是解卦辭。有的是先用傳統方式疏釋經文義理，後引用他人的《易》說再疏釋，最後又以"佛法釋者"進一步疏釋，如解《屯》卦辭。有的是不作標註，直接把禪易思想合在一塊解說，如解《乾》、《坤》、《需》卦辭。有的是先作傳統方式依經文疏釋，再依次分成"約世道"、"約佛法"、"約觀心"三方面來解說，如解《泰》、《蠱》、《大畜》、《離》。也有直接從三方面解說的，如解《履》、《否》、《大有》、《謙》、《隨》、《臨》、《觀》、《噬嗑》、《賁》、《復》、《无妄》、《頤》、《坎》等卦辭。也有直接約三方面後，又引用他人《易》說和作"觀心釋者"的，如解《同人》。也有的先約三方面再作傳統方式疏釋的，如解《豫》、《大過》。

二是解《彖》辭。有的是不作標註，直接依原文作佛法解，如解《乾》、《蒙》、《訟》、《小畜》、《隨》、《蠱》、《臨》、《噬嗑》、《賁》、《无妄》、《大畜》、《頤》、《大過》、《坎》。有的是先依原文作傳統解法，後作標註"佛法釋者"爲解，如解《坤》、《屯》、《需》、《師》、《比》、《履》、《泰》、《豫》、《觀》。有的是直接作"佛法釋者"或"觀心釋者"爲解，如解《否》、《同人》、《大有》、《復》。有的是先作不標註的合解，後引用他人的《易》說，如解《謙》、《離》。有的是與卦辭的解說合在一起，然後約世道、佛法、觀心三方面來解，如解《剝》。

三是解卦辭之《象》。有的是不作任何標註而合解，如解《乾》、《坤》、《小畜》、《蠱》、《噬嗑》、《頤》、《大過》、《坎》、《離》。有的是先合解，後作"佛法釋者"或"觀心釋者"，如解《屯》、《蒙》、《需》、《訟》、《師》、《比》、《同人》、《謙》、《臨》、《賁》、《剝》。有的是直接作"佛法釋者"或"觀心釋者"，如解《履》、《泰》、《否》、《大有》、《豫》、《隨》、《觀》、《无妄》。有的是先引他人《易》說，再作"觀心釋者"，如解《復》。有的是先合解，後引他說，如解《大畜》。

四是解爻辭及其《象》。主要以合併的爲例。有不少是只依原文作傳統方式解，不作標註，也不攙進佛法內容，如解《否》六二爻、《同人》六二爻。有的是不作標註的易佛合解，如解《大畜》卦六爻大多如此。也有不少是先合解，後作"佛法釋者"或"觀心釋者"爲解，如解《坤》六二爻。有的是先引他說，後作"佛法釋者"，如解《坤》六三爻。有的是先合解，後引他說，如解《大有》六五爻。有的是只以他說作解，如解《謙》卦前五爻都是。有的是約多方面加以疏釋的，如解《剝》卦六爻都是從"于世法"、"于佛法"、"于觀心"、"別約得者"四方面解說的。解爻辭還有一個比較普遍的體例，就是在解第六爻後，再以"統論六爻表法"或"約佛法釋六爻者"等佛法的內容作一次小結，解《乾》是最全面的，其他的如解《小畜》、《泰》、《同人》、

《大有》、《謙》、《豫》、《隨》、《蠱》、《觀》、《噬嗑》、《賁》、《无妄》等。

從以上分析情況來看，智旭解上經有三個突出特點：一是大量運用佛理佛法作解說，而且大多有另外加以標註說明；二是大量引用他人的《易》說直接作解說；三是援佛解《易》，雖以"佛法釋者"為主，但其他的如以"觀心釋者"、"約世道"、"約觀心"等的名目也相當多。這三大特點，也正是與解下經有較大區別之處。與解上經相比較而言，不僅解下經另加標註的大大減少，有加標註的也僅僅是作"佛法釋者"和"觀心釋者"較多見而已，而且引用的他人《易》說也很少，只有十處左右；不僅不加標註的禪易合解的段落多，而且單純作易理疏釋的也非常之多。而從解《繫辭》等五傳的表達形式來看，主要是依傳文的內容適當分段，然後逐段加以解說和發揮，解說都是採用合解的形式，大多不加標註，也不引他說，所以與解上下經所體現的形式特點是迥然不同的。有關解下經和"五傳"的表達形式之體例情況，我們在下文解讀內容時還會具體提及，此處不再贅述。

第三，各卦解說文字的義理疏釋之體例。即闡解經傳文字所含易理和佛理的各種條例。智旭闡解易理，主要是依循傳統的解《易》條例。綜觀歷代解《易》著作，常規的解《易》要例主要有：陰陽、八卦、六十四卦、卦爻辭、上下經、卦時、爻位、三才、當位與不當位、中、中正、乘、承、比、應、卦主、易圖、太極圖，等等。我們在解讀《周易禪解》時發現，智旭不僅大量沿用這些常規的要例闡發義理，而且運用得相當熟練和到位。如解《革·六二》曰："陰柔中正，為離之主，得革物之全能也。革必巳日乃孚，而上應九五，得其嘉配，故征吉而无咎。"又如解《兌·初九》曰："剛正無應，和而不同，得兌之貞者也。無私，故未有疑。"此外，偶爾也援引儒家經典、前人《易》說、《易傳》文句、歷史故事等疏釋易理。智旭闡解佛理，也形成了相對固定的解說條例。如解《乾》六爻運用了"統論六爻表法"；又如約佛法作解釋時，常以"全性起修，全修在性"、"隨緣不變，不變隨緣"、"自利利他"、"除惡積善"、"行善積德"、"一即一切，一切即一"、"六即行位"、"萬法唯心，法界一如"等佛學思想作爲解說的標尺和鑰匙；再如約觀心作解釋時，常以"理智一如"、"寂照不二"、"止觀並行"、"定慧等持"、"福慧互嚴"、"權實並重"、"性修交徹"、"智慧相應"等相互關係的平衡與穩定來衡量和解說每一卦爻的禪學思想。此外，偶爾也引用佛教經典、佛門狀況、修行實踐等來闡發佛理。智旭在闡發禪易相通思想時，也運用了大量的相通條例，如解《乾》卦辭時，認爲"乾"者是"在性爲照，在修爲觀"；解《乾》六爻時，認爲佛教的"六欲天"、"三界"、"六道"、"十界"、"六即"都可與六爻相匹配；解《乾·文言》時，認爲"卦言其體，爻言其用；卦據其定，爻據其變"；解《繫辭上傳》時，認爲"乾即照，坤即寂；乾即慧，坤即定；乾即觀，坤即止"；解《姤·象》時，認爲"剛是性德，柔是修德"、"剛是妙觀，柔是妙止"，等等。總而言之，智旭在解《易》過程中仍形成了一套自己的解釋條例。

通過以上三方面的分析，我們可以得出一些結論：智旭解《易》的體例儘管較爲複雜多變，但還是比較規範、統一的。由此可見智旭對解《易》的體例相當熟悉，也可說明他確實是一個懂得做學問的好手。智旭如此用心安排全書的體例，出發點應該是爲了便於解說，也便於讀者閱讀，根本目的應該是使所解說的內容更真實、更有說服力。從某種意義上說，《周易禪解》所體現的形式特徵，既能夠避免《易》學家們的挑剔和指責，也爲後代留下了一個好的《周易》文本，尤其是能爲後世以禪解《易》樹立一個好榜樣。

第二節 《周易禪解》的主要內容

《周易禪解》全書凡十卷，書前有《自序》一首，書後附《易解跋》一篇，卷一至卷七解上、下經六十四卦，卷八、卷九解《繫辭》以下五傳，卷十附《圖說》八篇。從大的方面看，《周易禪解》包括了解經和解傳兩大內容，解經注重疏通每卦每爻的義理、旨歸，解傳則側重對孔子的解《易》思想進行發揮和延伸。從小的方面看，《周易》六十四卦三百八十六爻各有所含的義理，《周易禪解》作爲一部以佛理全面解說經傳的著作，也包含了相對等的解說內容。本節以該書文本內容作爲解讀對象，從大小兩方面較爲具體地歸納和闡述智旭所解的各卦、各傳的主要內容，並側重於歸納該書以禪解《易》的思想內容。文中盡可能援引書中的原文，來凸現全書各部分的實際內容。

一、上經：側重以佛理解《易》

《周易禪解》的"上經"部分，從卷一到卷四，實際上包括解說上經卦爻辭及"參合"其中的《彖傳》、《象傳》、《文言傳》等內容，以下主要依卷次、卦次分別對其主要內容進行歸納和摘要。

卷一解《乾》、《坤》二卦。解《乾》卦，對卦爻辭的解說只是運用義理條例作常規的疏釋，側重於"統論六爻表法，通乎世、

出世閒"和借助該卦的《彖》、《象》、《文言》諸傳文字申發"乾道即佛性"的道理。具體而論,有四方面內容:

(一)解六爻及"用九"。文中在以六爻約三才、天時、欲天、三界、地理、方位、家、國、人類、一身、一世、六道、十界、六即等事類進行對比互通之後,認爲"以要言之,世、出世法,若大若小,若依若正,若善若惡,皆可以六爻作表法。有何一爻不攝一切法,有何一法不攝一切六爻哉"。在此結論的基礎上,緊接著就開始約佛法、修德、通塞解釋《乾》之六爻,並得出"龍乃神通變化之物,喻佛性也"、"陽爲智德,即是慧行"等結論。

(二)解《彖傳》。文中首先一一指出孔子《彖傳》四方面內容,分別是"以顯性德法爾之妙"、"顯聖人以修合性而自利功圓"、"以顯性德本來融徧"、"顯聖人修德功圓而利他自在",然後認爲此一傳的宗旨"乃孔子借釋彖、爻之辭,而深明性修、不二之學",論說的主要依據是"以乾表雄猛不可沮壞之佛性,以元亨利貞表佛性,本具常樂我淨之四德"和"此常住佛性之乾道,雖亙古亙今不變、不壞,而具足一切變化功用,故能使三草二木,各隨其位而證佛性"等。

(三)解《象傳》。文中首先指出"六十四卦《大象傳》皆是約觀心釋,所謂無有一事一物而不會歸于即心自性也"、自強不息是"以修合性",然後直接以佛法"性修之德"釋解六爻之《小象傳》。

(四)解《文言傳》。文中首先認爲"《乾》、《坤》二義明,則一切卦義明矣,故特作《文言》一傳以申暢之",然後進一步說明此《文言》既明性德又明修德,以顯以修合性,所以通篇解說是"前約仁義禮智以釋元亨利貞,今更申明四德一以貫之,統惟屬乾，而非判然四物也”，後以“佛性常住之理名爲乾元”申明其中所含“全性起修，全修在性”之理。

解《坤》卦，很少作常規的疏釋，主要是約觀心和佛法闡明《坤》卦中所蘊涵的易理與佛理。具體而論，有三個方面內容：

（一）解卦辭及其《彖》、《象》二傳。文中依次認爲“君子之體坤德以修道也，必先用乾智，以開圓解，然後用此坤行，以卒成之”、“乾、坤實无先後，以喻理智一如，寂照不二，性修交徹，福慧互嚴”、“今法地勢以厚積其德，荷載羣品，正以修合性之真學也”，總起來看，是以比照《乾》、《坤》二義說明性修不二之學理。

（二）解爻辭及其《象傳》。此部分把每一爻辭及其《象傳》連在一起，分成七個段落說解（因《坤》卦多“用六”爻）。主要以陰陽動靜之爻變說疏解爻辭之義，而以“世、出世間禪法”通融《象傳》以修合性之理。文中認爲“《乾》之六爻兼性修而言之，《坤》之六爻皆約修德定行而言”，而《坤》之六爻一一說明了“定與慧”、“性與修”、“戒與律”等相互作用之妙理。

（三）解《文言傳》。文中借《文言》之辭闡述“禪與智”、“善與惡”、“德與順”、“自利與利他”、“陰與陽”、“動與變”、“君子與小人”、“四果與四德”等相互關係，認爲“所以于禪開祕密藏，了了見于佛性而無疑也”，並在文末作了總結和發揮，指出：“陰陽各論善惡，今且以陰爲惡，以陽爲善。善惡无性，同一如來藏性……善惡不同，而同是一性。如玄黃不同，而同是眼識相分。天地不同，而同一太極。又如妍媸影像不同，而同在一鏡也。若知不同而同，則決不敵對相除而成戰。若知同而不同，則決應熏習無漏善種以轉惡矣。”總起來看，這部分主要還是以《文言》之義來通融佛法修禪之理，進一步說明“佛性”

同於 "易理"。

卷二解《屯》至《履》等八卦。主要是借修禪入門之道理闡明此八卦之易理。解《屯》卦,分成十五個段落詳細解說(即有十五段解說文字),既重視疏解此卦爻辭之義,又注重以佛法融通此卦《彖》、《象》傳文蘊含之理,文中主要是釋論 "一念初動之屯",把 "屯"之 "初成、初生、初難"之義喻爲 "無明",說明剛剛修禪之人也應體 "屯"處初生之艱難, "欲修禪定,須假智慧"、 "由其正慧爲主"、 "從次第禪門修證功夫"、 "但不能頓超,必備歷觀練熏修諸禪,方見佛性",不可 "貪著味禪",亦 "不恃禪定功夫,而求智慧師友",而必須以 "中正之慧"來 "斷惑",方可 "速出生死"而至 "大乘"。解《蒙》卦,亦分成十五個段落,但前詳後略,側重於發 "蒙"之道,以說明學道修禪之法: "須賴明師良友" "爲其解粘去縛"、 "以正道養之"方能明 "慧必與定平等";若處 "蒙"之時, "不中不正,則定慧俱劣"、 "利使一發,則善根斷盡矣"。解《需》卦,分成十二個段落,解說較爲簡略,側重於對卦辭及其《彖》、《象》的疏釋和發揮,認爲以正養 "蒙"之法, "必需其時節因緣", "不妄動以自陷",還應 "善巧安心止觀,止觀不二,如飲食調適";解六爻辭及其《象》,引溫陵郭氏之說解此六爻依次如顏子、孔子、周公、文王、帝堯館甥之需、仁傑之結交五虎,並相應以佛法釋六爻之象猶如 "智慧定力"迎戰 "煩惱魔軍"的過程,側重於通融 "一心三觀"之佛理。解《訟》卦,分成十二個段落,側重解卦辭及其《彖》、《象》,由 "夫善養蒙之道,以圓頓止觀需之而已。若煩惱習強,不能无自訟之功。訟者,懺悔剋責,改過遷善之謂也",闡明修禪之 "訟"乃起於 "一念不能慎始,致使從性所起煩惱,其習漸強而違于性";解六爻時旨在說明處 "訟"之時要

"善于自訟"："改悔作懺"、"處卑思過"、"謹守常規"、"因取相懺"、"剛健中正"、"改不再犯"，才"不至于相訟"。**解《師》卦**，分成十個段落，解卦辭時認爲"蒙而无過，則需以養之；蒙而有過，則訟以改之。但眾生煩惱過患无量，故對破法門，亦復无量。无量對破之法，名之爲師，亦必以正治邪也"；通過疏釋六爻的義理申發各種修禪的對治方法，認爲"正當用對治時，或順治，或逆治，于通起塞，即塞成通，事非一概"、"止用善法，不用惡法，儻不簡邪存正，簡愛見而示三印、一印，則佛法與外道幾无辨矣。"**解《比》卦**，分成十一個段落，明以"約觀心者"、"約佛法者"、"佛法釋者"、"觀心釋者"解說的有十三條，援引大量佛法以通融處"比"之易理，闡明"善用對破法門，則成佛作祖"、"觀所修行，全性起修，全修在性"、"不順正法門者則凶"、"但須內修深定，又通教界內巧度，與圓教全事即理相同，但須以內通外"、"但須發菩提心，外修一切差別智門，又別教爲界外拙度，宜以圓融正觀接之"、"覺意三昧，隨起隨觀"等禪理，文末對"從屯至此六卦"之禪理也作了小結，進而指出："聖人《序卦》之旨，不亦甚深也與。"**解《小畜》卦**，分成四個段落，前三段是解卦辭及其《彖》、《象》，認爲遇阻滯之境"如道品調適之後，无始事障偏強，阻滯觀慧，不能克證"，"然當此時，雖不足畏，亦不可輕于取功，亦不可易于取效"；後一段是把六爻辭及其《象》合在一起解說，認爲"時當小畜，六爻皆有修文德以來遠人之任者也"、"修正道時，或有事障力強，須用對治助開。雖用助開，仍以正道觀慧爲主"。**解《履》卦**，分成九個段落，側重於以"柔履剛"之易理申發"以定發慧"、"以修合性"之佛理，認爲"此卦以說應乾，說即柔順之謂"，只有"剛健中正""定慧相濟"而善於處"履"，才

能 "決定證于佛性"、"復吾本有之性，稱吾發覺初心"。

　　卷三解《泰》至《觀》等十卦。主要是借修禪小有成就時如何克服魔障的佛理申發此十卦之易理。**解《泰》卦**，分成九段，主要是以處 "泰" 之道通融修禪 "安忍強頓二魔" 之理，認爲法門通泰之時，"深明六即，不起上慢，而修證可期"，應 "內具陽剛之德，而外示陰柔之忍；內具健行不息之力，而外有隨順世間方便；內合佛道之君子，而外同流于九界之小人"；而 "欲安忍強頓二魔，須藉定慧之力"。**解《否》卦**，分成九段，主要以處 "否" 通 "泰" 之易理來說明修禪 "安忍二魔之後" 如何克服 "順道法愛" 而繼續前進，認爲此時 "必念念安不忘危，存不忘亡，治不忘亂"，以 "陽剛智德" 克服 "順道法愛" 的侵擾。**解《同人》卦**，分成九段，主要是以處 "同人" 應 "同誠" 之道理說明修禪 "既離順道法愛" 如何與人 "同證佛性"，認爲 "初入同生性，上合諸佛慈力，下同衆生悲仰"、"既證佛體，必行佛德，以度衆生"、"以度衆生，惟以佛知佛見，示悟衆生"，並指出："六爻皆重明欲證同人之功夫也。夫欲證入同人法性，須藉定慧之力，又復不可以有心求，不可以无心得，所謂時節若到，其理自彰。此修心者勿忘勿助之要訣也。" **解《大有》卦**，分成九段，爲說明修禪 "證入同體法性之後" 如何繼續 "遏惡揚善"、"化道大行"，文中以 "約果後垂化" 和 "約秉教進修" 二義通融 "大有" 六爻之深意。**解《謙》卦**，分成九段，文中解說六爻辭及其《象》直接援引蘇眉山的言《易》之說，文末又以 "約佛果八相" 和 "約內外四衆" 二義疏通處 "謙" 六爻之佛理，主要說明修禪 "法道大行之後" 應該 "不自滿假，仍等視衆生，不輕一切"、"平等施以佛樂，不令一人獨得滅度"。**解《豫》卦**，分成九段，主要是以處 "豫" 時應 "順以動" 之理說明修禪

"初得法喜樂者"如何"攝受眾生"、"生善滅惡"、"自利利他"，文末有以"佛法釋者"和"約位象人者"來疏通"豫"之六爻所寓示之佛理。解《隨》卦，分成九段，主要以"與時偕行"之"隨"理說明修禪"既得法喜"如何"隨順諸法實相"，文中認為"既合本源自性，上同往古諸佛，則必冥乎三德祕藏，而入大涅槃也"、"惟須篤信出世正道，則心事終可明白"。解《蠱》卦，分成九段，以除弊治亂之"蠱"義和謹始慎終的"治蠱"之道，說明修禪至"天人胥悅，舉世隨化"之時如何"發大勇猛"、"上求下化，悲智雙運"以"救弊起衰"，文中認為"出世救弊之要，終藉慧力"，"然必精屬一番，方使慧與定等而終吉"。解《臨》卦，分成九段，以仁柔的"臨民"之道說明修禪"化道復行""去其禪病"之後如何繼續"進斷諸惑"、"反觀憂改"、"以修合性"、"乘勢取進"，文中指出："除弊宜威折，化導宜慈攝"、"去惡宜用慧力，入理宜用定力"。解《觀》卦，分成九段，側重於解《彖》和"約佛法"、"約觀心"釋六爻，以"中正以觀天下"之易道說明修禪至"正化利物"、"進修斷惑"之後如何"假妙觀"而"徧觀法界眾生"，文中指出："世法則臣民為下，佛法則九界為下，觀心則一切助道法門等為下。天之神道即是性德，性德具有常樂我淨四德而不忒。"

　　卷四解《噬嗑》至《離》等十卦。主要以修禪大有成就之時如何對治禪病的佛理解說此十卦之易理。解《噬嗑》卦，分成九段，主要以"觀心釋"為主，側重以處"噬嗑"應守"柔中上行"之道，說明修禪"僧輪光顯之時"應以正教對治"有犯戒者"，"妙觀現前"之際應"隨其所發煩惱業病魔禪慢見等境，即以妙觀治之"。文中認為"于所發之境，善用不思議觀以治之"，即應以正定正慧來治之。解《賁》卦，分成九段，側重以處"賁"

時應"文質互資"、"以德自賁"之義,說明修禪"治罰惡僧之後"應"增設規約","境發觀成之後"應使"定慧莊嚴"的道理。文中認爲"世法、佛法當此之時,皆不必大有作爲,但須小加整飭而已",于觀心者應"定慧相濟"、"寂而常照,照而常寂"、"以修合性"、"十界全歸一心"。解《剝》卦,分成八段,於卦辭及其《彖》分別約世法、佛法、觀心三種疏釋其義,認爲"約觀心"有得邊與失邊二義都可爲解,而論六爻時主要是以"別約得者"來解;側重以"順而止之"的處"剝"之道,說明修禪"定慧莊嚴之後"如何隨順其剝而使"皮膚脫盡,真實獨存"。文中認爲此卦"約觀心,則修善斷盡,惟一性善從來不斷"、"于觀心爲剝無一切因果"。解《復》卦,分成十段,主要是以"正氣回復,生機復發"之情狀比喻"佛性復見,法體復立"之情形,說明修禪至"剝蕩一切情執"之後應"復立一切法體"。文中認爲此時宜"從空入假"、"以善化惡"、"充此一念菩提之心"、"但觀現前一念之心,而未可徧歷陰界入等諸境以省觀也"。解《无妄》卦,分成九段,側重以"不可妄爲"之義,說明修禪"復其本性"之後仍應依此"真誠无妄"而使"真窮惑盡"。文中指出:"然世、出世法,自利利他,皆須深自省察,不可夾一念之邪,不可有一言一行之眚"、"既稱性起修,必須事事隨順法性,倘三業未純,縱有妙悟,不可自利利他。"文末"佛法釋者"又指出:此卦"六爻皆悟无妄之理,而爲修證者也。"解《大畜》卦,分成九段,側重以處"大畜"時應"畜其德"之理,說明修禪至"從迷得悟,復于无妄之性"之後應"廣積菩提資糧"。文中認爲"世、出世法,弘化進修,皆必以正爲利,以物我同養爲公,以歷境練心爲要"。解《頤》卦,分成九段,側重以"養正則吉"的處"頤"之道,說明修禪"菩提資糧既積"之後還要善於自養以"長養聖胎"、"以利群生"、"自利利他"。文中認爲此卦六爻依次如修證佛法之"乾慧外凡，不宜利物"、"時證盲禪，進退失措"、"六羣亂眾，大失軌範"、"賢良營事，善爲外護"、"柔和同行，互相勉勖"、"證道教授，宰任玄綱"六個層次。**解《大過》**卦，分成九段，側重以"防微杜漸"、"剛柔相濟"的拯治"大過"之道，說明修禪至"功夫勝進而將破无明"時"所宜善巧用心"而使"定慧相濟"。文中認爲，此卦六爻依次如修證佛法之"定有其慧"、"慧與定俱"、"純用邪慧"、"慧與定俱，但恐夾雜名利之心"、"慧力太過"、"正定無慧"六種情形。**解《坎》**卦，分成九段，側重以處"坎"時應信守"中實有孚"之道，說明修禪至"從化多而有漏起"、"慧力勝而凤習動"之時應"深信一切境界皆唯心所現"、"因定發慧"方能濟"魔事必作"、"境發必強"之險。文中指出："惟在吾人善用險，而不爲險所用，則以此治世，以此出世，以此觀心，无不可矣"、"習坎之象，乃萬古聖賢心法。此正合台宗善識通塞，即塞成通之法，亦是巧用性惡法門。"**解《離》**卦，分成九段，側重以處"離"應守"柔順中正"之道，說明修禪"魔擾之時，必麗正教以除邪"、"境發之時，必麗正觀以銷陰"之理。文中指出："吾人重明智慧，亦必麗乎性德之正，則自利既成，便可以化天下矣。夫智慧光明，必依禪定而發，禪定又依理性而成。"

　　智旭在卷五解說下經《咸》卦之前，著重對上、下經的佛法內容及其相互關係作了簡明扼要的概括，指出："上經始《乾》、《坤》而終《坎》、《離》，乃天地日月之象，又寂照定慧之德也，是約性德之始終。下經始《咸》、《恒》而終《既濟》、《未濟》，乃感應窮通之象，又機教相叩，三世益物之象也，是約修德之始終。

又上經始于《乾》、《坤》之性德，終于《坎》、《離》之修德，爲‘自行’因果具足。下經始于《咸》、《恒》之機教，終于《既濟》、《未濟》之无窮，爲‘化他’能所具足。此二篇之大旨也。”即認爲《周易》上經的旨歸重在“自行”，下經重在“化他”。通過前面對《周易禪解·上經》文本內容的解讀，我們發現智旭對上經部分的解說，確實是重在以修禪“自行”、“自利”之理解說各卦各爻的義理。如果再結合這部分所列舉的大量關於佛理通易理的具體例子，我們可以清楚地發現智旭在這部分的解說中較有明顯的以佛解《易》之傾向。因此，我們認爲該部分內容乃是側重以佛理解《易》，解說佛與《易》的互相融通。

二、下經：側重以《易》解佛

　　《周易禪解》的“下經”部分，從卷五到卷七，實際上包括解說下經卦爻辭及“參合”其中的《彖傳》、《象傳》等內容，以下仍依卷次卦次對其主要內容進行歸納和摘要。

　　卷五解《咸》至《益》等十二卦。主要通過申發此十二卦之易理來闡明和貫通修禪“日進于自利利他之域”所應遵循的佛理。**解《咸》卦**，分成九段，以處“感”之時“感之與應皆必以正”，說明修禪至“衆生諸佛之相叩”、“境智之相發”之時應“定慧齊平，得感應之正道”以“善始善終，證于究竟。”文中解六爻側重闡發“寂然不動，感而遂通”之妙理。**解《恒》卦**，分成九段，文中沒有明以“佛法”或“觀心”來通融易理，主要是以體“恒”之道，“依逗機之妙而論常理”，側重於悟解“常與無常”之理。解《彖》時指出：“始既必終，終亦必始，始終相代故非常，始終相繼故非斷，非斷非常，故常與无常二義俱存。”**解《遯》卦**，分成九段，文中幾乎沒有以“佛法”和“觀心”來作解說，主要以處“遯”之時宜守“以退爲進”、“與時偕行”、“剛健中正”、“隨其德位以爲進退”之道，闡發該卦六爻所含的義理。解《大壯》卦，分成九段，都較爲簡略，主要是借助《彖》“大壯利貞”的道理加以解說六爻，側重於闡發處“大壯”之時不可“恃才德而妄動”、“恃其大以爲正”、“恃其壯以爲大”、“恃其正以爲壯”、“好剛任壯”等義理，很少作佛法方面的融通。解《晉》卦，分成九段，主要以處“晉”之時應體“柔進而上行”之道，說明“進于自利利他之域”時應繼續“妙觀察智”、“增長稱性功德”以“證見法身理體”，“定有其慧”以使“根本實智光明，破无明住地出”，方可“功德智慧，重重增勝也”。解《明夷》卦，分成九段，解《彖》主要以處“明夷”時應體“文明柔順”之德，說明“煩惱惡業，病患魔事，上慢邪見，无非圓頓止觀所行妙境”。文中解六爻側重闡明“用晦而明”之易理，沒有與佛理相融通。解《家人》卦，分成九段，主要以處“家人”之治家正道，說明“禪定持心”的道理，文中指出：“觀行被魔事所擾，當念唯心。唯心爲佛法之家，仍需以定資慧，以福助智，以修顯性。”文中以佛法解六爻依次如“即是增上戒學”、“即是增上定學”、“即是增上慧學”、“即原因善心發”、“正因理心發”、“了因慧心發”。解《睽》卦，分成九段，所解較詳，由卦辭“睽，小事吉”引申出“出世禪定，世間禪定，一上一下，所趣各自不同，圓融之解未開，僅可取小證也”，由《彖》“君子以同而異”引申出“惟根本正慧，能達以同而異，故即異而恒同，否則必待定慧相資，止觀雙運，乃能捨異生性入同生性耳”。文中解六爻也側重於闡發“以同而異”之義理，並指出：“統論六爻，惟初九剛正最善濟睽，餘皆不得其正，故必相合乃有濟也。”解《蹇》卦，分成九段，主要闡解濟“蹇”之難須"反身修德"、"修德以待時"之理，文中指出："惟正道能出蹇"、"蹇之時用，即全體大《易》之時用也。"**解《解》**卦，分成九段，解卦辭時由"舒解蹇難"之後"唯來復于常道而已"，引申出"觀心修證，祇期復性，別无一法可取著也"；解《象》側重於以"兼修禪定"、"萬行顯發"、"不捨正觀"、"證于法身"、"說法不虛"、"性修融合"等心法來解說，並指出："非佛菩薩何能用此解之時哉。"解六爻除了以常規條例疏釋外，還以"觀心釋"統論其義，認爲"六三即所治之惑，餘五爻皆能治之法也。"**解《損》**卦，分成九段，主要以處"損"之時應"有孚"、"偕時"方可致"益"的易理，說明觀心"惑既治矣"如何"增道損生"的佛理，認爲此時應"信佛界即九界"、"知九界即佛界，故不動九界而利往佛界，不壞二諦而享于中道也"。解六爻只闡易理，未解佛理。**解《益》**卦，分成九段，解卦辭時認爲"增道損生，則日進于自利利他之域，此觀心成益也"；解《象》時認爲"益即全體乾、坤，全體太極，全體易道，其餘六十三卦无不皆然，聖人姑舉一隅，令人自得之耳"，並以佛法加以疏釋，如以"種而熟，熟而脫，番番四悉"疏釋《象》辭"與時偕行"；解六爻時側重於闡發"損益盈虛"之易理。

　　卷六解《夬》至《歸妹》等十二卦。主要通過申發此十二卦之易理闡明和貫通修禪至"決斷餘惑"時應該"自養養他"的佛理。**解《夬》**卦，分成九段，主要把"夬"之義"決斷"與佛法"斷惑"之理聯繫起來說解。文中以佛法解卦辭時認爲"損己利他，化功歸己，決當進斷餘惑，證極果也"、"體惑法界，即惑成智"，解《象》側重於申發處"夬"時"應以德化，不應以力爭"的道理，並以此解說六爻。**解《姤》**卦，分成九段，解卦辭時以佛法"決斷餘惑而上同諸佛者，必巧用性惡而下遇衆生"疏

釋"姤"之"相遇"義，解《彖》時側重於闡發處"姤"之時應
"以柔遇剛"、"剛遇中正"的道理，並指出：佛法"剛是性德，
柔是修德，以修顯性"、"剛是妙觀，柔是妙止，從止起觀"、
"剛是智慧，柔是禪定，因定發慧"都名"柔遇剛"。解六爻即
以"性與修"、"智與禪"、"定與慧"之佛法作爲說解的論據。
解《萃》卦，分成九段，認爲"萃"之義"相聚"，包含有"宜
儉則儉，宜豐則豐，可往則往，可來則來，皆所以順天命而觀物
情耳"之理；解六爻主要是依據《彖》所揭示該卦之易理"剛中
而應"作疏釋，沒有作佛法方面的比附。**解《升》卦**，分成九段，
文中沒有以佛法加以疏釋，主要是以常規的條例解釋卦爻辭及其
傳文的義理，側重於闡發處"升"時應"順德合志"、"剛中而
應"之易理。**解《困》卦**，文中沒有以佛法加以疏釋，主要以"剛
既被淹，水漏澤枯"解"困"之象，側重於闡發"同濟時困"時
應"躬行實德"、"剛中合德"之易理。**解《井》卦**，分成九段，
解卦辭時主要以"知井无得喪，則知性德六而常即；知人有得喪，
則知修德即而常六"來闡明《繫辭下傳》所言"井，德之地也"、
"井以辯義"之佛理；解《彖》時側重於以佛法疏釋"井養而不
窮"之義理，指出："水輪含地，故鑿地者无不得水，喻如來藏
性具一切陰界入等，故觀陰界入者无不得悟藏性，但貴以妙止觀
力深入而顯發之。藏性一顯，自養養他，更无窮盡也。"以佛法
解六爻依次如"理即佛"、"名字即佛"、"觀行即佛"、"相
似即佛"、"分證即佛"、"究竟即佛"等六個層次。總體上是
申發處"井"時要"全性起修"的道理。**解《革》卦**，分成九段，
解卦辭以"猶火之煆金"明處"革"之道，認爲"此'革'之
道，即乾坤之道，大亨以正者也"；解《彖》側重於明"革而信
之"、"革而當"等傳文的義理；解《大象》主要由"治曆明時"

申發佛理，如認爲"時无實法，依于色心分位假立。心无形像，依色表見"、"故知時惟心現，无在而无所不在"等；解六爻主要是闡解體"革"之義理，幾乎不作佛理的疏釋。**解《鼎》卦**，分成九段，解卦辭時由"鼎"之象引申出"此陶賢、鑄聖、烹佛、鍊祖之器也"；解《彖》義理的同時進一步闡明處"鼎"之道乃"聖賢佛祖自陶自鑄、自烹自鍊之道"；解《大象》重在明"德以正其位則命凝"之理；解六爻僅疏釋易理而已，重在明"鼎"之用。**解《震》卦**，分成九段，解卦辭時以"震"爲"主重器之長子"，主要是以此長子處"震"之"初動"至"大變"的過程疏釋卦辭之義，並以佛法"心"之動發過程加以解釋；解《彖》重在闡發處"驚遠懼邇之變"時應凝神應變而"以爲祭主"的道理；解《象》重在闡發"恐懼修省"的義理，認爲"孔子迅雷風烈必變"乃是指"與天地合德，變則同變，亦非憂懼"，故能"復通"；解六爻主要闡發易理，認爲此卦"六爻皆明恐懼修省之道，而德有優劣，位有當否，故吉凶分焉"。**解《艮》卦**，分成九段，解卦辭作了詳盡的疏釋，側重從"動與止"、"面與背"申發處"艮"之道；解《彖》側重闡發"動靜以時，无非妙止"的道理；解《象》主要由"思不出其位"引申出"位位无非法界"、"知離此現前之位，別无一法可得"、"不出位而恒思，則非枯槁寂滅"、"一切旋乾轉坤事業，无不從此法界流"、"一切位天育物功能，无不還歸此法界"等佛理；解六爻側重闡發"隨心而爲行止"之理。**解《漸》卦**，分成九段，解卦辭以"事禪次第"之佛法闡解"漸進"之道；解《彖》側重於申發"進得位"、"進以正"之義理，並提出"止者，動之源，設无止體，則一動即窮"；解六爻側重闡發處"漸"之時應"自厲自養"、"養道以待時"、"守正以配"、"超然物外"等易理。**解《歸妹》卦**，分成九段，解卦辭以"修次第禪"應"攝世間事定而歸佛法正慧"
之佛法比釋"歸妹"之義；解《彖》重在通融"觀心"，由體"歸
妹"之道得出："觀心用妙定合妙慧，不妨用次第諸禪助神通"、
"觀心名爲助道，實在味禪"、"定捨慧而獨行則必得凶"、"定
久習而耽著則无攸利"等禪理；解《象》時通過講述"昔有賢達，
年高无子，誓不取妾"的故事，闡說"永終知弊"的易理，以明
"觀心"應守"定慧均平之道"；解六爻主要是疏釋字詞所含的
義理，側重闡發人生要"修陰德"、"重積德"的道理。

　　卷七解《豐》至《未濟》等十卦。主要通過解說此十卦之易
理進一步說明和貫通修禪觀心各次第所應重視的佛理。**解《豐》**
卦，分成九段，解卦辭以"觀心有事禪助道則豐"比釋致"豐"
之道；解《彖》重在明處"豐"時應"明以動"、"勿憂"、"與
時消息"等易理；解《象》主要以"折獄如電之照，致刑如雷之
威"之喻作解；解六爻主要以"柔中合德"之道疏釋各爻的義
理。**解《旅》**卦，分成九段，解卦辭重在疏釋"旅貞吉"之理；
解《彖》重在闡發"旅之時義"，並以佛法相釋；解《象》時認
爲"觀心"應體"旅"之"明慎"而"念起即覺，覺即推破，不
墮掉悔也"；解六爻重在闡發處"旅"時應"陰柔中正"、"善
與其下"、"以人合天"等義理。**解《巽》**卦，分成九段，解卦
辭由"巽"之"順"義申發"觀心"之理，即"增上定學，宜順
于實慧以見理"；解《彖》重在闡解其"柔皆順乎剛"之義理；
解《象》主要以"君子之德風"爲解"申命行事"之義；解六爻
重在闡發"德位相稱"的處"巽"之道，並以佛法釋六爻依次
如：世間事禪、空慧、乾慧、出世間禪、中道正慧、邪慧。**解《兌》**
卦，分成九段，主要依經傳文句闡發其所含的易理，側重於闡發
處"兌"喜悅之時應"剛中而柔外"、"誠內形外"等義理。**解**

《渙》卦，分成九段，主要側重闡發處"渙"悅散之時應"剛中"、"柔外"而"自悅悅他"的易理，文末合六爻而言其理，指出："九二如賢良民牧，承流宣化；六四如名世大臣，至公无私；九五如治世聖王，與民同樂；上九如保傅司徒，教民除害；初因此而出險，既拔苦必得樂故吉；三因此而忘我，既遠害必興利故无悔也。"**解《節》卦**，分成九段，解卦辭主要以"不涸不瀆"來解"節"之義理；解《彖》側重闡明處"節"時能"得中則不苦"而"通而不窮"之易理；解《象》側重闡發"過與不及"與"不奢不儉"之理；解六爻主要從"節"之"時節"、"節制"二義爲解，以"當位"、"得中"之理說解。**解《中孚》卦**，分成九段，解卦辭主要由"孚者，感應契合之謂；中者，感應契合之源"闡發"由中而感，故由中而應"的道理；解《彖》作了極爲詳盡的疏釋，側重於闡釋"中孚"之"心""乃應乎天然之性德"，並以"吾人現在一念心性"之義理進行解說；解《象》以澤與風"隨感隨應，隨施隨受"闡解"議獄緩死"之理；解六爻主要依經傳文句闡發"柔內剛中"、"同德相孚"、"德位相稱"等義理以盡"中孚"之道。**解《小過》卦**，分成九段，解卦辭主要以"過從求信而生"與"過生而聖賢爲之補偏救弊"兩方面解說"小過"之義；解《彖》較爲詳盡地解說"小者過而亨"所隱含的易理；解《象》只引吳草廬和項氏二人的解說文字，疏釋傳文的詞義；解六爻主要依該卦《彖》、《象》的義理作具體深入的闡發，沒有與佛法相貫通之處。**解《既濟》卦**，分成九段，解卦辭由"凡事適得其中，則无不濟"疏釋"既濟"之義，並以舟與馬爲喻解說卦辭文義，重在申發處"既濟"時應明"安不忘危，存不忘亡，治不忘亂，乃萬古之正理"；解《彖》側重疏釋其"剛柔皆當其位"之理；解《象》引《說統》對水火關係的說法來疏釋“思患豫防”之義；解六爻認爲“六爻皆思患豫防之旨也”，故以此爲義例加以具體解說。**解《未濟》卦**，分成九段，解卦辭以“物本不可窮盡”疏釋“未濟”之義，比較“既濟”與“未濟”之關係；解《彖》側重從“首尾一致”來解“未濟亨”之由；解《象》主要由“慎辨物居方”明“水火相制相濟”的道理；解六爻主要依經傳文句疏釋其“未濟”之理，認爲“由其在中，故能行正，可見中與正不是二理”、“知極知節，則未濟者得濟，已濟者可長保矣。”

　　通過以上對《周易禪解·下經》部分的解讀，我們發現智旭在這部分比較重視闡發各卦各爻蘊涵的易理，並以此闡明修禪“化他”、“利他”的道理。從總體上看，這部分大多是先以儒家傳統解《易》的方式闡釋各卦的易理，後在每一卦的末尾適當運用所得出的易理解說禪理或與禪理互證。與上經解說部分相比較而言，下經部分明顯減少了許多集中以佛法解說卦爻易理的段落，與佛法相關的內容大部分是分散在各卦爻的義理疏釋之中，而且基本上是依循傳文的義理加以發揮的；從表達形式上看，解《易》的內容顯然更簡明扼要，手法也更簡潔明快，儘管還是在以禪解《易》，但從其文字表面看，更像是在援《易》解禪，或者說像在作禪易互證。因此，我們認爲這部分解說內容較側重以《易》解佛、進行禪易之間的互證與互通。

三、五傳：側重禪易相通理論

　　《周易禪解》解說“五傳”的部分，主要在卷八和卷九，包括解《繫辭上傳》、《繫辭下傳》、《說卦傳》、《序卦傳》、《雜卦傳》等部分的內容。由於卷十“圖說”部分，所解說的內容實際上與“五傳”密切相關，所以我們也把它視爲解說“五傳”的組成部分。以下依卷次和各傳解說段落次序對其文本內容加以歸納和摘要。

卷八解《繫辭上傳》。本卷開篇先簡要說明了《繫辭傳》的由來，接著提出主要的看法："隨緣不變，不變隨緣之易理，天地萬物所從建立也。卦爻陰陽之易書，法天地萬物而爲之者也。易知簡能之易學，玩卦爻陰陽而成之者也。"並指出此卷解《繫辭上傳》是"先明由天地萬物而爲易書，由易書而成易學，由易學而契易理。"本卷對《繫辭上傳》十二章內容的解說[3]，共有二十八段解說文字，以下按每兩章的內容爲一部分，共分成六個部分簡要概括其內容：

（一）解"天尊地卑"至"吉无不利"。分成三段。主要是從"理"的角度解說傳文的義理，並側重與佛理相融通。前一段以"蓋无有一文一字，是聖人所杜撰也"闡明易書之由來，以"先明由天地萬物而爲易書也"；中一段以"聖人體乾道而爲智慧，體坤道而爲禪定"、"易理本在天地之先，亦貫徹于天地萬物之始終"等以"明由易書而成易學，由易學而契易理也"；後一段以"易理本具剛柔之用"、"三極之道即先天易理"、觀象玩辭"乃自心合于天理"等說解的結論，以明"惟其易理全現乎天地之間，而人莫能知也"。

（二）解"彖者，言乎象者也"至"故神无方而易无體"。分成兩段。主要側重以佛法的"无性之理"與《周易》的"幽明事理"相對釋。前一段主要是依傳文疏釋其義理，並由"卦有小

---

3 《繫辭傳》上下各分十二章，舊說略有異同，以孔穎達《周易正義》、朱熹《周易本義》所分較爲通行。今取朱子說。因爲，《周易禪解》雖然沒有對《繫辭傳》進行分章，而且所分段落也與諸本不同，但從其各段文字的起止來看，與《本義》本的分章段落是相當接近的，所以此處仍依朱熹的分章法。

大，辭有險易"申發此義"蓋明明指人以所趨之理"，大體上是在說明《易》之彖、爻、卦、辭等都是"全體合理"的；後一段先以"易辭所以能指示極理"解說"易與天地準"，又以"天文地理所以然之故，皆不出于自心一念之妄動妄靜"解說"知幽明之故"，又以"死生无性之理"解說"知鬼神之情狀"，又以"非无體之易理，不足以發无方之神知"解說"神无方而易无體"，後直接以佛法疏釋"旁行不流"等文句。

（三）解"一陰一陽之謂道"至"易簡之善配至德"。分成兩段。主要側重以佛法的"性修之理"與《周易》的"陰陽之道"相對釋。前一段主要以"全性起修，全修顯性之道"解說"一陰一陽之謂道"，以"聖人之憂亦不在理體之外"解說"不與聖人同憂"，以"知陰陽本无數，從无數中建立諸數"解說"陰陽不測之謂神"，並指出："自'富有'至'謂神'五句，贊易理之'无體'；'極數'三句，贊聖神之'无方'。"後一段主要是以"易書則同理性之廣大"解說"夫易廣矣大矣"，以"動靜无非法界"解說"廣大配天地"，以"是知天人性修境觀因果无不具在易書中"解說"易簡之善配至德"。

（四）解"子曰：易其至矣乎"至"盜之招也"。分成五段。主要側重以佛法的"本心之理"與《周易》的"至易之理"相對釋。此五段解說文字中部的順序較亂，這種情況可能是刊刻時造成的失誤所致。前一段主要是以"易理已行于其中"解說"易其至矣乎"，以"吾自心本具之易理""不可惡"、"不可亂"解說"至賾"與"至動"；後四段主要是以"中孚之德"解說"同人先號咷而後笑"，以"金剛心"解說"二人同心"，以"真實慎獨工夫"解說"君子慎密而不出"，以"第一寂滅之忍"解說"藉用白茅无咎"，以"始終因果"解說"慎斯術也以往"。

　　（五）解“天一地二”至“易有聖人之道四焉者，此之謂也”。分成十二段。主要側重以佛法“隨緣之理”與《周易》“變化之道”相對釋。前一段以“太極无極，祇因无始不覺妄動強名爲一”解說“天地之數”即“河圖之數”，以“一即屬天，對動名靜；靜即是二，二即屬地”解說“天地十數”之由來，以“變化即依正幻相，鬼神即器世間主，及衆生世間主”解說“天地之數”之所以“成變化而行鬼神”；次一段以“大乘”解釋“大衍”，通過疏釋傳文的義理之後指出：“此蓍草之數，及揲蓍之法，乃全事表理，全數表法，示百姓以與知與能之事，正所謂神道設教，化度无疆者矣。謂之大乘，不亦宜乎。若不以惟心識觀融之，屈我羲、文、周、孔四大聖人多矣。”中五段以“大衍不離河圖，河圖不離吾人一念妄動，則時劫萬物，又豈離吾人一念妄動所幻現哉”解說“當期之日”與“當萬物之數”，以“三才各各互具而无差別”解說“十有八變而成卦”，以“一卦一爻皆可斷天下事”解說“天下之能事畢矣”，以“太極本不可得”、“陰可變陽，陽可變陰，一可爲多，多可爲一”解說“顯道神德行”，以“即數而悟道，悟道而神明其德”、“變化之道”“皆現于靈知寂照中”解說“知變化之道者，其知神之所爲乎”；後五段主要是依傳文疏釋其義，並得出一些觀點，如認爲“果能玩辭玩占，則易之至精，遂爲我之至精”、“誠能觀象以通變，觀變以極數，則易之至變，遂爲我之至變”、“誠能于觀象玩辭、觀變玩占之中，而契合其无思无爲之妙，則易之至神，遂爲我之至神”，最後一段指出：“由此觀之，則易之爲書，乃聖人所以極深而研幾者也。”

　　（六）解“子曰：夫易何爲者也”至“存乎德行”。分成四段。主要側重以佛法“无住之理”與《周易》“太極之義”相對釋。前一段認爲"此欲明易書之妙，而先示易理之大也。夫所謂易，果何義哉？蓋是開一切物，成一切務，包盡天下之道者也"，並以"聖人依易理而成易書"的思想疏釋傳文大義；中兩段主要是借助傳文"發明易理、易書，及聖人作易、吾人學易之旨"，側重闡明"借物顯理乃天之道"、"易理无所不在"、"易者无住之理也"、"易即爲一切事理本源，有太極之義焉"、"世間事事物物，皆法象也，皆變通也"等思想，並著重指出："誠能真操實履，信自心本具之易理，思順乎上天所助，則便真能崇尙聖賢之書矣，安得不爲天所祐，而吉无不利哉！"後一段繼續闡明"乾坤二象即可以盡聖人之意"、"六十四卦乃能盡萬物之情僞"、"蓋易即吾人不思議之心體"、"道可成器，器可表道，即謂之變；從道垂器，從器入道，即謂之通"、"德行者，體乾坤之道而修定慧，由定慧而徹見自心之易理者也"等思想。

卷九解《繫辭下傳》、《說卦傳》、《序卦傳》、《雜卦傳》。解《繫辭傳》共有三十三段解說文字，以下分成六個部分概括其內容：

（一）解"八卦成列"至"蓋取諸夬"。分成十一段。主要側重以佛法"无盡之理"與《周易》"生生之易"相對釋。前一段認爲"此直明聖人作易，包天地萬物之理，而爲內聖外王之學也"，並依傳文義闡明"夫吉凶悔吝，皆由一念之動而生"、"此易中示人以聖賢學問，全體皆法天地事理，非有一毫勉強"、"是故生生之謂易，而天地之大德，不過此无盡之生理耳"等思想；後十段主要把第二章傳文細分成小塊，並依文簡單解說其義，沒有作太多的思想發揮，大致是在解說易卦之象與用。

（二）解"是故易者象也"至"小人之道也"。分成兩段。主要依傳文解說其義，側重闡發"所謂易者，不過示人以象"、"欲慎其動，當辨君民之分于身心"、"志壹則動氣"、"氣壹則動志"等道理。

（三）解"易曰：憧憧往來"至"以明失得之報"。分成十一段。主要側重以佛法"法界一心"與《周易》"天下一致"相對釋。前一段側重解傳文"退藏于密"與"感而遂通"，以闡"法界離微之道"，以明"此思即无思、无思而思之妙"；次三段主要是以佛法之"心法"、"定慧"解說傳文，如以"无慧故名辱，无定故身危，喪法身慧命，故死期將至，永无法喜"解說"不見其妻"之由，以"禽喻惑，器喻戒定，人喻智慧"等等；中六段側重闡發"德是法身，知是般若，力是解脫，三者缺一，決不可以自利利他"、"德厚而位自尊"、"知大而謀自遠"、"力大而任可重"、"惟仁可以安身，惟知可以易語，惟力可以定交。仁是斷德，知是智德，力是利他恩德。有此一者，不求益而自益"等思想；最後一段主要是以"由易理而成易書"的觀點依傳文作詳細的解說，著重闡發"由乾坤即通易理"、"易之爲書，能彰往因，能察來果，能以顯事會歸微理，能使幽機闡成明象"等道理。

（四）解"易之興也其于中古乎"至"道不虛行"。分成五段。主要側重以佛法"不思議觀之旨"與《周易》"與民同患之心"相對釋。前兩段主要以佛法之"德"解說傳文所論"九卦"之義，以明"其實六十四卦，无非與民同患，內聖外王之學"；中兩段主要以佛法之"心"解說"九卦"之用，以明"易即不思議境之與觀也"；後一段主要是以佛法之"變"解說"易書"之用，以明"易書雖具陳天地事物之理，而其實切近于日用之間"、"法法不容執著，而唯變所適"、"唯其一界出生十界，十界趣入一界，雖至變而各有其度"等道理。

（五）解"易之爲書也，原始要終以爲質也"至"故吉凶生焉"。分成兩段。主要側重以佛法"修證之道"與《周易》"卦爻之理"相對釋。前一段主要依傳文解說,以"離卻時物,亦无始終"闡明"原始要終"之"質"與"時物",以"亦要存亡吉凶"來申發"操存捨亡,迪吉逆凶之理",並"約修證"來作解說,認爲"知慧宜高遠,行履宜切實穩當,故知內聖外王之學,皆于一卦六爻中備之"。後一段側重解說"三才之道",認爲"三才決非偏枯單獨之理"、"三才各有變動之道"。

(六)解"易之興也其當殷之末世"至"失其守者其辭屈"。分成兩段。主要側重以佛法"心外无法"與"易道廣大"相對釋。前一段認爲此傳文"正明學易之君子,于末世中而成盛德";後一段主要依傳文解說,側重從"理"、"心"的角度闡明其義理,認爲"天地一設其位,易理即已昭著于中,聖人不過即此以成能耳"、"一切吉凶禍福无不出于自心,心外更无別法"、"此易理所以雖至幽深,實不出于百姓日用事物之間"。

解《說卦傳》,分成十一段。此十一段與朱熹《周易本義》所分的十一章不太一致,大體上是前稍異而後全同。主要對傳文所論八卦的基本象徵意義和取象範圍,重新運用佛法加以疏釋和發揮,以說明佛法與八卦之易理是處處相通的。前兩段側重申明"作易之旨"乃借著數卦爻"以和順道德,窮理盡性","聖人作易,將以逆生死流,而順性命之理"、"其妙在逆數"、"易之全理"即具"隨緣不變,不變隨緣"之義;中八段主要是以佛法與八卦相對釋,申明一切"无不隨現前一念之心而出入也"、"皆乾、坤之妙用也,即八卦而非八卦,故曰神也"、"蠢動含靈,皆有佛性"、"卦卦各有太極全德"、"體體各有太極全德,則亦各有八卦全能"、"只此眾物各體之八卦,即是天地男女之八卦,可見小中現大,大中現小,法法平等,法法互具,真華嚴事事无礙法界也"；後一段主要是借"此廣八卦一章"申明佛法與易理的契合，進一步說明"不變之理常自隨緣"和"隨緣之習理元不變"，即說明"鋪天匝地"之易理具有"隨緣不變，不變隨緣"之義，文末指出："此中具有依正、因果、善惡、无記、煩惱、業苦等一切諸法，而文章錯綜變化，使後世儒者无處可討綫索，真大聖人手筆，非子夏所能措一字也。歐陽腐儒乃疑非聖人所作，陋矣！陋矣！"

解《序卦傳》，只有一小段，即指出："《序卦》一傳，亦可作世間流轉門說，亦可作功夫還滅門說，亦可作法界緣起門說，亦可作設化利生門說；在儒則內聖外王之學，在釋則自利利他之訣也。"這部分的解說雖然很短，但是闡明禪易相通的思想無疑更直接、更全面、更深刻。

解《雜卦傳》，分成十九段。第一段是對全傳的旨意進行概括和發揮，認爲此傳"錯雜說之，以盡上文'九翼'中未盡之旨"、"筆端真有化工之妙，非大聖不能有此"；第二段側重以陰陽之"觀示"與"能示"、"觀瞻"與"能瞻"解釋"《臨》《觀》之義"；第三段側重"約時"解說《損》與《益》、《大畜》與《无妄》之關係；第四至十七段，因各段的傳文大多只有一兩句話，故解說文字也都很短，主要是隨傳文義申發佛法大義，如以"欲說法者還須入定，欲達道者先須求志"解"《兌》見而《巽》伏也"、以"速即感而遂通，久即寂然不動，斯爲定慧之道"解"《咸》速也，《恒》久也"、以"智火高照萬法，定水深澄性海"解"《離》上而《坎》下也"等等；第十八段解《需》、《訟》、《大過》、《既濟》、《未濟》等九卦側重疏釋其"言外之旨，象中之意"，闡明"終則有始，窮則思通"之理，如以"定必須慧，故女待男"解"《漸》，女歸待男行也"；第十九段側重闡解"剛決柔"隱含的義理，並由此申發“所以性善性惡俱不可斷，而修善須滿，修惡須盡也”，進而以爲“讀此一章，尤知宣聖實承靈山密囑，先來此處度生者矣”。

卷十解八幅易圖。此部分是圖文並茂，易圖主要根據朱熹《周易本義》卷首前八幅易圖加以改造而成（與《本義》半全同半稍異），文字主要援引《易傳》的相關內容再行解說（是對解《易傳》的深化）。這部分“圖說”的內容，主要進一步闡明禪易相通之處，以論說儒釋之相通，正如智旭於卷末所言：“只貴遙通儒釋心要而已。”以下依次分別歸納其主要內容：

（一）解《河圖》。圖說約有五百字左右，先附錄《繫辭傳》“天一地二”至“成變化而行鬼神也”一節文字作解；再依圖解其“生成之數”、“八卦方位”，以明“先天之數亦含後天八卦之用”；後“約出世法”、“約十度修德”發揮其佛理，以明“蓋世間之數，以一爲始，以十爲終，華嚴以十表无盡，當知始終不出一心一塵一刹那”。

（二）解《洛書》。先依圖解釋其數位與方位搭配之由來，側重揭示圖中“隱其十”的義理旨歸；再以“左右前後縱橫斜直視之，皆得十五之數”明“物物一太極”之理，後“約世法”以“九界皆即佛界”明“數於此終，即於此始”之理。

（三）解《伏羲八卦次序圖》。圖下先附“《繫辭傳》曰：易有太極，是生兩儀，兩儀生四象，四象生八卦”等文字，再行解說：先以“物物一太極”的思想解“太極”與“兩儀”、“四象”、“八卦”之關係，並由此申發“太極本無實法，故能立一切法”之說；後以“順數則是流轉門，逆數則是還滅門”解“易逆數也”，並申發“聖人作易，要人即流轉而悟還滅，超脫生死轉迴”之理。

（四）解《伏羲八卦方位圖》。主要是"約體言"先天八卦方位與表象，側重說明"須彌居西北"、"日月星辰至西北，皆爲須彌腰所掩，故妄計天缺西北也"。

（五）解《伏羲六十四卦次序圖》。文字內容很短，即指出："隨拈一陰一陽，必還具一陰一陽，故六重之而成六十四卦，其實卦卦無非太極全體，故得爲四千九十六卦也。"

（六）解《伏羲六十四卦方位圖》。主要據卦圖之效用，闡明不論物體大小、時間古今、方位南北，都"以此卦圖而分布之"，進而指出："若向此處悟得，便入華嚴事事無礙法界，故李長者[4]借此以明華藏世界。"

（七）解《文王八卦次序圖》。主要以佛法的內容來申發"八卦"各代表的佛教意義，如說"震爲觀穿義，艮爲觀達義"，由此得出"一一皆法界"之說。

（八）解《文王八卦方位圖》。圖下先附《說卦傳》"帝出乎震"一節文字，再行解說。主要是"約用而言"後天八卦之表象與所處方位，如說"地性堅者名之爲金，金旺於秋，故居西方；乾亦屬金，又表須彌是四寶所成，在此地之西北也"。

通過以上對智旭所解"五傳"內容的解讀，我們發現這部分內容不僅處處在以佛解說《易傳》所傳釋的義理，而且以詳備的內容論證了"隨緣不變，不變隨緣之易理"、"易理在天地之先"、"易在太極之先"、"易即真如之性"等思想，以至得出易理可與佛理互通。尤其是通過對易圖的解說，進一步闡發儒釋相通的道理，使其以禪解《易》的思想與方法更加系統而完整。

---

4 李長者，即李通玄，生於唐貞觀九年（635），卒於唐開元十八年（730），世稱長者，又稱棗柏大士，著有《華嚴經論》，是以《易》解釋《華嚴經》的傑出代表，對後世研究易佛關係的學者影響深刻。

而凶。

從這段引文就可以發現，智旭在《周易禪解》中，以禪解易時，並非一味說禪，而是禪易結合，先以“爻位”、“中正”等義例疏通易理，再以“小乘”、“大乘”等禪理比附易理，而且比附時大多在句段前標註“若約佛法者”、“佛法釋者”、“觀心釋者”等名目字樣。此種方法的運用，不僅能夠清楚地闡明和發揮《周易》經傳的義理，而且能把所比附的禪理在比較中透徹地表達出來，從而達到以禪證易的目的。智旭解經傳，力圖弘揚佛法，規勸衆生一心向佛，不墮二邊，以求覺悟，所以常用佛法思想與《周易》思想原則相對釋。綜觀《周易禪解》全書，概以“佛法”爲釋的舉不勝舉，而且以“佛法”解說的方法也是靈活多變。佛法，是佛教修行的思想和方法，即指佛陀的教化，教導衆生，使之感化信佛，修行成佛。佛陀說法，有因人而異的特點。智旭認爲，《周易》主旨正是如此。《周易》每卦均有六爻，爻辭義理每有不同，智旭常借此解釋佛家因人說法的原則。智旭更將十界，配天地之數。《易傳》講“天數五，地數五，五五相得而各有合”。漢代易學家分爲五生數與五成數，二者相結合而生五行。智旭引用十數表十道，並將十道中聖凡配合而成五對。如其解“河圖”云：

> 約出世法者：一是地獄之惡，六是天道之善，爲善惡一對；二是畜生之惑，七是聲聞之解，爲解惑一對；三是餓鬼之罪苦，八是支佛之福，爲罪福一對；四是脩羅之瞋恚，九是菩薩之慈悲，爲瞋慈一對；五是人道之雜，十是佛界之純，爲純雜一對。

六道稱六波羅密，加上二乘、菩薩與佛，又稱十道，或十波羅密，都是講從生死此岸到達涅槃彼岸的修行次第。這同《周易》

之分六爻，《河圖》之有十數，本不相干。然而，將十界劃分爲聖凡五對，卻是符合易學對立統一原則的。又如其解《坤·文言》"積善之家，必有餘慶；積不善之家，必有餘殃"一句時說："十善爲善，十惡爲不善；无漏爲善，有漏爲不善；利他爲善，自利爲不善；中道爲善，二邊爲不善；圓中爲善，但中爲不善。……所以千里之行，始于一步，必宜辯之于早也。"此處不僅以佛理釋善與不善的種種界限，而且要求人們及早分辨之。總之，智旭在解《易》時，常援用佛學思想比附《周易》的義理，從而更有力地宣揚佛法。[5]

（三）以傳解經。用禪理來融通每一卦辭的義理，相對而言較容易做到。但要每一爻辭都用禪理來解說清楚，是很困難的。智旭同樣要面對這一問題。於是，他大膽採用了以傳解經的傳統解釋法來解決這一問題。如其解釋《无妄》卦初九爻辭"无妄，往吉"就只引用該卦的《象》辭加以解說："《象》云'无妄之往，何之矣'，乃指匪正有眚，出于无妄而往于妄也。此云'无妄，往吉'，乃依此真誠无妄而往應一切事也，所以得志而吉。"智旭的大膽並非輕舉妄動，而是源於他對《易傳》的無比信任和獨到理解。事實上，因爲他所持的"禪易相通"思想，就是建立在《易傳》的理論基礎之上的，是從《周易》義理中生發出來的，而不是直接來源於對佛法的推證。所以，以傳解經對智旭來說仍是合理可行的方法，從根本上來說並不妨礙他援禪解《易》，甚至是一種相得益彰的互補方法。

（四）援史證易。爲使以上三種方法完美結合，也使所解之說更有說服力，智旭在不少地方沿用了"援史證易"的方法。這

---

5 本段參見唐明邦《以佛解〈易〉　援儒證佛》一文，載《佛學研究》1995年年刊，第174頁。

種方法往往與前三種方法並用，有時用在"以易解易"之後和"以傳解經"之前，其解釋《乾》卦六爻辭義時都是如此，如其解釋《乾·初九》"潛龍勿用"："龍之爲物也，能大能小，能屈能申，故以喻乾德焉。初未嘗非龍，特以在下，則宜潛而勿用耳。此如大舜耕歷山時，亦如顔子居陋巷乎？其靜爲《復》，其變爲《姤》；《復》則后不省方以自養，《姤》則施命誥四方以養衆，皆潛之義也。"有時是直接作爲解說辭並用在"以禪解易"之前，如其解釋《復》卦六爻辭義時，先僅以初九"此如顔子"、六二"此如曾子"、六三"此如子路"、六四"此如蘧伯玉"、六五"此如周宣、漢文、宋仁"、上六"此如王安石、方孝孺等"解說各爻的義理，然後就直接"約佛法"以釋解。智旭援引儒學史上的聖賢故事來參證《易》理和融通禪理，同其所主張的"儒佛合一"思想顯然是一致的，從某種意義上說也更有利其"禪易相通"思想的表達。

　　（五）融會諸家。即援引衆多的《易》說作解釋。"以禪解易"或"以易解禪"的方法，智旭之前的宋明時期便已盛行，也積累了不少的相關成果。這些前代名家關於禪易相通的理論成果，在某種意義上可視爲智旭禪易思想的重要來源和組成部分。筆者在解讀時發現，智旭在《周易禪解》中往往有選擇地援引前代或當代易家易著的理論觀點來支援自己的說解。《易》著方面，主要有《說統》、《易因》、《九家易》、《易讀》等；易學家方面，主要有京氏（房）、吳澄（幼清、草廬）、楊慈湖（簡）、俞玉吾（琰）、陳旻昭、陳非白、郭氏、季彭己、張慎甫、陸庸成、楊龜山（時）、洪覺山、洪化昭、錢啓新、項氏、潘雪松、馮文所、李衷一等人的觀點。其中，援引最多的是"蘇眉山"的易學觀點，最爲典型的例子是對《謙》卦六組爻辭義理的闡發，都僅借助於"蘇眉山"

的解說。智旭敢於吸納諸家的易學成果，兼采各派的易學觀點，與自己的心得體會融爲一爐，既傳承了前代的易學思想，也爲自己的思想增加了佐證，足見“融會諸家”的解《易》方法尤爲可取。

（六）援儒經解易。智旭在解《易》時，偶爾也援引儒家正統的經典内容加以說解，主要以先秦的五經之文句作解。多次引用《尚書》的詞句，如解《兑》卦辭“亨利貞”曰：“《書》云：无拂民以從己之欲，罔違道以干百姓之譽。”又如解《大壯》初九爻曰：“《洪範》所以有‘高明柔克’之訓，正爲此耳。”再如解《家人》九五爻曰：“假，大也。《書》云“不自滿假”，《詩》云“假以溢我”，又曰“假哉皇考”，皆取“大”義。”引用《詩經》的還有，如解《賁》初九爻曰：“正猶《詩》所謂‘素以爲絢’。”甚至還引用了《論語》，如解《无妄》六二爻曰：“孔子云：隱居以求其志，行義以達其道。又云：耕也，餒在其中矣；學也，祿在其中矣。”智旭如此援引儒家經典闡釋《周易》的義理，無疑能使所闡發的易理更加貼切、真實。

（七）以故事解易。此法與“援史證易”有區别：援史證易所引的史事主要是前代聖賢名人的故事，相當於典故，所以在解說時只須一提其事便明其義，無須作太多的表述；而以故事解易主要講述一些發生在現實生活中的民間趣事、怪事，相當於寓言或小品，所以在解說時仍要象講故事一樣完整敍述其情節經過。我們在解讀《周易禪解》時，發現智旭偶爾也以故事來解《易》。如解《晉》卦九四爻“晉如鼫鼠，貞厲。《象》曰：鼫鼠貞厲，位不當也”，引用了自己所見的故事爲解，闡發“无德居高位”的道理：“蕅益子曰：予昔初入閩中，見有鬻白兔者，人爭以百金買之。未幾，生育甚多，其價漸減至一錢許。好事者殺而烹之，臭不可食，遂无人買。博古者云：此非白兔，乃齁鼠耳！噫！本以賤鼠，謬膺白兔之名，无德居高位者，蓋類此矣。”又如解《歸妹》卦辭之《象》“君子以永終知弊”也講述了一大段故事：

> 昔有賢達，年高无子，誓不取妾，其妻以爲防己之妒也，宛轉勸曰：“君勿忌我，以致无後。”賢達曰：“吾豈不知卿有賢德哉！吾年老矣，設取幼妾，未必得子。吾沒之後，彼當如何？是以誓弗爲耳。”其妻猶未深信，乃密訪一少艾，厚價買之，置酒于房，誘其夫與之同飲，抽身出房，反鎖其門，賢達毅然從窗越出，喻其妻曰：“吾豈以衰頹之身汙彼童女，令彼後半世進退失措也。幸速還彼父母，勿追其價。”于是妻及親友无不歎服。未幾，妻忽受胎，連育三子，後皆顯達。噫！此所謂“永終知弊”，以德動天者乎？聖人于《象傳》中隨順恒情，則以“天地大義”許之；于《大象》中勸修陰德，則以“永終知弊”醒之。知此義者，亦可治國，亦可觀心矣。

從以上引文可以發現智旭所講述的故事大致能與《周易》經文的義理相合，尤其是後一則不僅闡明了易理，也申發了“治國”、“觀心”的道理，無疑能使所解說的文義更加通俗易懂。

平實而論，以上智旭所運用的幾種解《易》方法，每一種方法都是前人使用過的，對我們來說已並不稀奇。但是，我們仍無法否認他確實有著不少創新之處。一言以蔽之，這種創新就體現在：繼承舊法能運用自如，眾法兼用都恰到好處。所有的方式、方法，都是根據臨時的需要靈活運用，都沒有離開“解《易》”這一主題。以此觀之，《周易禪解》確實是一部有模有樣，又別具一格的易學著作，不可以因其有佛學的內容而非之。

二、特點：說《易》禪匠心獨運

在前文的論述中，我們已經對《周易禪解》的文本、結構、體例、內容、方法等作了比較詳細的分析，實際上也可以說是已通過多角度的比較顯示了《周易禪解》的特點。爲了進一步說明該著作的特點，我們認爲還必須解決一個問題：《周易禪解》作爲一部解《易》的著作，與衆不同之處何在呢？對此，以下擬從兩方面側重比較此書與歷代相關著作的不同：

第一，與易學類著作的不同點。（一）解說形式不同。古代的易學著作，大多是以註、解、箋、疏、傳等形式解說《周易》的。相比較而言，註疏類的作品較側重於解釋經傳文句的本義，以忠實譯註原文爲旨歸，如孔穎達《周易正義》、朱熹《周易本義》；而解傳類的作品則較側重於闡發經傳所蘊涵的象數和義理，可以遊離於文句本意之外再行發揮相關的思想，如孔子《易傳》、程頤《伊川易傳》、楊萬里《誠齋易傳》等。《周易禪解》就屬於解傳類的作品，所以其書中很少對原文進行註音和註義，而是以疏釋其義理爲主。但是，《周易禪解》解說的形式與前代解傳類作品並不完全相同，最根本的區別在表達的形式和體例上。前代的解傳類作品，大多沿用儒家傳統的解說方式，拘泥一格，比較單純，也比較呆板；而《周易禪解》的解說形式靈活多變，不拘一格，不僅具有鮮明的“禪解”特色，而且有明顯的“融會”傾向。從我們前文所論述的，可以看到《周易禪解》在表達形式方面是多種多樣的，或“約世道”，或“約佛法”，或“約觀心”，或“約六爻”，或“約佛化”，縱橫交錯，多角度地援引佛學思想解說易理；在解說體例方面也是複雜多變，或以《易》例，或以《易》說，或以禪理，或以儒理，或以事理，隨語生解，多層次地闡發

《周易》的義理思想。而要能使解說的形式達到如此程度，誠非易事，正如智旭在解《繫辭上傳》末段中說："然苟非其人，苟无其德，則隨語生解，亦何以深知易理易書之妙致乎？"在解《繫辭下傳》中又說："然苟非其人，安能讀易即悟易理，全以易理而爲躬行實踐自利利他之妙行哉！"如此說來，智旭獨特的解說方式還與他能參透易理和佛理有著密切的聯繫。筆者認爲，正是智旭既有深厚的儒學根基，又有精湛的佛學素養，才能在解《易》的方式上有所超越、有所創新而顯得與衆不同。（二）解說內容不同。歷代學者研究《周易》，由於從《周易》經傳文句中闡發的思想內容不同，以致形成不同的學派。《周易禪解》從中闡發的內容主要是佛學思想，所以與傳統主要易學流派的著作有著根本的區別：首先，與象數學派、術數學派的《易》作明顯不同。象數學派的著作，側重於運用卦氣、爻辰、納甲、飛伏、互體、卦變、爻變等易學條例解釋《周易》，以作爲占驗之用；術數學派的著作，與象數學派相類似，但更側重於運用《周易》的占筮學說建構新的預測方術，往往把經傳文字棄之不顧。《周易禪解》側重於義理的疏釋和闡發，幾乎不與"占驗之用"沾邊。其次，與儒家、道家義理學派的著作也差距明顯。儒家義理學派的著作，發端於先秦《易傳》，興盛於宋明理學家的各種《易傳》，側重於借助《周易》闡發儒家哲理，主要是闡發"天道、地道、人道之理"、"太極之理"、"陰陽之理"、"動靜之理"、"體用之理"、"性命之理"、"卜筮之理"、"卦爻之理"等所謂的"天理"，爲維護封建倫理道德奠定理論基礎，根本目的是用來"修身治國平天下"；道家義理學派的著作，發端於先秦《老子》，成就於三國王弼《周易註》，歷代以來並不多見，側重於運用道家的思維方式解《易》或借《易》闡發道家的思想，如王弼"掃象闡理"的解

《易》方法和"有生于无"的易學理念，都是得益於道家的思維方式。《周易禪解》雖然也有類比"掃象闡理"的做法，但所闡發的是佛家的思想，而不是道家的思想；雖然也借助《易傳》闡發哲理，但所闡發的是修心成佛之理，而不僅僅是修身治國之道。

再次，與宋明時期心學、禪學義理學派的作品仍有根本的區別。心學義理學派的著作，發端於宋代的陸九淵和楊簡，成就於明代的湛若水和王畿，側重於借易理闡發心學思想，把心作爲本體，主要闡發"心即理"、"心外无理"、"心外无物"、"心之體即是易體"、"人心與天地萬物同體"、"體用一源"、"易爲心易"等思想；禪學義理學派，與心學派非常相近，其解《易》著作側重於以佛教心性學說闡發易佛相通和儒佛合一的思想，主要闡發"三界唯心"、"萬法唯識"、"心爲太極"、"易有性情"、"真儒即真佛"等思想。《周易禪解》也屬於禪學義理學派的著作，但卻與該學派的其他著作有明顯不同，區別在於：智旭所解的《易》是可通禪的《易》，所說的禪又是可解《易》的禪，所闡發的是經過全面解說《周易》而形成的禪易相通思想，而其他著作大多是僅從整體或局部的易佛溝通闡發思想，論說方式和內容都有失片面，如紫柏真可所撰《解易》一文，先從整體上以佛教"无常"之義縱論《易》之"理事"、"性情"、"卦爻"，後再從局部疏釋了《大有》、《噬嗑》、《井》、《咸》、《艮》、《泰》、《漸》諸卦及《繫辭》之義，雖然所論不無道理，但並沒有在《周易》文本中全面溝通易佛；智旭所謂的禪易相通不是僅僅依文演義，而是有著完整的嚴密的理論體系作支撐，即運用儒學、易學、佛學等思想來構建相通理論，而其他著作往往只是以單純的佛學或心學思想理論解說《周易》的某一方面內容，如明末方時化所撰的六種易學著作，主要都是以佛經解《易》，並沒有形成系統的相通思想作爲解《易》的理論支撐。所以說，智旭的《周易禪解》是一部以佛解《易》匠心獨運的著作。以此觀之，似乎不能把《周易禪解》僅僅視爲一部義理學派易學著作，似乎也不能因其有佛學的內容而否定其解說《周易》經傳的合理形式和內容。

第二，與佛學類著作的不同點。（一）著作形式截然不同。翻開卷帙繁複的《大藏經》，我們可以看到收藏其中的佛學類著作，大部分是佛經或以解釋佛經和闡發佛法爲主的著作。佛經的形式，與《周易禪解》截然不同，這是無須比較的。解釋佛經的著作，無疑也與解說儒經的《周易禪解》截然不同。至於那些以闡發佛法爲主的著作，在形式上都是單獨發表個人的見解主張，既不完全以他人的經典著作爲依託，也沒有體現出以解說體例爲主的表達形式，所以與《周易禪解》的著作形式顯然是不同的。對此，我們只要把《周易禪解》與其他智旭生平的著作相比較，就一目了然：如《靈峰宗論》是語錄、文集形式，《閱藏知津》是讀書筆記形式，大部分的“釋經論”著作都是解說佛經形式，只有《四書蕅益解》屬於解說儒經形式。《周易禪解》雖然也是解說儒經形式，但由於《周易》本身的特殊性，所以使其解說與《四書》的解說仍有很大的差別：智旭解《周易》，佛學色彩濃厚，既從佛法、世道、觀心等多角度的表現形式加以解說，又從《易》學、儒學等多層次的解說條例闡發易理，而其解《四書》，儘管運用的指導思想很相近，但表現形式和解說條例都很單調，主要依經文說解，缺少多角度、多層次的融合貫通。（二）思想內容有所不同。可以說，佛學類著作大部分都是單純闡發佛理佛法而已，而且有一個鮮明的特點就是大多囿於本宗本派的思想，如禪宗的著作大旨是些闡發“明心見性”、“頓悟成佛”的語錄或燈錄，很少摻進天台宗、唯識宗、華嚴宗等不同宗派的佛學思想，更少摻雜儒家或道家的正統思想。儘管也有部分佛學類著作雜有其他宗派或教外異說的思想，但都是相當微弱的，要麼明以佛學來詆毀外學，要麼暗以外學來佐證或改裝佛學。不妨略舉幾例與《易》相關的著作加以論述，如一些華嚴學著作，唐代李通玄《華嚴經論》主要以易學象數派的“卦氣說”、“五行休旺說”理解華嚴學，通過舉方隅表法、取象表法、托事表法，取易學陰陽五行八卦諸原理與《華嚴經》義旨相印證，可視爲明以易學溝通佛學；之後的澄觀繼承李通玄的思想著《華嚴經疏鈔》，不但把《易傳》“窮理盡性”、“崇德廣業”諸義理融攝於佛教的“徹果該因”以及菩薩行中，而且還以佛“緣生法”爲準則，宣判《易傳》的“太極生成論”爲邪因。又如石頭希遷《參同契》、雲巖曇晟《寶鏡三昧歌》等一些禪宗類的代表性著作，主要偷偷借助《易經》闡發“五位君臣”、“偏正五位”等禪學思想。而《周易禪解》則與這些摻雜異說的佛學類著作有所不同，主要有兩大區別特徵：首先，智旭所做的是以佛學解說《周易》，而不是以易學解佛經；是公然的以佛學解外教經典，而不是暗中操作的行爲；所援引的佛學思想並不是專主一宗一派，而是遍佈各宗各派的思想，所以在指導思想上就與眾不同。其次，智旭並不是只以佛學解《易》，同時也援引儒學、易學的多種思想觀點加以解說，並使各家各派的思想在《周易》文本所蘊涵的義理之中獲得理論意義上的溝通，因此其著作主要以佛學融通儒學、易學爲旨歸，與其他“得易棄儒”或“非易非儒”的思想有很大的不同。所以說，智旭的《周易禪解》又是一部獨具匠心以佛通《易》的著作。以此觀之，似乎不能把《周易禪解》僅僅視爲一部摻雜異說的佛學類著作，似乎也不能因其有易學、儒學的思想成分而否定其談論佛理佛法的內容形式。

通過以上兩方面的分析比較發現,《周易禪解》具有的特點是明顯而又含糊的,既有易學著作的形式特點,又有佛學著作的內容特點,因此使其應有的特點變得含糊不清,反過來說也是可以的,即固有的特點與眾多著作相比之下更顯鮮明獨特。平實而論,《周易禪解》的特點應該是多元的統一,即其形式和內容的多元化都是統一在"以禪解《易》"的思想和方法之中,只有這樣理解才不會失之片面,也不會因其"融會"的傾向而忽視其固有的特殊性。更重要的是,只有如實認識到該著作的特點,才能如實界定其著作性質。

三、性質：視《易》為特殊著作

《周易禪解》作為一代高僧智旭的著作,成書以後並未得以編入《大藏經》而流通於世,佛門中人也不把此書當作正規的佛學類著作來看待,而是當作旁通類的佛學書籍。清代編修《四庫全書》時也沒有收錄或在《提要》中存目,直至民國時期才正式收進《續修四庫全書》,並當作易學類的著作,所以民國以來的易學史家們才開始把《周易禪解》納入易學研究的視閾,並視其為晚明心學解《易》派的重要代表作之一。之所以如此,是因為該著作的性質問題確實不好定論。我們在前面解讀其書文本內容的時候,就明顯觸及了此書難以明確定性的問題所在,因為其書中內容既有以佛解《易》,又有以《易》解佛,而且往往是交合為用,難分彼此。在前文分析其解《易》的方法和特徵時,我們又發現該書解《易》的方法和特點都是多元的統一,所以很難就此比較分析得出的結論來判定其書的性質,只能以此作為判定其書性質的兩大依據。有鑒於此,以下將進一步綜合前面所得出的結論,並結合智旭的相關說法探討《周易禪解》的著作性質問題。

　　《周易》思想與佛學思想本來就有天然之別，所以無論是援佛解《易》，還是引《易》論佛，都有很大的難度。當然，隨著人們對易學和佛學關係認識的逐漸加深，尤其是在心學解《易》派眾多學者的共同努力下，《周易》與佛學之間的差距在不斷縮小，以致開始出現把兩者合一的嶄新著作。但是，值得我們思考的關鍵問題是，如此以佛解《易》的著作，究竟是《易》學著作？還是佛學著作？不好回答。智旭大師對此問題似乎早有先見之明，並在《周易禪解序》中作了頗富哲理的回答：

> 或問曰：子所解者是《易》耶？余應之曰：然。復有視而問曰：子所解者非《易》耶？余亦應之曰：然。又有視而問曰：子所解者亦《易》亦非《易》耶？余亦應之曰：然。更有視而問曰：子所解者非《易》非非《易》耶？余亦應之曰：然。

　　智旭對四方面的回答都是肯定的，正好說明他是把所解之《易》當作多層次、多元化的統一體來看待，所以才不予否定任何一種可能。平心而論，智旭的回答確實有一定道理。說所解者是《易》，表明《易》本身具有廣泛包容性，《周易禪解》也的確是以《周易》文本作為解說的依據，其中所解者均是《周易》的卦爻象、卦爻辭及《易傳》詞句，原原本本，載之《周易》。說所解者非《易》，表明解《易》的思想，並非《周易》所固有，無非將卦爻象、卦爻辭及《易傳》中的詞句，一律視為空套子，充實以佛學思想內容，借《周易》套佛教而已。說所解者亦《易》亦非《易》，表明所解的《易》是可以與佛學相通的，不僅具有傳統的易理內容，而且包含了大量的佛法佛理，從表達形式到文本內容都是可以兼顧兩邊的，所以既可以說是《易》又可同時說是非《易》，也等於可以說是亦禪亦非禪。說所解者非《易》非非《易》，表明解《易》的思想，並非源於《周易》，但也不是與《周易》毫無關係，因爲全書始終貫穿的是《易》佛相通的思想，而不是單純的《易》與佛學思想之比較，所以既可以說是非傳統儒家之《易》又可同時說是非佛家所非之《易》，也等於可以說是非禪非非禪。智旭的回答雖然既肯定又準確，但造成的答案卻似乎仍是含糊的，至少是很難讓世俗人士徹底理解。於是，智旭緊接著又作了深入淺出的答復：

> 侍者聞而笑曰："若是乎墮在四句中也。"余曰："汝不聞四句皆不可說，有因緣故四句皆可說乎？因緣者，四悉檀也。人謂我釋子也，而亦通儒，能解《易》，則生歡喜焉。故謂是《易》者，吾然之，世界悉檀也。或謂我釋子也，奈何解《易》，以同俗儒？知所解之非《易》，則善心生焉。故謂非《易》者，吾然之，爲人悉檀也。或謂儒釋殊無分也，若知《易》與非《易》，必有差別，雖異而同，雖同而異，則儱侗之病不得作焉。故謂亦《易》亦非《易》者，吾然之，對治悉檀也。或謂儒釋必有實法也，若知非《易》，則儒非定儒；知非非《易》，則釋非定釋。但有名字，而無實性，頓見不思議理焉。故謂非《易》非非《易》者，吾然之，第一義悉檀也。"

從以上引文可以發現，智旭乃是用佛家"四悉檀"觀點來看待《周易》經傳的四大成就，認爲借助《周易》宣揚佛法也要分成四個層次。"四悉檀"乃梵語，即"四種成就"，有教化之義，謂普施佛法，令衆生受感化而有成就。佛教認爲宣揚佛法分四種層次，即四種"悉檀"。隨順衆生所樂，講述淺顯的道理，令人聽了生歡喜之心，稱"世界悉檀"；隨順衆生的機緣，講述各人所應之法，令人聽後能由善根生發善心，稱"爲人悉檀"；針對衆生實際，施以教化而使其惡病遣除，稱“對治悉檀”；見衆生機緣成熟，講述諸法實相等上乘佛理，使人悟見不思議的高深道理，稱“第一義悉檀”。智旭認爲解《易》不僅要同時滿足四個層次的不同需要，而且認爲《周易》從伏羲畫卦到孔子作《易傳》也有四個發展層次。他在《周易禪解·乾》解卦辭之前指出：“伏羲但有畫而無辭，設陰陽之象，隨人作何等解，世界悉檀也；文王《彖辭》，吉多而凶少，舉大綱以生善，爲人悉檀也；周公爻辭，誡多而吉少，盡變態以勸懲，對治悉檀也；孔子《十傳》，會歸內聖外王之學，第一義悉檀也。偏說如此。剋實論之，四聖各具，前三悉檀，開權顯實，則各四悉。”從智旭所持的觀點推論，其所作的《周易禪解》由於所依託的《周易》文本“四悉檀”各具，所以也就具有“四元一體”的性質，並非僅僅是易學著作或佛學著作。爲什麼必須從“四元一體”的角度看待以佛解《易》的著作，而不能將其簡單看作某一學派或某種思想或某類學術的著作呢？在智旭看來，簡單界定以佛解《易》著作之性質，容易造成誤解而妨礙衆生認識真理，於是他在《周易禪解序》中又引用比喻作更通俗易懂的解說：

> 侍者曰：“不然。若所解是《易》，則人將謂《易》可助出世法，成增益謗。若所解非《易》，則人將謂師自說禪，何嘗知《易》，成減損謗。若所解亦《易》亦非《易》，則人將謂儒原非禪，禪亦非儒，成相違謗。若所解非《易》非非《易》，則人將謂儒不成儒，禪不成禪，成戲論謗。烏見其爲四悉檀也？”余曰：“是固然。汝獨不聞人參善補人，而氣喘者服之立斃乎？抑不聞大黃最損人，而中滿者服之立瘥乎？春之生育萬物也，物固有遇春而爛壞者。夏之長養庶品也，草亦有夏枯者。秋之肅殺也，而菊有黃花。冬

之閉藏也，而松柏青青，梅英馥馥。如必擇其有利無害者而後爲之，天地恐亦不能無憾矣。且佛以慈眼視大千，知羣機已熟，然後示生；猶有魔波旬擾亂之，九十五種嫉妒之，提婆達多思中害之。豈惟堯舜稱猶病哉？

以佛解《易》，有利也有害，可能促使成就"四益"，也可能造成"四謗"，因爲讀者的機緣、悟性、知見等畢竟都有層次的差別。對這個負面問題，智旭在解《易》的同時就考慮得非常清楚。如果拋開智旭的解說，我們應該如何正確看待引發負面問題的根本原因呢？這無疑是智旭留給後人思考的主要問題之一。試論之，引發負面問題的根本原因應該是《周易禪解》的性質問題難以直接定論，而讀者往往又只是根據其書的內容或形式，或視爲佛學著作，或視爲易學著作，以致不能全面正確理解其中所闡發的重要思想，而引發各種不良後果。如果僅視爲易學著作，一是讓人以爲《周易》包含出世法，二是被儒家正統思想徹底批判。如果僅視爲佛學著作，一是使佛法佛理變得不純正，二是使易道易理變成外道。如果僅視爲既是又不是易學著作，一是使層次低的人只能明白易理而不明白佛理，二是使層次高的人明白佛理而不明白易理。如果僅視爲既不是又不是真的不是易學著作，一是使層次低的人既誤解易理又誤解佛理，二是使層次高的人悟解不透佛易相通的高深道理。所以，只有全面界定《周易禪解》的性質，才能真正滿足不同層次讀者的需要，令其在閱讀之後都有不同程度的收益。換句話說，從四個方面同時界定其著作性質，可以讓學《易》者受益，也可以讓學佛者受益，還可以讓《易》佛雙修者受益，更可以讓有志於融通《易》佛者受益；如果簡單片面地看待其性質，所有的負面問題都有可能引發。因此，只有如實判定《周易禪解》的性質，才能真正讀懂這部特殊的著作，也才能充分肯定其在中國學術文化史上的地位和作用。

　　綜合本章前面幾節的分析結論，筆者認爲智旭在序文中以"不墮四句"解釋其所解之《易》的說法，確實符合實際，發人深省，又引人深思。符合實際，乃在於《周易禪解》的文本、結構、體例、內容乃至解《易》的方法、特點確實具有不可傳說、只可意會的特殊性，以至難以簡單界定其著作性質。發人深省，乃在於智旭的先見之明和辯證之說，使我們能夠更深刻地認識到該書的特殊性，以致不會片面地看待其書的性質和價值。引人深思，乃在於智旭的解答只是一種模糊的準確，仍有不少重要的問題值得我們繼續思考。所以，針對智旭解《易》著作所體現出來的特殊性，我們似乎還必須開闢新的學術領域，創造新的語言形式，才能如實、準確地界定其著作的性質，真正發掘其中所涵蓋的思想內容和價值。但是，在還沒有更準確的語言可以表達之前，也許以"亦易亦非易亦非非易"來說明《周易禪解》的性質問題，會更切合實際。話說回來，如果也把《周易禪解》與《周易》一樣視爲特殊的著作，而不作任何統一的定性，也許更有利於該書的流傳和研究。關於本文所討論的性質問題，後文將通過梳理該書的思想體系，進一步提供更有力的依據。

第四章 《周易禪解》的思想來源與蘊涵

　　《周易禪解》蘊涵的思想是豐富的、多元的、複雜的，蘊涵著晚明以前各種傳統的重要學術思想。智旭通解《周易》經傳，大多引用佛學諸宗禪理與儒學諸家易說交互參解經傳之文，因此其著作中既有佛學和儒學各宗派的思想，也有歷代易學家的義理思想，共同組合成一個相對完整的國學思想體系[1]。倘若一概而論的話，其以立足佛教來融會儒佛的主張可謂是貫穿全書的根本思想。當然，若只從全書以解《易》的形式作爲立論依據來看，其富有獨特的易學思想應該說是不容置疑的。從目前學界的研究成果來看，對《周易禪解》的研究主要側重分析和概括其中獨特的易學思想，而對其中的佛學思想和儒學思想尚未作系統、深入的研究，尤其對其中"融會"的特點未能給予總結和歸納。爲了能全面挖掘《周易禪解》中蘊涵的各種主要思想，並探明其主要來源，本章擬從三個方面加以分析和論述。

第一節　融會佛學諸宗思想

---

[1] 按：《周易禪解》中也有少量的道家思想，如解《雜卦傳》云："爛則必反，書則必誅。禍兮福所乘，福兮禍所乘。"很顯然是老子《道德經》"禍福相依"思想的翻版。由於類似的內容相當的少，所以本書不再專題探討。

　　由於智旭名其書曰"周易禪解"，所以人們總是認爲其中解《易》的觀點主要是禪宗的思想主張。實際上並非如此。智旭作爲一個不自標宗門的高僧，對佛學各派的教義、教理都耳熟能詳，尤其在他撰寫該書之前已經悟出了諸宗應該和會的道理，所以他在《周易禪解》一書中，既廣泛吸取早期印度禪學和中國禪學的各種思想，又盡量援引隋唐以來各宗派佛教的禪學思想來發揮易理，主要有天台、華嚴、禪宗、淨土、律宗、唯識等各派的思想觀點。以下力求從《周易禪解》中解讀出這些思想的構成，並簡要分析其融會的特點。

一、兼收並蓄早期禪學思想

　　正如智旭詩中所吟"但從龍樹通消息，不向黃梅覓破衣"[2]一樣，其所持的禪學思想不少來源於對早期佛教經典著作的理解，尤其是大乘佛教經典的思想。智旭不僅對這些早期禪學思想兼收並蓄，而且以禪易合解的特殊方式對這些思想作了精闢的闡釋和發揮。爲了說明問題，以下擬在簡單回顧早期禪學思想歷程的基礎上，分析和比較《周易禪解》兼收並蓄早期禪學思想的情況。

　　先來回顧早期印度佛教禪學和般若學以及涅槃學的主要思想。[3]佛教的主旨是教化衆生、超越生死輪迴，求得解脫，成就佛果。與這種價值追求相應，佛教採用的是以獨特的修持方式實現其成佛的理想境界。但是，由於各宗派對禪觀修持的方式有不同的理解，以致出現了各種不同的成佛思想。最早是原始佛教和部派佛教的思想，主要是"無我說"、"業報輪迴說"、"四諦"、

2　《靈峰宗論》卷九之二《北天目靈峰寺二十景頌·大雄峰頌》。
3　本段對印度佛教禪學思想的理解和歸納，參見洪修平《中國佛教文化歷程》書中第一章，江蘇教育出版社，1995 年 12 月版，第 1-36 頁。

"五蘊"、"八正道"、"十二因緣"等，重視"苦"的感悟和
"心"的解脫。緊接著是小乘佛教和大乘佛教的思想。在修持的
內容與方法上，小乘佛教是主張修"三學"（戒、定、慧）、八正
道（正見、正思、正語、正業、正命、正精進、正念、正定），偏
重於個人的解脫，以證得阿羅漢果爲最高目標。而大乘佛教則致
力於普渡衆生，以修持成佛、建立佛國淨土爲最終目的，提倡兼
修"六度"（布施、持戒、忍辱、精進、禪定、智慧）和"四攝"
（布施攝、愛語攝、利行攝、同事攝），以龍樹、提婆爲代表的中
觀學派，主要闡發般若類經典的思想，並在般若空觀的基礎上突
出地闡揚"中道實相"的思想，即提出了"三是偈"[4]、"八不緣
起說"[5]、"實相涅槃"[6]等說法，在理論上把性空與方便統一起
來，在認識和方法上把名言與實相、俗諦與真諦統一起來，在宗
教實踐上把世間與出世間、煩惱與涅槃統一起來，始終堅持"假
有性空"、不著有無的"中道"立場。龍樹、提婆以後，繼續出
現一大批大乘經典理論，如《大般涅槃經》主要內容是說佛身常
在和一切衆生皆有佛性、皆可成佛以及佛性即法性等，又如《如
來藏經》、《大法鼓經》等提出了等同於佛性的"如來藏"概念，
再如《勝鬘經》、《不增不減經》等又進一步把"如來藏"與真如
法性或自性清淨心聯繫起來。

再來回顧我國早期禪學的主要思想特色[7]。佛教自漢代傳入我

---

4 即《中論·觀四諦品》所云："衆因緣生法，我說即是空，亦爲是假名，亦是
 中道義。"
5 即《中論·觀因緣品》所云："不生亦不滅，不常亦不斷，不一亦不異，不來
 亦不出。能說是因緣，善滅諸戲論。我稽首禮佛，諸說中第一。"
6 即《中論·觀涅槃品》所云："分別推求諸法，有亦無，無亦無，有無亦無，
 非有非無亦無，是名諸法實相，亦名如來法性實際涅槃。"
7 本段對中國禪學思想的理解和歸納，參見方立天《中國佛教直覺思維的歷史
 演變》一文，載《哲學研究》2002 年第 1 期和第 2 期。

國，在整個六朝時期主要是傳譯印度的小乘佛學和大乘佛學，並在中國化進程中得到進一步發展。漢魏西晉時代，中國佛教學者主要是奉行小乘佛學的禪法和大乘佛學的般若空觀。到了東晉時代，先是道安把禪法融會貫穿於般若空觀之內，即以止觀二行統攝千行萬定，又以般若統攝止觀二行；後經鳩摩羅什、慧遠、竺道生、僧肇等人的不斷整合，把源於小乘佛教系統的禪學和大乘佛教的般若思想結合起來，並形成了大小乘融合爲一的禪法。在慧遠看來，禪與智是互不相離、相濟相成的，禪定缺乏智慧就不能清淨寂滅，智慧沒有禪定就不能深入觀照，所以他在《廬山出修行方便禪經統序》中說：“夫三業之興，以禪智爲宗。”[8]鳩摩羅什不僅融合了大小禪法，而且融合了禪法與般若中觀，如其在《禪法要解》上卷中指出：“定有二種：一者觀諸法實相，二者觀法利用。”[9]鳩摩羅什的弟子竺道生進而把般若學與涅槃學結合起來，闡揚直覺智慧，提出了頓悟佛性的學說。竺道生的頓悟佛性學說建立在兩個理論支點上，一是理不可分說，二是佛性本有說。他認爲，因理不可分，故說頓；因佛性在我，故說悟，兩者結合而立頓悟說。或者說，真如本體，在宇宙曰理，在眾生曰佛性。契合真如本體，要求頓悟；惟有頓悟，才能契合本體。竺道生的頓悟佛性說，有兩個顯著的特點：一是頓悟成佛不能有階差，因爲理既不可分，悟也不能二，正如他在《大般涅槃經集解》第一卷中所說：“夫真理自然，悟亦冥符。真則無差，悟豈容易？不易之體，爲湛然常照，但從迷乖之，事未在我耳。”[10]二是眾生皆能成佛，連一闡提也有佛性。鳩摩羅什的另一弟子僧肇提出

8　載《出三藏記集》第九卷，中華書局，1995 年 11 月版，第 343 頁。

9　載《大正藏》第十五卷，第 290 頁中。

10 載《大正藏》第三十七卷，第 377 頁中。

了般若無知的命題，既以真諦的無相論證般若的無知，還從體用一如的角度加以論述，認爲般若空觀是觀照宇宙萬物的本質，能真正認識宇宙萬物的現象，如他在《肇論·般若無知論》中說："聖人以無知之般若，照彼無相之真諦"、"然智非無知，但真諦非所知，故真智亦非知"、"夫有所知則有所不知，以聖心無知，故無所不知。不知之知，乃曰一切知"、"內有獨鑒之明，外有萬法之實。萬法雖實，然非照不得。內外相與以成其照功，此則聖所不能同，用也；內雖照而無知，外雖實而無相，內外寂然，相與俱無，此則聖所不能異，寂也。"[11]此外，南北朝時代北方的楞伽師一系又把唯識、如來藏、般若和禪法融合起來，如菩提達摩提出"安心壁觀"的禪觀方法，慧可提出"忘言、忘念、無得正觀"[12]的方法，僧璨在傳爲其所著的《信心銘》一文中，提倡"萬法齊觀"的方法，認爲"萬法一如"，宇宙萬法與"真如法界"爲"一即一切，一切即一"的關係[13]。至此，早期禪學的禪觀方式已相當完備和成熟。

　　智旭解《易》不僅援用早期禪學的名相概念，而且也借用易學思想對早期禪學的核心理論進一步加以發揮。對於印度原始佛教和部派佛教的教義思想，智旭盡量把它融進解《易》的思想和方法中，如解《乾·上九》云："統論六爻表法，通乎世、出世間"、"若約六道，則如次可配六爻。"又如解《乾》卦辭云："健于上品十善、兼修禪定者，必生色、無色界；健于上品十善、兼修四諦、十二因緣觀者，必獲二乘果證；健于上上品十善、能自利

11　此四句引文分別載《大正藏》第四十五卷，第 153 頁下、154 頁上、153 頁上、154 頁下。

12　《續高僧傳》第二十五卷《法沖傳》，載《大正藏》第五十卷，第 666 頁中。

13　《信心銘》載《大正藏》第四十八卷，以上三處引文分別見第 367 頁下、376 頁下、377 頁上。

利他者，即名菩薩。"再如解《家人·六四》云："即原因善心發，富有萬德，名爲解脫。"解《謙》卦辭之《象》"稱物平施"云："稱物機宜，而平等施以佛樂，不令一人獨得滅度。"解《大有》卦辭之《象》云："修惡須斷盡，修善須滿足，方是隨順法性第一義，'天'之'休命'也。"從以上幾例引文可以說明，智旭也很注重以佛教的基本教義融通《周易》。從總體上看，智旭比較傾向於大乘佛學，而對小乘佛學多有貶抑。智旭多次借解卦爻，表達他所堅持的"中道"思想，並批駁小乘偏真偏空的禪學思想，如解《乾》卦辭云："三惡爲邪，三善爲正；六道有漏爲邪，二乘無漏爲正；二乘偏真爲邪，菩薩度人爲正；權乘二諦爲邪，佛界中道爲正；分別中邊不同爲邪，一切無非中道爲正，此利貞之誠，所以當爲健行者設也。"又如解《大有·上九》云："九四乘通教法，但是大乘初門，故'匪其彭'。雖與二乘同觀无生，而不與二乘同證，故'明辯晰'。"再如解《姤·上九》云："居'姤'之終，不與柔遇，名'姤其角'。此如二乘偏真空慧，但免'无魚'之'凶'，不无焦芽敗種之'吝'也。"但是，智旭也並非完全摒棄小乘的禪法，仍是有所吸取的，如解《屯·九五》"小貞吉，大貞凶"句云："在小乘，則速出生死而'吉'；在大乘，則違遠菩提而'凶'。"

而從局部上看，智旭所持的大乘佛學思想並不單純，有著非常明顯的融合傾向。換句話說，智旭比較贊成"兼容"之後的大乘禪學。首先，發揚龍樹等人"中道實相"的禪學思想。如解《坤·六五》"黃裳元吉"句云："非世間、非出世禪，禪即中道實相，故'黃'。"又如解《隨》卦辭云："既得法喜，便能隨順諸法實相，皆'元、亨'之道也。"從以上兩處所解卦爻辭的意義來看，可以發現智旭對"中道實相"、"諸法實相"等思想是何等的重視和讚美！其次，深刻理解印度大乘禪學所提出的各種“涅槃佛性”思想。一方面，盡量根據《周易》卦爻辭的義理理解佛性的“迷藏”、“本有”、“都有”、“不增減”、“不沮壞”等特點，如解《乾·象》云：“以乾表雄猛不可沮壞之佛性，以元亨利貞表佛性。”如解《乾·文言》“陽氣潛藏”句云：“佛性隱在眾生身中，故‘潛藏’。”解“時乘六龍以御天”句又云：“佛性常住之理名爲乾元。”解《坤·文言》“君子敬以直內”句云：“正念真如，是定之內體；具一切義，而无減缺，是定之外相。既具內體、外相，則必大用現前‘而德不孤’，所以于禪開祕密藏，了了見于佛性而无疑也。”解《晉·象》云：“无明實性即佛性。”解《同人·上九》云：“蓋是直緣中道佛性，以爲迥出二諦之外，所以‘先號咷而後笑’也。”解《豫》卦辭之《象》云：“‘殷薦上帝’，即名本源自性爲上帝。‘祖考’，謂過去諸佛也。”解《隨》卦辭之《象》云：“既合本源自性，上同往古諸佛，則必冥乎三德祕藏，而入大涅槃也。”從以上多例引文來看，智旭對佛性的理解與竺道生的觀點基本上是一致的，但是智旭似乎不贊成竺道生的“頓悟”說，而是傾向於“漸悟”說，因爲他認爲修行必須是循序漸進的，猶如《周易》既要從《屯》卦漸進到《未濟》卦，又要從初爻上升到上爻一樣，要歷經艱辛的過程方能達到目的，並非是一蹴而就的事。另一方面，盡量根據實際需要把“如來藏性”引入解說過程中，並給予高度重視和精心理解，如解《坤·象》云：“以坤表多所含蓄，而无積聚之如來藏性……所以安貞之吉，定慧均平，乃可應如來藏性之无疆也。”解《井·象》云：“水輪含地，故鑿地者无不得水，喻如來藏性具一切陰界入等，故觀陰界入者无不得悟藏性，但貴以妙止觀力深入而顯發之。”解《需》卦辭“利涉大川”句云：“始雖云需，究竟能度生死大川，登于大般涅槃彼岸矣。”在解《需·象》時，又進一步加以說明：“坎中一陽，本即乾體，喻煩惱險道之性本如來藏，以此不生不滅之性爲本修因，則從始至終，无非稱性天行之位，從正因性，中中流入薩婆若海，故‘利涉大川’。”智旭對印度大乘禪學思想的融通可通過其解《復·象》的文字得到較爲集中的體現：

> 佛性名爲天地之心，雖闡提終不能斷，但被惡所覆而不能自見耳。苦海无邊，回頭是岸，一念菩提心，能動无邊生死大海。“復”之所以得“亨”者，以剛德稱性而發，遂有逆反生死之勢故也。此菩提心一動，則是順修，依此行去，則“出入”皆“无疾”，“朋來”皆“无咎”矣。然必“反復其道，七日來復”者，體“天行”之“健”而爲“自強不息”之功，當如是也。充此一念菩提之心，則便“利有攸往”。以剛雖至微，而增長之勢已自不可禦也，故從此可見吾本具之佛性矣。又“出”謂從空出假，“入”謂從假入空，既順中道法性，則不住生死，不住涅槃，而能遊戲于生死涅槃，故“无疾”也。“朋”謂九界性相，開九界之性相，咸成佛界性相，故“无咎”也。

再次，贊成慧遠等人的“禪智”思想。如解《姤·初六》指出：“无君子莫治野人，无野人莫養君子，此世法之必應互相繫屬者也。无性不能起修，无修不能顯性，非智不禪，非禪不智，此佛法之必應互相繫屬者也。”此處主要是把“禪智”和“性修”並爲一談，並以義理側重闡明兩者“必應互相繫屬”的道理。又如解《睽·象》云：“寂照一體，名‘天地睽而其事同’。”此處可以說是巧妙借用《周易》處“睽”之道來申發僧肇提出的“寂照一如”的思想觀點。智旭對中國早期禪學思想的融通，可以從其解《坤·彖》的一段解說文字中得到充分的體現：

> 約智名乾，約理名坤。約照名乾，約寂名坤。又可約性名乾，約修名坤。又可修中慧行名乾，行行名坤。乾、坤實无先後，以喻理智一如，寂照不二，性修交徹，福慧互嚴。今于无先後中說先後者，由智故顯理，由照故顯寂，由性故起修，由慧故導福，而理與智冥，寂與照一，修與性合，福與慧融，故曰"至哉坤元，萬物資生，乃順承天"也。稱理之行，自利利他，一行一切行，故"德合于无疆"之智，而"含弘光大"也。牝馬行地，雖順而健，三昧隨智慧行，所以爲佛之三昧也。夫五度如盲，般若如導，若以福行爲先，則佛知見未開，未免落于旁蹊曲徑而失道。惟以智導行，行順于智，則智常而行亦常，故"西南得朋"，不過與類俱行而已。惟"東北喪朋"，則于一一行中具見佛性，而行行无非法界。當體絕待，"終有慶"矣。所以"安貞之吉"，定慧均平，乃可應如來藏性之"无疆"也。

禪學思想是一脈相承、源遠流長的，後期的禪學思想儘管千變萬化，同樣也在沿用早期禪學的思想概念。我們在解讀過程中發現，智旭所援用的禪學思想不僅貫通古今，而且融會各主要宗派的思想，大多很難嚴格區分其所援用的佛法、佛理究竟是古是今，是何宗何派，所以在論述過程中只能依據其所涉及的名相概念來判斷其蘊涵思想的來源。通過本小節的大量引文，我們不難發現智旭用來解《易》的佛學思想，確實是比較複雜多變的。當然，我們仍然可以清楚地看到，智旭用來解《易》的早期佛教禪學思想，主要就是融會貫通大乘中觀學派的各種理論思想。

二、融會貫通天台教觀思想

　　智旭曾說："予二十三歲，即苦志參禪，今輒自稱私淑天台者，深痛我禪門之病，非台宗不能救耳！"[14]筆者在解讀《周易禪解》過程中發現，智旭所用來解《易》的禪學思想主要以天台宗的教觀思想爲主，並力求通過天台的思想對治當時的"禪門之病"。天台宗是中國第一個大乘佛教宗派，是佛教完成其中國化並走向成熟的最早標誌。按照該宗的傳法世系，該宗以印度龍樹爲初祖，北齊慧文爲二祖，南嶽慧思爲三祖，而智顗爲四祖。天台宗的基本精神乃是圓融的，就其宏觀的基本結構而言，大體可別爲"五時八教"的判教論、"一念三千"的實相論、"圓融三諦"的真理論、定慧雙開的修行實踐論以及性具善惡的宗教倫理思想。智旭在《周易禪解》中，不僅充分肯定天台宗圓教的思想，而且大量運用這些思想解說《周易》。以下分幾個方面說明智旭融會貫通天台教觀思想的主要情況。

　　第一，智旭解《易》通篇貫穿天台宗思想。《周易禪解》中有許多援用"佛法"的解說文字，從其所論說的"佛法"內容來看，主要是天台宗的思想，而不是禪宗的思想。對此，以下從三方面加以說明：（一）《周易禪解》中遍佈天台宗的名相概念。如"圓教"、"圓頓"、"藏教"、"通教"、"別教"、"五時八教"、"四十二品无明"、"一心三觀"、"六即"、"止觀"、"一念无明法性心"、"十界互具"、"即塞成通"、"圓頓止觀"、"百界千如"、"陰界入境"、"性具善惡"、"三諦圓融"、"心觀"、"觀心"、"三无差別"、"開權顯實"、"開

佛知見”、“自利利他”等等。這些名相概念散見於各卦爻的解
說文字中，俯拾即是，足以說明其解《易》以天台思想爲主。（二）
智旭以天台的思想來概括《周易》經傳的佛法主旨。如解下經《咸》
卦之前，分析和概括了《周易》上下經“二篇之大旨”，既認爲
上經是“約性德之始終”，下經是“約修德之始終”，又指出上
經是“自行因果具足”，下經是“化他能所具足”。又如解《乾·
彖》時指出：“統論一傳宗旨，乃孔子借釋彖爻之辭，而深明性
修不二之學。”解《乾·象》時指出：“六十四卦《大象傳》皆是
約觀心釋。”再如智旭在《周易禪解序》中以“四悉檀”的觀點
談論其所解之“易”，也明顯具有天台圓教的思想。（三）智旭援
用大量的天台思想融通《周易》卦爻的義理。這種情況，在書中
比比皆是，此處只能先引用比較明顯的例子加以說明。如解《坎》
卦辭之《象》時明確指出：“習坎之象，乃萬古聖賢心法，奚險
之可畏哉！此正合台宗善識通塞，即塞成通之法，亦是巧用性惡
法門。”智旭以天台宗的“通塞之法”對治“禪病”之思想來解
《易》的例子不少，不妨再舉幾例以說明之：如解《乾·上九》
云：“又約通塞而言之者：初是淺慧，故不可用。上是慧過于定，
故不可用。中之四爻皆是妙慧，二如開佛知見，三如示佛知見，
四如悟佛知見，五如入佛知見也。”如解《師》卦，解其卦辭指
出“然須深知藥病因緣，應病與藥，猶如老將，善知方略，善知
通塞，方可吉而无咎。不然，法不逗機，藥不治病，未有不反爲
害者也”，解其卦辭之《象》又指出“此是善識通塞，如撫之則
即民即兵，失之則爲賊爲寇”，解其上六爻辭說得更詳細：“正
當用對治時，或順治，或逆治，于通起塞，即塞成通，事非一概。
今對治功畢，入第一義悉檀，將欲開國承家，設大小兩乘教法以
化眾生。止用善法，不用惡法，儻不簡邪存正，簡愛見而示三印

一印，則佛法與外道幾无辨矣。”大量引用天台思想的例子，還可通過後文的論述予以說明。

　　第二，智旭以天台教觀並重的思想全面貫通《周易》義理。智旭解《易》所作的禪學解釋主要有兩種：一是約佛法，二是約觀心。從其“約佛法”的內容來看，主要是援用天台的判教說和“一念三千”的實相論以及性具善惡的佛性論。這方面的例子前後文引用的例子都可參看，這裏主要舉兩個典型的事例加以體現。如解《大畜》卦辭之《象》“君子以多識前言往行，以畜其德”指出：“一山之中具有天之全體，一念心中具攝十世古今。攬五時八教之‘前言’，該六度萬德之‘往行’，以成我自心之德，以此自畜，即以此畜天下矣。”又如解《雜卦傳》“剛決柔也”一句指出：“所以性善性惡俱不可斷，而修善須滿，修惡須盡也。”從其“約觀心”的內容來看，主要是援用天台的止觀學說和“一心三觀”的觀心論。心觀和觀心，都是天台宗重要的禪觀修持方式。心觀，也稱一心三觀、圓融三觀，即以同一心靈修持觀空、觀假、觀中。對此，智旭也借易理加以闡釋，如解《需》卦上六爻辭：“不惟入佛境界，亦可入魔境界，還來三界，廣度眾生。觀三界、依正因果諸法，无不現現成成，即是一心三觀，故常爲三界不請之友，而三界眾生，有‘敬之’者，必‘終吉’也。”又如解《復》卦辭云：“若依第三觀，則從假入空名‘剝’，從空入假名‘復’。若一心三觀，則以修脗性名‘剝’，稱性垂化名‘復’。”觀心，是以心爲觀照對象，通過觀照己心以明心見性。天台宗人所謂觀心就是觀“一念无明法性心”，就是把无明心（妄心）和法性心（真心）融會統一起來進行觀照，以不可思議之心達到不可思議之境。智旭解《易》也援用天台觀心的思想，並側重於闡發山家派“妄心觀”的觀心思想，並堅決主張“止觀不二"的思想。如解《睽·彖》云："止觀雙行，名'男女睽而其志通'。"又如解《需》卦辭之《象》"君子以飲食宴樂"句云："全性起修，全修在性，不藉劬勞肯綮修證，故名宴樂。此是善巧安心止觀，止觀不二，如飲食調適。"又如解《臨》卦辭時，指出："世法、佛法、觀心之法，始終須'利'于'貞'，若乘勢而不知返，直至'八月'則盛極必衰，決有'凶'矣。"再如解《說卦傳》"萬物出乎震"一段云："約觀心者：一念發心爲帝，一切諸心心所隨之，乃至三千性相，百界千如，无不隨現前一念之心而出入也。"最典型的例子，如解《屯》卦辭"元亨利貞，勿用有攸往，利建侯"云：

> 蓋《乾》、《坤》二卦，表妙明、明妙之性覺，性覺必明，妄爲明覺，所謂真如不守自性，無明初動。動則必至因明立所而生妄能。成異立同，紛然難起，故名爲"屯"。然不因妄動，何有修德，故曰：无明動而種智生，妄想興而涅槃現。此所以"元亨"而"利貞"也。但一念初生，既爲流轉根本，故"勿用"有所往。有所往，則是順无明而背法性矣。惟利即于此處用智慧深觀察之，名爲"建侯"。若以智慧觀察，則知念无生相，而當下得太平矣。觀心妙訣，孰過于此。

智旭還借助易理把"觀心"和"看經"聯繫起來說解，如解《師》卦六五爻辭云：

> "田"中"有禽"，妨害良禾，喻心有煩惱，妨害道芽也。"利執言"者，宜看經教以照了之也。然看經之法，依義不依語，依了義不依不了義，依智不依識。若能深求經中義理，隨文入觀，則如"長子帥師"；若但著文字，不依實義，則如"弟子輿尸"，雖"貞"亦"凶"。此如今時

教家。

此外，智旭還援用了“定慧雙開”的思想融通易理，並處處用“定慧等持”、“定慧相濟”的思想，比附《周易》“陰陽和合”、“剛柔相濟”等義理。這方面的思想與其他宗派的思想較爲接近，所以此處暫不贅述。必須著重指出，在《周易禪解》中以佛法和觀心解《易》，不但一以貫之，而且是分開說法的，共同構成全書解說的兩條線索。結合以上對其說法內容的簡要分析，可以充分說明智旭所貫徹的解《易》思想乃是天台教觀並重的思想。

第三，智旭充分發揮天台圓教的禪學思想。教總是已證悟者（佛）向未覺悟者（衆生）的開導。由於衆生根性不同，生熟不一，故佛陀要通過善巧方便說法，以達到接引的目的。直到衆生根性成熟，機緣已具，佛陀才開講圓頓之教，此即所謂的開權顯實。基於佛陀說法之順序，天台智者大師將一代時教判爲藏、通、別、圓四教，並自命天台宗爲圓教。智者大師的圓教概念自確立之時起，便成爲歷代天台宗人堅持高舉的一面旗幟，並在不同的時代被賦予不同的涵義。筆者在解讀《周易禪解》時發現，智旭不僅明確以圓教的思想作爲其解《易》的指導思想，而且經常借用易理深入理解和充分肯定圓教概念。主要表現在幾個方面：（一）充分肯定圓教的思想。這方面的事例不少，如解《訟》卦六三爻《象》云：“佛法釋者：難非大乘法門，若開權顯實，則彼所行亦即是菩薩道，故必從上乘圓頓之解方吉。”又如解《師·象》指出：“以此圓頓妙藥，如毒鼓（鼓）毒乳，毒于天下，而九界之民皆悉從之，吉，又何咎矣。”再如解《觀·象》指出：“以神道設教，即爲稱性圓教，故十界同歸服也。”（二）特別約“六即”解說“六爻”，並據爻位論四教。“六即”（理即、名字即、觀行即、相似即、分真即、究竟即）的提出是天台宗爲平衡"性具"的橫義，而從縱向角度對修行所作的說明。智旭在《周易禪解》中對"六即"行位思想，在與易理的融通中得到充分的發揮。如其解釋《乾》卦六爻說："佛法釋乾六爻者：龍乃神通變化之物，喻佛性也。理即位中，佛性爲煩惱所覆，故'勿用'。名字位中，宜參見師友，故'利見大人'。觀行位中，宜精進不息，故'日乾夕惕'。相似位中，不著似道法愛，故'或躍在淵'。分證位中，八相成道，利益羣品，故'爲人所利見'。究竟位中，不入涅槃，同流九界，故云'有悔'。"此是依天台宗所立圓教菩薩之行位有"六即"，解釋《乾》卦六爻之位及其爻辭的。按智旭的說法，《易經》的龍象可喻佛性，六爻行位可通天台圓教的"六即"，六爻皆是佛的境地，《乾》卦六爻之義也可視爲成佛的六個層次。通觀《周易禪解》，筆者發現智旭多處援用"六即"的思想解說六爻的義理。如其解《觀·上九》時，就是按照圓教說法因人而異的原則統論此卦六爻：

> 約佛法釋六爻者：初是外道，爲"童觀"，有邪慧故。二是凡夫，爲"闚觀"，耽味禪故。三是藏教之機，進爲事度，退爲二乘。四是通教大乘初門，可以接入別圓，故"利用賓于王"。五是圓教之機，故"觀我即是觀民"，所謂心、佛、眾生三无差別。上是別教之機，以中道出二諦外，真如高居果頭，不達平等法性，故"志未平"。又約觀心釋六爻者：初是理即，如童无所知。二是名字即，如女无實慧。三是觀行即，但觀自心。四是相似即，鄰于真位。五是分證即，自利利他。六是究竟即，不取涅槃，徧觀法界眾生，示現病行，及嬰兒行。

再如其解《比》卦初六爻辭"有孚比之，无咎。有孚盈缶，終來有他吉"時，說：

> 柔順之民，率先歸附，"有孚"而"无咎"矣。下賤之位，
> 雖如缶器，而居陽位，有君子之德焉。故爲"有孚盈缶"，
> 將來必得徵庸，有"他吉"也。約佛法者：初六如人道，
> 六二如欲天，六三如魔天，六四如禪天，九五如佛爲法王，
> 上六如无想及非非想天。今人道易趣菩提，故"有他吉"。
> 約觀心者：初六如藏教法門，六二如通教法門，六三如愛
> 見法門，六四如別教法門，九五如圓教真正法門，上六如
> 撥无因果邪空法門。今藏教正因緣境，開之即是妙諦，故
> "有他吉"。

從以上兩段引文可以發現蘊涵其中的禪學思想特色：一是把
"六即"行位完全與六爻爻位相等同，並借六爻的易理闡發佛
法；二是借六爻的爻位論藏、通、別、圓四教，並把"圓教之機"、
"圓教真正法門"都放在"九五"尊位上，充分說明其禪學思想
重心是天台宗圓教的教義；三是將出自《華嚴》本爲大乘諸宗所
共許的"心、佛、衆生三无差別"思想，作爲衡量"圓教之機"
的標準。此外，我們還可以更清楚地發現，智旭以禪解易並非一
味說禪，而是禪易結合，先疏通易理，再以禪理比附易理，而且
比附時大多在句段前標註"若約佛法者"、"佛法釋者"、"觀
心釋者"等字樣。此種方法的運用，不僅能夠清楚地闡明和發揮
《周易》經傳的義理，而且能把所比附的禪理在比較中透徹地表
達出來，從而達到禪易互證的目的。

應該說明的是，《周易禪解》中所運用的天台禪學思想還有不
少，以上三個方面所論述的只是其中較爲突出的部分。通過以上
的論述，我們可以得出一個重要的結論：《周易禪解》中蘊涵的佛
教禪學思想主要是以天台宗的思想爲主，而不是禪宗的思想。對

此結論，後文還將繼續予以論證，以進一步說明智旭的所謂"禪解"是以融通的禪學思想作解，而不是以單純的禪宗思想作解。

三、兼采華嚴禪宗淨土思想

在《周易禪解》中，智旭"融會諸宗"的思想特色已有鮮明的體現。但是，智旭在此所表現的主要是以天台圓教的思想爲主而"融會諸宗"的，與其晚年形成的"融會諸宗，歸極淨土"的思想理念有著較大的區別。筆者在解讀過程中發現，智旭所融會的宗派佛學思想除了以天台爲主之外，主要是華嚴、禪宗的思想，對淨土、律宗、唯識等宗派的思想鮮有提及。以下分成三方面加以分析說明。

第一，蘊涵較爲豐富的華嚴宗思想。華嚴宗人對禪觀的修持方式也很重視，從現存的著作看，所論述的觀法主要是法界三觀、妄盡還源觀、唯識觀、普賢觀、三聖圓融觀、五蘊觀、十二因緣觀等，分別對宇宙、人生和佛菩薩提出了相應的觀法。從各種觀法的內容、關係和地位來看，與華嚴基本理論"法界緣起說"直接相關的法界三觀，是華嚴宗觀法的樞要。法界三觀，即真空觀、理事無礙、周徧含容觀，其中真空觀是後二觀的基礎，中心是理事無礙觀，特色是周徧含容觀。真空觀也就是理法界觀，是觀照宇宙一切事物本性即空的法門。理事無礙觀，是說真如之理具有不變和隨緣兩層重要意義，一切事法都是真如隨緣所致，觀照真如即呈現出一切事法，而一切事法又都以真如爲性，一切事法與真如理體相即無礙，炳然交融，如水即爲波，波即爲水。周徧含容觀，既認爲法界的每一事法都是真如隨緣而起，故一切事法都具足真如的本性，互相交融，互不相礙；又認爲一切現象與理通融，故其相不壞，一多相即，大小相容，無時空限制，任何一個現象都融攝整個宇宙現象，整個宇宙現象都收攝于一個現象之中，一即一切，一切即一，重重無盡，互涉無礙。根據這些思想考察《周易禪解》，不難發現其中也蘊涵較爲豐富的華嚴宗禪學思想。從總體上看，智旭主要援用“法界三觀”的思想與《周易》互證，在解《易》的思想和方法上，大力發揮華嚴“隨緣不變，不變隨緣”、“全體法界”、“一多相即”等思想。最典型的例子，是解上經《乾》卦之前的一段開篇語：

> 可上可下，可內可外，易地皆然，初無死局，故名“交易”。能動能靜，能柔能剛，陰陽不測，初無死法，故名“變易”。雖無死局，而就事論事，則上下內外仍自歷然；雖無死法，而即象言象，則動靜剛柔仍自燦然，此所謂萬古不易之常經也。若以事物言之，可以一事一物，各對一卦一爻；亦可于一事一物之中，具有六十四卦三百八十四爻。若以卦爻言之，可以一卦一爻，各對一事一物；亦可于一卦一爻之中，具斷萬事萬物，乃至世、出世間一切事物。又一切事物即一事一物，一事一物即一切事物；一切卦爻即一卦一爻，一卦一爻即一切卦爻，故名“交易”、“變易”，實即不變隨緣，隨緣不變，互具互造，互入互融之法界耳。

從引文中我們可以發現，智旭不僅巧妙地運用“理事無礙觀”解釋“交易”和“變易”，而且很貼切地把“卦爻”與“事物”的關係運用“一多相即”的思想進行合理的解說，最後得出一個與華嚴“法界三觀”思想頗爲契合的結論：即認爲《周易》的“交易”、“變易”之理，“實即不變隨緣，隨緣不變，互具互造，互入互融之法界耳。”智旭以此思想見諸於《周易禪解》開篇，充分體現他對華嚴思想的高度認同。大體上說，智旭援用華嚴思想解《易》也是至始至終的。在他剛解《易》之時，即在解《繫辭上傳》傳文之前的開篇語，就直接提出"隨緣不變，不變隨緣之易理"的說法。在解《繫辭傳》中，又多次運用華嚴的思想進行解說，提出一系列新觀點，如"三極之道，乃即一而三，即三而一之極理也"[15]、"而惟取餘五十以爲大衍之數，以表從體起用；及揲著時，又于五十數中存其一而不用，以表用中之體，亦表无用之用，與本體太極實非有二。夫從體起用，即不變隨緣義也；用中之體，即隨緣不變義也"[16]、"三變成爻，以表爻爻各具三才之道；六爻以表三才各有陰陽；十八變以表三才各各互具而无差別"[17]、"陰可變陽，陽可變陰，一可爲多，多可爲一，故體此即數之道者，可以神其德行也"[18]、"界界互具，法法互融，故上下无常，剛柔相易"[19]、"當知一一才中，還具兩才事理，故象之以六畫；而六者非他，乃表一一畫中，又各還具三才之道"[20]在解《說卦傳》中，也大量運用華嚴思想融通易理，如解"昔者聖人之作易也，將以順性命之理"一段時，指出："是以即彼自心妄現之天，立其道曰陰與陽，可見天不偏于陽，還具易之全理，所謂隨緣不變也；即彼自心妄現之地，立其道曰柔與剛，可見地不偏于柔，亦具易之全理，亦隨緣不變也；即彼自心妄計之人，立其道曰仁與義，仁則同地，義則同天，可見人非天地所生，亦具易之全理，而隨緣常不變也。"又如解"乾，天也，故稱乎父"一段，更明確指出："只此眾物各體之八卦，即是天地男女之八卦，可見小中現大，大中現小，法法平等，法法互具，

---

15 《周易禪解》卷八解《繫辭上傳》"六爻之動，三極之道也"一句。
16 《周易禪解》卷八解《繫辭上傳》"大衍之數五十，其用四十有九"一句。
17 《周易禪解》卷八解《繫辭上傳》"十有八變而成卦"一句。
18 《周易禪解》卷八解《繫辭上傳》"顯道神德行"一句。
19 《周易禪解》卷九解《繫辭下傳》"上下无常，剛柔相易"一句。
20 《周易禪解》卷九解《繫辭下傳》"六者非他也，三才之道也"一句。

真華嚴事事无礙法界也。"再如解"乾爲天"廣八卦一章，又據"此健等八德則能具造十界"推出："可見不變之理常自隨緣，習相遠也……可見隨緣之習理元不變，性相近也。"在解《序卦傳》時，也明確認爲此傳"亦可作法界緣起門說"釋解。在卷十解說八幅易圖中，也大量援用了華嚴的思想，如解"河圖"中說：

> 又約十度修德者：一是布施，六是般若，此二爲福慧之主，如地生成萬物，故居下。二是持戒，七是方便，此二爲教化之首，如天普覆萬物，故居上。三是忍辱，八是大願，此能出生一切善法，故居左。四是精進，九是十力，此能成就一切善法，故居右。五是禪定，十是種智，此能統御一切諸法，故居中。實則界界互具，度度互攝。蓋世間之數，以一爲始，以十爲終。《華嚴》以十表無盡，當知始終不出一心、一塵、一刹那也。

此處明確運用華嚴"十度"的思想，借《周易》河圖之數及方位，詮釋十波羅密，無疑使圖中所蘊涵的內容更爲豐富深刻。又如解"伏羲六十四卦方位"也是很明確援用華嚴思想，智旭對此圖解說如下：

> 約一天下，亦以此卦圖而分布之。約一省一府一縣，亦各以此卦圖而分布之。近約一宅，亦以此卦圖而分布之。即單約一房一坐具地，亦以此卦圖而分布之。大不礙小，小不礙大，大亦只是六十四卦，小亦全具六十四卦。一時一刻亦有此六十四卦，亙古亙今亦只此六十四卦。若向此處悟得，便入華嚴事事無礙法界，故李長者借此以明華藏世界。不然，豈今福建在南則有乾無坤，燕都在北則有坤無乾，天竺在西但爲坎地，支那在東惟是離方也耶？

再如解"洛書"時所云"物物一太極於此可見"、解"伏羲六十四卦次序"時所云"其實卦卦無非太極全體"、解"文王八卦次序"時所云"信知一一皆法界也",也都是華嚴思想的直接反映。

平實而論,智旭在解《易傳》後五傳和圖說時所援用的佛學思想,更多的是華嚴而不是天台。而在解上下經傳時,華嚴的思想不僅用得相當少,而且不那麼具體明顯。智旭解經文六爻時,常運用的是"統論六爻表法"或"六爻作表法",此法其實也是借鑒華嚴宗人李通玄的"取象表法"、"托事表法"、"舉方隅表法",當然方法的內容不同,但是所運用的"得意忘象"思維方式是一樣的。可以說智旭的"六爻作表法"所根據的思想也是華嚴,因為他的依據是"有何一爻不攝一切法,有何一法不攝一切六爻哉"[21]。智旭解上下經傳所運用的華嚴思想與解《繫辭》等傳差不多,不妨略舉幾例,以說明之。如解《乾·文言》"時乘六龍以御天也"一句,據"无一法不從此法界而始,无一法不由此法界而建立生長,亦無有一法而不即以此法界為其性情,所以佛性常住之理,徧能出生成就百界千如之法,而實無能生所生,能利所利"的思想比附"乾元"與"佛性",並得出"以要言之,即不變而隨緣,即隨緣而不變"的結論。又如解《益·彖》指出:"益即全體乾、坤,全體太極,全體易道,其餘六十三卦无不皆然,聖人姑舉一隅,令人自得之耳。"值得注意的是,智旭在解卦爻辭時,援用華嚴的思想而為說的相當少。

第二,蘊涵或明或暗的禪宗思想。智旭援禪解《易》並非僅僅局限於天台宗和華嚴宗的思想,偶爾也援用其他宗派的思想,如禪宗的思想也蘊涵其中。禪宗自菩提達摩以來,流傳久遠,派

---

21 《周易禪解》卷一解《乾·上九》。

別衆多，基本思想是"直指人心，見性成佛"，但各時代、各派別的禪觀修持方式仍有差別。慧能南宗的禪法主要以融攝了《楞伽》心性論的《般若》無所得思想爲理論基礎，主張心性本淨，佛性本有，自心與佛性無二，衆生與佛無別，強調自識本心，自見本性，頓見本性，頓悟成佛，反對漸修漸悟，執著外在形式等。如果以慧能以來的禪宗思想考察《周易禪解》，可以發現其中蘊涵的禪宗思想是若明若暗、若同若異。比較明顯的大致有三處：如解《乾》卦用九爻辭"見羣龍無首，吉"云："若約佛法釋者：用九，是用有變化之慧，不用七之無變化慧也。陽動，即變爲陰，喻妙慧必與定俱。《華嚴》云：'智慧了境同三昧。'《大慧》云：'一悟之後，穩貼貼地。'皆是此意。'羣龍'者，因中三觀，果上三智也。觀之與智，離四句，絕百非，不可以相求，不可以識識，故'无首'而'吉'。"此處明顯是依大慧宗杲的語錄和禪宗教義作解釋的。又如解《繫辭下傳》"易曰公用射隼于高墉之上"一段："禽喻惑，器喻戒定，人喻智慧。解之上六，獨得其正，而居震體，如人有慧，故能以戒定斷惑也。《宗門》云'一兔橫身當古道，蒼鷹才見便生擒'，亦是此意。"此處明顯也是援引大慧宗杲《宗門武庫》中的詩偈疏釋義理。再如解《說卦傳》"乾爲天"一段："此廣八卦一章，尤見易理之鋪天帀地，不間精粗，不分貴賤，不論有情无情，禪門所謂'青青翠竹，總是真如；鬱鬱黃花，无非般若'。又云'牆壁瓦礫，皆是如來清淨法身'。又云'成佛作祖，猶帶汙名；戴角披毛，推居上位'。皆是此意。"不難看出此處援用得更明顯。

　　而從總體上看，《周易禪解》中蘊涵的禪宗思想儘管也是一以貫之，但卻是不明顯的，相對比較暗淡。智旭在解《周易》經傳時，確實用了不少與禪宗相關的名相概念，如"禪"、"禪定"、

"枯木禪"、"增上慢"、"定慧"、"禪波羅密"、"次第禪"、"佛性"等等，但這些大多也是大乘禪學所共有的專有名詞，所以不能因此斷定凡涉及這些名詞的解說便是援用禪宗思想。但有一點可以肯定的是，智旭援用早期禪學、天台、華嚴闡釋《周易》義理的同時，一直都在關注如何"修禪"和"對治禪病"的問題。在修禪觀法方面，主要在"約觀心"和"約佛法"的解說中，運用早期禪學的"中道實相"、"禪智合一"、"寂照一如"等思想，以及天台的"止觀雙運"、"止觀不二"、"性修不二"和華嚴的"法界三觀"等觀法，緊密結合《周易》中"陰陽平衡"、"德位相稱"、"趨吉避凶"、"剛柔相濟"、"剛健中正"的義理，闡發"定慧等持"、"定慧均平"、"定慧相濟"、"定慧具足"的修禪之理。若以"約觀心"解經文卦辭義理而論，智旭主要以修禪歷程中如何對治禪病比附六十四卦的卦序和卦辭義理。以下就以解上經各卦的義理為例具體分析智旭所描述的修禪歷程與諸卦義理之關係：以修禪須先明白佛性特點和修行主旨比附學《易》須知《乾》、《坤》兩卦作為《易》之門戶的道理，以无明妄念初生比附處《屯》之難，以修禪之初須賴明師良友比附處《蒙》之昧，以修禪需待時節因緣比附處《需》之須，以修禪煩惱習強比附處《訟》之凶，以修禪煩惱過患无量比附處《師》之亂，以修禪愛見不順正法比附處《比》之患，以修禪无始事障偏強比附處《小畜》之滯，以修禪須明識次位而成真比附處《履》之亨，以修禪須安忍強軟二魔比附處《泰》之通，以修禪起於似道法愛而不前進比附處《否》之塞，以修禪初入同生性比附處《同人》之應，以修禪證入同體法性之後比附處《大有》之順，以修禪圓滿菩提歸无所得比附處《謙》之吉，以修禪受无相之法樂比附處《豫》之悅，以修禪能隨順諸法實相比附處《隨》

之時，以修禪得小隨順而未斷惑比附處《蠱》之治，以修禪須去其禪病進斷諸惑比附處《臨》之正，以修禪進斷諸惑必假妙觀比附處《觀》之德，以修禪須以妙觀治魔境比附處《噬嗑》之動，以修禪境發觀成之後須定慧莊嚴比附處《賁》之文，以修禪定慧莊嚴之後皮膚脫盡比附處《剝》之真，以修禪剝蕩情執之後須立一切法體比附處《復》之心，以修禪復其本性真窮惑盡比附處《无妄》之理，以修禪須廣積菩提資糧比附處《大畜》之實，以修禪須長養聖胎比附處《頤》之養，以修禪工夫勝進將破无明比附處《大過》之剛，以修禪夙習動而境發必強比附處《坎》之險，以修禪境發之時必麗正觀以銷陰比附處《離》之麗。若以解經文爻辭及其《象》辭義理而論，智旭主要以修禪觀心如何調整定慧比附六爻的義理。以下就以解《同人·上九》爲例加以說明：

> 觀心釋者：六爻皆重明欲證"同人"之工夫也。夫欲證入"同人"法性，須藉定慧之力，又復不可以有心求，不可以无心得，所謂時節若到，其理自彰。此修心者勿忘勿助之要訣也。初九正慧現前，不勞功力，便能出生死門。六二雖有正定，慧力太微，未免被禪所牽，不出三界舊宗。九三偏用其慧，雖云得正，而居離之上，毫无定水所資，故如"升于高陵"而爲頂墮菩薩"三歲不興"。九四定慧均調，始雖有期必之心，後乃知期必之不能合道，卒以无心契入而"吉"。九五剛健中正，而定力不足，雖見佛性，而不了了，所以先須具修衆行，積集菩提資糧，藉萬善之力，而後開發正道。蓋是直緣中道佛性，以爲迥出二諦之外，所以"先號咷而後笑"也。上九定慧雖復平等，而居乾體之上，僅取涅槃空證，不能入廛垂手，故"志未得"。

從引文中可以發現，智旭約觀心釋解六爻的義理有一個明顯

的特點：以"定慧失調"、"定慧不足"、"定慧太過"解說"悔
吝凶咎"的爻辭，而以"定慧均調"、"定慧平等"、"定慧具
足"解說"无悔"、"无咎"、"吉"的爻辭，分明也是以修禪
之道和禪觀之法比附卦爻之理。在對治禪病方面，最常用的就是
天台宗的"善識通塞"、"即塞成通"、"巧用性惡"、"對破
法門"和《周易》的"扶陽抑陰"、"扶正祛邪"等方法。如果
可以把這些對治方法看作是對禪宗修行的補偏救弊的話，那麼這
些解說似乎也可視爲蘊涵著禪宗的思想，但這無疑就是一條暗淡
的思想線索。由於智旭立足於以天台、華嚴等大乘禪學的思想重
新闡發禪宗的修行理念，因此在《周易禪解》中所提出的修禪思
想和方法，尤與慧能禪宗的思想有所不同：雖然贊成"衆生都有
佛性"和"明心見性"的說法，但是反對"頓悟成佛"；雖然贊
成不依文字而說法，但反對完全不立文字和不離文字；雖然贊成
修禪至見性而成佛，但更傾向於"全性起修"、"自利利他"的
修禪方式，而且認爲"德是法身，知是般若，力是解脫，三者缺
一，決不可以自利利他"[22]。

　　第三，蘊涵少量的淨土、唯識、律宗等思想。如果說《周易
禪解》中蘊涵的禪宗思想若明若暗，那麼其所蘊涵的淨土、唯識、
律宗等思想相對來說，都是少而不明的。爲了進一步說明智旭解
《易》也有融會這些宗派佛教的思想，以下擬分三個方面作簡要
的分析：

　　（一）淨土宗的思想。淨土宗認爲，修行者依其自身的罪業
與修行的不同，分爲上、中、下三輩，三輩又各分爲上、中、下
三品，總爲九品，即九個等級。智旭解《乾》卦辭時也運用了這

---

22 《周易禪解》卷九解《繫辭下傳》"子曰：德薄而位尊"一段。

方面思想：

> 夫健于上品十惡者，必墮地獄；健于中品十惡者，必墮畜
> 生；健于下品十惡者，必墮鬼趣。健于下品十善者，必成
> 脩羅；健于中品十善者，必生人道；健于上品十善者，必
> 生天上。健于上品十善、兼修禪定者，必生色、無色界；
> 健于上品十善、兼修四諦、十二因緣觀者，必獲二乘果證；
> 健于上上品十善、能自利利他者，即名菩薩。健于上上品
> 十善，了知十善即是法界、即是佛性者，必圓無上菩提。
> 故十界皆元亨也。

據引文的內容分析，智旭主要是借淨土的品級思想闡發其他
宗派的禪學思想，以比附《乾》之“健”理，有點“以禪合淨”
的思想傾向，但並沒有大力宣揚淨土思想。從其解經傳的內容來
看，除此之外，再難找到更具體、明顯的事例，也許可以此來說
明當時的智旭尚未形成“歸極淨土”的思想。當然，要以淨土的
“念佛”思想來通融《周易》的義理也不容易，這可能也是用得
少的原因。

（二）唯識宗的思想。《周易禪解》中涉及“性相”、“法
相”、“眼識”、“有漏”、“无漏”等名相概念的倒有一些，
但大多很零散，也很難就此明確判定是屬於唯識宗的理論範疇。
總體上看，援用唯識說解比較明確的事例不多，最典型的是在解
《坤·文言》文末指出的一段話：

> 又觀心釋者：陰陽各論善惡，今且以陰爲惡，以陽爲善。
> 善惡无性，同一如來藏性，何疑何戰？惟不達性善性惡者，
> 則有无相傾，起輪迴見而必戰，戰則埋沒无性之妙性，似
> 乎无陽，故稱龍以顯性善之不斷焉。既以善惡相抗，則二
> 俱有漏，故稱血以顯未離生死類焉。夫善惡相傾奪者，由

未達妙性體一，而徒見幻妄事相之相雜也。實則天玄地黃，性不可改，何嫌何疑，何法可相戰耶？善惡不同，而同是一性。如玄黃不同，而同是眼識相分。天地不同，而同一太極。又如妍媸影像不同，而同在一鏡也。若知不同而同，則決不敢對相除而成戰。若知同而不同，則決應熏習无漏善種以轉惡矣。

從上引文可以看出，智旭於此不僅將天台圓教"性具善惡"說與如來藏思想統一起來說解，而且把"性具"與唯識的"有漏"、"无漏"、"眼識"等思想相互融通。智旭於觀心而談法相，於圓教而論唯識，充分表明了他力圖調和性相之爭的立場，尤其是借《周易》太極陰陽之義理，說明"善惡"之"相"與"如來藏"之"性"的關係是"不同而同"或"同而不同"，所得出的結論無疑更具有說服力。據此，可以窺見智旭在《周易禪解》中試圖借助易理調和天台和唯識的思想傾向。

（三）律宗的思想。智旭爲糾正宗門流弊，決意宏律，曾遍閱律藏三次，致力於大小乘律藏的疏釋和講說，代表性的著作有《梵網經疏》和《毗尼事義集要》等。智旭對於佛教戒律學說的重視，在《周易禪解》中也有一定的體現。若以"約佛法"解經文卦爻辭義理而論，智旭在《周易禪解》中主要以如何完善佛門清規戒律對治"禪門之病"比附卦爻義理。不妨略舉數例：如解《噬嗑》卦，"約佛法"解其卦辭"利用獄"指出"僧輪光顯之時，有犯戒者治之"，解其《象》又指出"佛法以正教養僧伽"、"比丘破戒而須治"。又如"約佛法"解《賁》卦辭指出"治罰惡僧之後，增設規約"。再如解《大過》卦辭指出"化道既盛則有漏易生，所宜陳規立矩"，解其六二爻辭"藉用白茅无咎"指出"定有其慧，兼以戒德精嚴，故'无咎'"。比較典型的事例還有，如解《家人》卦，主要以持戒需精嚴比附持家需嚴正的義理，解其卦辭之《象》認爲"佛法亦然，律儀清淨，則可以攝善攝生矣"，以"佛法釋者"解其初九爻義直接了當說"即是增上戒學"。總的說來，《周易禪解》中蘊涵的律宗思想雖然不多，但對個別義理的闡發卻是恰到好處的。

至此，我們可以對《周易禪解》中所蘊涵的佛學思想特點作一個小結：主要是大乘禪學的思想，而且主要傾向於以天台圓教的思想融通其他宗派佛教的思想。智旭之所以會以圓融的思想融會佛學諸宗的思想，是與他信仰天台圓教思想有直接關係，和他對"同異"的深刻認識也是關係密切的。智旭在《周易禪解》中多次借助《周易》闡明了他對"同異"的獨特認識，如解《同人》卦辭之《象》"天與火，同人。君子以類族辨物"說："佛法釋者：如天之與火，同而不同，不同而同。十法界各有其'族'，各爲一'物'，而惟是一心，一心具足十界，十界互具，便有百界千如之異，而百界千如，究竟元只一心。此同而不同，不同而同之極致也。"又如解《睽》卦辭之《象》"君子以同而異"說：

> 離得坤之中爻，澤得坤之上爻，其性同也。火則炎上，澤則潤下，其相異也。觀相元妄，則相異而性亦似異矣。觀性元真，則性同而相亦本同矣。惟君子知其以同而異，故不以異而昧同也。知異本同，故六而常即，不生退屈。知同而異，故即而常六，不生上慢。知異本同，故冥契真源。知同而異，故雲興萬行。知異本同，故上无佛道可成，下无眾生可度。知同而異，故恒莊嚴淨土，教化諸眾生。知異本同，故生死及涅槃，二俱不可得。知同而異，故或遊戲生死，或示現涅槃。

從上兩段引文可以發現，"法界一如"、"萬法一心"的思想無疑就是智旭看待事物"同異"的根本準則，也可以說是智旭佛學思想的核心內容。換句話說，智旭正是立足這一思想來看待宇宙人生、萬事萬物、各門各派的，所以其所謂"知異本同"、"知同而異"不僅是他融會佛學諸宗的思想旨歸，也是他敢於融會教外各門學說的理論根據。

第二節　發揮儒學各派觀點

智旭"禪解"《周易》，並不是僅僅運用佛學思想而已，而是同時廣泛吸收了先秦以來儒學各派的思想觀點，如文王、周公等先聖的人格精神、孔子、孟子的仁義之學、漢代的天人之學、魏晉的玄學、宋明的理學和心學等等。當然，並不是簡單的苟同和"融彙"，而是有批判的吸收，即以明確的佛家心性學理論，把這些同源異流的思想貫通起來。所以，《周易禪解》中也蘊涵著較為豐富的儒學思想。從所蘊涵的儒學思想內容來看，主要是孔孟學派、程朱學派、陸王學派的思想。有鑒於此，以下就以這三個學派的思想特點為參照系考察《周易禪解》書中儒學思想蘊涵的分佈情況，並簡要說明智旭是如何把這些思想有機地統一起來的。

一、闡揚孔孟修身治國之道

《周易》不僅是趨吉避凶的經典，也是修身治國的寶典。智旭以佛法解《易》，不但沒有抹殺《周易》固有的特性和功用，反而把大量的佛法內容拿來與《周易》的修身治國之道相融通。為了能更好地疏釋卦爻辭寓含的義理，智旭也常直接援用孔子和孟子等儒學先輩的思想加以解說，或是從卦爻辭中闡釋出與儒家思想契合的爲人處世、修身治國的大道理，因此，使《周易禪解》在佛光禪影的映照下，仍然呈現出較爲濃厚的正統儒學色彩。智旭在闡揚孔孟修身治國之道上，主要有三方面的體現：

第一，直接援引孔子、孟子等先秦儒家的經典著作文句疏釋易理。從智旭所援引的先秦儒家經典種類來看，主要有三種：

一是孔子編訂的經典，有《尙書》、《詩經》、《禮經》。引用《尙書》的詞句疏釋卦爻辭義理的有多處，如解《兌》卦辭“亨利貞”曰：“《書》云：无拂民以從己之欲，罔違道以干百姓之譽。”此處主要闡揚“以民爲本”、“治國以正”的思想解說處“兌”之時如何自得“亨利貞”的義理。又如解《大壯》初九爻曰：“《洪範》所以有‘高明柔克’之訓，正爲此耳。”此處主要借《尙書·洪範篇》的聖訓來闡揚爲人治國不能“以大爲正”、“以壯爲大”、“以正爲壯”的義理。再如解《家人》九五爻曰：“假，大也。《書》云“不自滿假”，《詩》云“假以溢我”，又曰“假哉皇考”，皆取“大”義。”此處也引用了《詩經》的詞句，主要據《詩》《書》的釋義來理解爻辭“王假有家”的含義，從而闡揚“王居天位”應“大道爲公”、“樂民之樂”的義理。引用《詩經》的還有，如解《賁》初九爻曰：“正猶《詩》所謂‘素以爲絢’。”此處借《詩經》讚美白色爲“天下之真色”的詩句來闡揚處“賁”之初應“抱德隱居，晚食以當肉，安步以當車”而不能“有事于矯飾”的義理。引用《禮經》的也有一處，如解《渙》卦辭之《象》曰：“‘風行水上’，不勞力而波濤普徧，先王‘享帝’以事天，‘立廟’以事先，盡其一念誠孝，即足以感通天下，恩波亦无不徧矣，故曰：明乎郊社之禮，禘嘗之義，治國其如視諸掌乎？”此處主要是借《禮》的內容結合處“渙”之道應“上以悅祖考，下與民同樂”，闡揚“以孝治天下”的義理。

　　二是孔子的語錄，主要就是孔門弟子輯錄的《論語》。引用《論語》的詞句有多處，直接明用的，如解《无妄》六二爻曰："孔子云：隱居以求其志，行義以達其道。又云：耕也，餒在其中矣；學也，祿在其中矣。"此處主要借孔子的話闡揚處"无妄"六二爻"惟以求志達道爲心，而毫不以富貴利祿爲念，乃利有攸往而不變其塞"的義理。

　　三是《孟子》的文句。引用《孟子》的有多處，直接明用的，如解《師》卦初六爻辭"師出以律，否臧凶"曰："孟子所謂一戰勝齊，遂有南陽，然且不可也。"此處借孟子的話闡揚治國用兵之道，即所謂"師出苟不以律，縱令徼幸成功，然其利近，其禍遠；其獲小，其喪大"的義理。又如解《明夷》卦九三爻《象》曰："《象》云'南狩之志'，猶《孟子》所云'有伊尹之志則可，无伊尹之志則篡'也，辭義懍然。"此處借"伊尹之志"與"武王伐紂"的典故闡揚"持之以貞"的用兵之道。再如解《繫辭下傳》"陽卦多陰，陰卦多陽"一段曰："欲慎其動，當辨君民之分于身心，孟子所謂'從其大體爲大人，從其小體爲小人'也……所謂'志壹則動氣'，故是'君子之道'……所謂'氣壹則動志'，故是'小人之道'。"此處主要借孟子的觀點闡發儒家的君民之道。

　　第二，直接化用孔、孟等儒家著作中的名言典故疏釋義理。所謂的直接化用，蓋指引用經典的名言典故而不註明出處。這一類也有三種：

　　一是化用先秦經典中的典故，一般都與史初聖賢的故事有關，但不知具體是記載在哪本經典。這種事例不少，如解《乾》、《需》、《履》、《剝》、《復》、《明夷》、《遯》等卦的六爻辭義都用此例。不妨就以解《履》卦爲例：解初九爻云"此如伯夷、叔齊

之履"，解九二爻云"此如柳下惠、蘧伯玉之履"，解六三爻云
"此如項羽、董卓之履"，解九四爻云"此如周公吐握勤勞之
履"，解九五爻云"此如湯、武反身之履，亦如堯、舜危微允執
之履。或云：此是誡辭，恐其爲漢武也"，解上九爻云"此如堯、
舜既薦舜、禹于天，舜、禹攝政，堯、舜端拱无爲之履"。不難
發現，此處除了六三爻外，其餘五爻的義理都是直接化用先秦名
人的典故進行闡釋，從而說明處"履"之時應該效仿善"履"者
"以柔履剛"，才能步履在光明大道上。

二是化用《論語》的名言典故。如解《晉》卦六三爻《象》：
"隱居以求其志，行義以達其道，故曰'志上行'也。"此處主
要借孔子的話闡揚"當晉之時"應"順體裕養"以"自昭明德"
的義理。又如解《睽》卦初九爻《象》"見惡人以辟咎也"曰：
"縱遇'惡人'，不妨'見'之，可以'无咎'，勸其勿以善惡
二吾心也。如孔子見季康子，見南子，見陽貨等，皆所以'辟咎'
耳，豈真有所利之也哉！"此處主要借孔子善於"辟咎"的典故
闡揚處"睽"之初應"知同異"而使"得失泯，善惡融"的義
理。再如解《兌》卦辭之《象》"君子以朋友講習"曰："講而
不習則罔，習而不講則殆，講則有言不背于无言，習則无言證契
于有言。又講則即无言爲有言，習則即有言成无言矣。"此處是
套用孔子"學而不思則罔，思而不學則殆"的名言，闡揚處"兌"
之道。再如解《小畜》初九爻曰："初九剛而得正，克己復禮，
天下歸之，故'吉'。"此處化用孔子重要的仁學思想闡發"修
文德以來遠人之任"的義理。

三是化用《孟子》的名言。如解《比》上六《象》辭"比之
无首，无所終也"說："且從古及今，无不'生于憂患，死于安
樂'，故四諦以苦居初，佛稱八苦爲師。苦則悚惕而不安。悚惕

不安，則煩惱海動，而種智現前矣。"此處以孟子的名言爲至理，並與佛教的煩惱之苦相對釋，從而闡發"以苦求樂"、"以苦爲師"的道理。又如解《家人》卦九五爻《象》"王假有家，交相愛也"曰："九五陽剛中正，而居天位，以六合爲一家者也。大道爲公，何憂恤哉！樂民之樂者，民亦樂其樂，故'交相愛'。"此處化用孟子"與民同樂"的名言闡揚君王治國應該"中正愛民"的道理。再如解《蹇》卦辭曰："惟'大人'能濟'蹇'，惟正道能出'蹇'，'蹇'故可以動心忍性，增益其所不能而'吉'。"此處也是化用孟子的名言闡發應以正道拯濟蹇難方能"貞吉"的道理。再如解《繫辭下傳》"天下何思何慮"曰："夫心之官則思，而不知思本无可思也。"此處主要針對《孟子》"心之官則思，思則得之，不思則不得也"的觀點展開"思與无思"的再思辨。

第三，直接根據先秦儒家的倫理綱常闡揚修身治國之道。這方面的事例是舉不勝舉的，因爲智旭在解《易》時常常依據卦爻辭的義理闡揚修身治國之道，而這些思想又與儒家的思想暗合。不妨根據智旭所解說的義理，分成三個方面加以說明：

（一）通過解說卦辭及其《彖傳》、《象傳》義理闡揚修身治國之道。解卦辭義理的，如解《小畜》卦辭云"約世法，則如垂衣裳而天下治，有苗弗格"，解《豫》卦辭云"約世道，則聖德之君，以謙臨民，而上下胥悅"，解《觀》卦辭云"約世道，則以德臨民，爲民之所瞻仰"，解《頤》卦辭云"約世道，則畜德以養天下"，解《蠱》卦辭云"治既爲亂階，亂亦可以致治"，解《睽》卦辭云"夫善修身以齊家者，則六合可爲一家"，解《明夷》卦辭云"'明入地中'，其光不耀，知'艱貞'之爲'利'，乃所謂'用晦而明'，合于文王、箕子之德矣"。解《彖》《象》

義理的，如解《遯·象》云"約聖學者，天君爲主，百骸聽命，耳目口腹之欲不能爲亂也"，解《師·象》云"用衆以正……此王者之道也"，解《噬嗑·象》云"王道以正法養天下"，解《豐·象》云"明而不動，動不以明，皆非王者之道"。這方面比較典型的事例，如解《損》卦辭指出："凡爲上者，必其勞而不怨，欲而不貪，真足以取信于民，則雖損之而'元吉无咎'；凡爲下者，必以'可貞'之事'益上'，勿貢諛，勿獻異，勿開勞民傷財種種弊端，則'利有攸往'；蓋下事上，猶人事天地、鬼神、祖宗也。"此處主要發揮處"損"之義闡揚爲官之道，思想頗具儒家色彩。

（二）通過解說爻辭及其《象傳》義理闡揚養人治國之道。這方面是就解六爻辭義而言。如解《屯》卦六三爻辭云"欲取天下，須得賢才"，解《屯》卦九五爻辭云"以貴下賤，乃能得民"，解《師》九二爻《象》云"爲天下得人者謂之仁，故'三錫命'于賢將，即所以'懷萬邦'"，解《觀》卦初六爻云"君子如童幼，則无以治國平天下矣"，解《臨》卦初九爻云"約世道，則幹蠱貴剛勇，臨民貴仁柔"，解《旅》卦六五爻《象》云"蓋以人合天，天必祐之，名爲'上逮'"。這方面比較典型的事例，如解《否》卦九五爻指出："然患每伏于未然，亂每生于所忽，故必念念安不忘危，存不忘亡，治不忘亂，如繫物于苞桑之上，使其堅不可拔。"又如解《未濟》上九爻指出："然君子之于天下也，安不忘危，存不忘亡，治不忘亂，苟一任享太平樂……吾信其必失今日此樂，以彼不知節故。"此兩處引文都是借爻辭闡揚治國守天下的大道理[23]，而所根據的思想原理都是來自《繫辭

---

23 智旭在《周易禪解》卷七解《既濟》卦辭時還著重指出："然安不忘危，存不忘亡，治不忘亂，乃萬古之正理。"可見他對此理的高度重視。

下傳》"是故君子安而不忘危，存而不忘亡，治而不忘亂，是以身安而家國可保也"，可見其對孔子思想的重視。

（三）通過解說卦爻辭的義理闡揚爲人處世之道。這方面是就整卦的解釋而言。如解《遯》卦，由卦辭闡發"以退爲進"的道理，認爲"夫世間之道，久則必變而後通，進則必退而後久"，爲人處世要效仿"尺蠖尙屈而後申，龍蛇亦蟄而後震"，善退善遯，與時偕行；在解六爻辭義，還進一步認爲"處遯之時，須隨其德位以爲進退，方不失亨貞之道"，如果是處於"才位俱卑"的境地，應效仿樂正裘、牧仲，"惟固守爲宜，不可妄往以取災"；如果是處於"上應君王"之時，應效仿伊尹，繼續"以行其志"，而不被"榮名利祿"所牽；如果是處於"可以有爲，而居止極"的兩難境地，應效仿"丈人現二子于子路"，"雖不能大有所爲，亦須厲勉其精神"，即使"不能治國，亦且齊家"，以良好的精神面貌爲天下人樹立榜樣，而不可"絕人忘世"、"疾厲逃遯"；如果是處於"上輔下應"的態勢，應效仿衛武公"承天子之德，撫天下之民"，不可學習小人之"好遯"；如果是處於"剛健中正"的九五君位，應效仿湯王，"當此遯時，雖有英明神武作略，不自露其才華"，而能"嘉美貞吉"；如果是處於"尊居師保之位"，應效仿姜太公，雖"望隆于天下"，但不"自伐其德"。總起來看，智旭對"遠遯"之術的詳細闡解，目的是要充分說明《周易》所有卦爻的義理都爲人們爲人處世、修心成佛提供了有效合理的方法，尤其是對於身處逆境的人。

通過以上三個方面的引證，我們可以斷言：儘管《周易禪解》是以佛解《易》的作品，但其中仍蘊涵著大量的孔孟儒家思想。由此可見，智旭在解《易》過程中，不但沒有摒棄正統儒家思想的信條，反而大量借助這些思想作爲其進入《周易》義理殿堂的敲門磚，以致能在宣揚佛法佛理的同時，也闡揚了愛國愛民的修身治國之道。智旭對世、出世的雙重關懷和良苦用心，於此歷歷可見，真不愧是一代高僧！

二、貫通程朱天地萬物之理

智旭在出家之前，所學主要以宋明理學為主。後來，雖然轉向佛學，但對理學的東西並沒有全盤否定。尤其是在九華山一場大病之後，又進一步體悟到理學的重要性，正如他在《四書蕅益解自序》開篇所說：“蕅益子年十二談理學，而不知理；年二十習玄門，而不知玄；年二十三參禪，而不知禪；年二十七習律，而不知律；年三十六演教，而不知教。逮大病幾絕，歸臥九華，腐滓以為饌，糠粃以為糧，忘形骸，斷世故，萬慮盡灰，一心無寄，然後知儒也、玄也、禪也、律也、教也，無非楊葉與空拳也。”[24]智旭所謂的“不知”，應該是指不懂得融會各種學術思想；所謂的“知”，也就是指懂得以佛法融會各種思想。智旭能夠曉知各種思想可以融會貫通的道理，無疑為他援佛解《易》奠定了堅實的理論基礎。由於智旭也把理學融進解《易》的思想中，所以《周易禪解》中也蘊涵著較為豐富的理學思想。根據解讀發現，智旭對理學的思想並不是簡單的加以運用，而是巧妙地把它融入到佛學的範疇裏，使之成為溝通易學與禪學的重要橋梁。本小節主要以程頤和朱熹的理學思想為參照體系，考察《周易禪解》的理學思想蘊涵。智旭在《周易禪解》中對程朱理學派思想的貫通，主要體現在兩個方面：

第一，直接援用“理為本原”的思想界定“易”的特性。以

---

24 《靈峰宗論》卷六之一。

程頤和朱熹爲代表的理學，屬於理學中的客觀唯心主義學派。關於"理"，程、朱都有明確的表述。二程說："萬物皆只是一個天理"、"理也者實也本也"、"天下只有一個理。"[25]朱熹說："合天地萬物而言，只是一個理，未有天地之先，畢竟也只是理。有此理，便有此天地。若無此理，便亦無天地。"[26]總而言之，他們的主要思想是把理當作最高的範疇，當作世界的本原，並認爲萬物都是理所派生的，衆理之全體便是太極，人人有一太極，物物有一太極，太極散在萬物，如月亮印在萬川。智旭在解《繫辭傳》時，就是運用這些思想闡發"易"即"易理"的觀點。智旭解《繫辭傳》最明顯的特點是以"理"論"易"，並且把"理"和"易"統一起來，使"理"、"易"、"易理"三者都變成同一個概念，都具有本體的意義。如解《繫辭上傳》之前就提出"由易理方有天地萬物"，在解《繫辭上傳》又提出了一系列以理學理論爲基礎的新觀點：如其解"易簡而天下之理得矣"一句提出："易理本在天地之先，亦貫徹于天地萬物之始終。今言天下之理者，以既依理而有天地，則此理即渾然在天下也。亦以孔子既示爲世間聖人，故且就六合內言之。"此處所謂的"以既依理而有天地"明顯表明了他乃是借理學的觀點而爲說。在解"聖人設卦觀象"一句提出："惟其易理全現乎天地之間，而人莫能知也。"此處明顯是由理學思想而申發的。在解"六爻之動，三極之道也"一句提出："然則'六爻之動'，一唯詮顯'三極之道'而已。'三極之道'即先天易理，非進非退，而能進能退；非晝非夜，而能晝能夜。天得之以立極于上，地得之以立極于下，人得之以立極于中，故名'三極之道'。乃'即一而三，即三而一'

25　此處三引文分別出自《河南程氏遺書》卷二、卷十一、卷十八。
26　《朱子語類》卷一。

之極理也。"此處的"先天易理"正是程朱理學派的重要易學觀點，而智旭援此結合華嚴"一多相即"的觀點論證"三極之道"與"先天易理"的同一性。由此他很自然地得出一個與佛法頗為契合的新觀點："夫易理既在天而天，在地而地，在人而人，是故隨所居處无非易之次序，祇須隨位而安。只此所安之位，雖僅六十四卦中之一位，便是全體太極，全體易理。不須更向外求，而就此一位中，具足无量无邊變化，統攝三百八十四種爻辭，无有不盡，是可樂而玩也。平時善能樂玩，故隨動皆與理合。"[27]此處智旭明顯是把理學"全體太極"的思想加以發揮，並直接與華嚴"一即一切，一切即一"的思想相貫通。根據這一理論思想，智旭開始重新認識"易"和"易理"的關係問題。他在解"神无方而易无體"時說："神指聖人，易指理性；非无体之易理，不足以發无方之神知；非无方之神知，不足以證无體之易理。"此處開始把"易"和"易理"當作一個"无體"的理性概念，並把"聖人"與"理體"聯繫起來。於是，在解"不與聖人同憂"時說："且指易之理體而言，其實聖人之憂，亦不在理體外也。且聖人全體易理，則憂亦非憂矣。"此處把"聖人"也包含在"理體"之內，是爲了進一步說明聖人"依易理作易書，故易書則同理性之廣大矣……該乎事理，統乎凡聖者也"[28]、"蓋自天地設位以來，而易理已行于其中矣"[29]、"是故聖人依易理而成易書，以通天下之志，使人即物而悟理"[30]、"是以明于借物顯理，乃

27　《周易禪解》卷八解《繫辭上傳》"是故君子所居而安者，易之序也。所樂而玩者，爻之辭也"一句。
28　《周易禪解》卷八解《繫辭上傳》"夫易，廣矣大矣"一段。
29　《周易禪解》卷八解《繫辭上傳》"天地設位，而易行乎其中矣"一句。
30　《周易禪解》卷八解《繫辭上傳》"是故聖人以通天下之志"一句。

天之道"[31]、"方知易理无所不在"[32]，即把"易"、"易理"、"易書"又統一在"理"的思想範疇中。不難發現，智旭巧妙借助理學家的"理"，把所有的一切都貫穿在一起，目的是要由"理无二致"的思想闡明易理與佛理是一致的。

第二，對"陰陽、動靜、體用之理"進一步加以發揮。在程朱學派看來，"陰陽之理"也是事物的本體，"動靜無端，陰陽無始"[33]、"動靜相因而成變化"[34]、"體用一源，顯微無間"[35]。智旭在解卦爻辭時，不僅吸收了這些思想，而且運用佛家"心无實法"、"心外无法"、"萬法唯心"的思想加以貫通。對於陰陽，智旭解《繫辭上傳》所提出的"一陰一陽，則便是全體大道矣"、"陰陽各有動靜"等說法，與程頤所說的"陰陽是道"[36]的思想暗合。關於智旭在動靜方面的發揮，可以其解《艮》卦的觀點為例。《艮》卦是《周易》六十四卦中最富有哲學思辨意味的一卦，歷代儒釋道的學者都很注重該卦的義理蘊涵。在理學家們看來，《艮》卦辭"艮其背，不獲其身；行其庭，不見其人，无咎"乃是重在闡明"抑止邪欲"的道理。智旭對此卦辭作了詳盡的解說：

> 夫動與止，雖是相對待法，亦是相連屬法，又是无實性法，究竟是无二體法也。不動曰止，不止曰動，此約相對待言也。因動有止，因止有動，此約相連屬言也。止其動則為靜，止其靜則為動，動其止則為動，動其動則為止，此約

---

31 《周易禪解》卷八解《繫辭上傳》"是以明于天之道"一句。
32 《周易禪解》卷八解《繫辭上傳》"是故闔戶謂之坤"一句。
33 程頤《易說‧繫辭》，引自《河南程氏經說》卷一。
34 同上。
35 《周易程氏傳》卷首。
36 《河南程氏遺書》卷十五。

无實性言也。止即是動，故即寂恒感；動即是止，故即感
恒寂，此約无二體言也。知動止无二體者，始可與言止矣。
夫人之一身，五官備于面，而五臟司之；五臟居于腹，而
一背繫之。然玄黃朱紫陳于前則紛然情起，若陳于背則渾
然罔知，故世人皆以背爲止也。然背之止也，縱令五官競
騖于情欲，而仍自寂然。逮情之動也，縱復一背原无所分
別，而畢竟隨往，故以面從背則背止而面亦隨止，以背從
面則面行而背亦隨行。究竟面之與背，元非二體，不可兩
判。今此卦上下皆"艮"，止而又止，是"艮其背"者也。
"艮背"何以能"无咎"哉？是必"不獲其身，行其庭，
不見其人"，斯"无咎"耳。身本非實，特以情欲錮之。
妄見有身，今向靜時觀察。其中堅者屬地，潤者屬水，煖
者屬火，動者屬風，眼、耳、鼻、舌異其用，四支、頭、
足異其名，三百六十骨節，八萬四千毫竅，畢竟以何爲身？
身既了不可得，即使歷涉萬變，又豈有人相可得哉！故"行
其庭"而亦"不見其人"，此則止不礙行，即行恒止，故
"无咎"也。

　　從以上引文可以看出，智旭所謂的"雖是相對待法，亦是相
連屬法"，可能是指程朱學派對動靜的看法。《周易程氏傳》中，
解《艮》卦之義云："動靜相因，動則有靜，靜則有動。"解《漸》
卦之義云："止必有進，屈伸消息之理也。止之所生亦進也，所
反亦進也。《漸》所以次《艮》也。"這些論述與智旭所說的相對
待法和相連屬法非常接近：如智旭說"因動有止，因止有動"實
與程頤"動靜無端"相類似；智旭說"止即是動，動即是止"其
實也與程頤"動則有靜，靜則有動"相一致。當然，智旭並不是
在程朱的思想範疇裏原地踏步，而是從動止"无二體"、"无實

性"的角度進一步加以發揮,從而闡發出更爲深奧玄妙的動靜之理。對於動與止的關係,智旭主要從佛學的思想出發,如其解《艮·象》認爲"止其行而爲靜,止其止而爲動,動靜以時,无非妙止",解《漸·象》認爲"止者,動之源,設无止體,則一動即窮",解《繫辭上傳》認爲"動靜无性"、"動靜无非法界"等等。對於體用的問題,《周易禪解》中也有所論述,比較明顯的例子,如解《乾·文言》時指出:"卦言其體,爻言其用,卦據其定,爻據其變。體大用亦大,體剛健中正純粹精,則用亦剛健中正純粹精矣。"此處"全體全用"的思想,實際上也是對"體用一源,顯微無間"的思想發揮。

此外,《周易禪解》中也蘊涵了程朱理學"无極太極"的思想,主要與"易即易理"說結合在一起。由於這方面問題的討論,涉及到易佛相通的理論問題,所以我們留在下一章再具體論述。根據以上的分析表明,智旭在《周易禪解》中主要借助程朱理學的思想貫通"易"與"理"的關係,從而爲其徹底打通易佛關係奠定了堅實的理論基礎。

三、揚棄陸王體悟天理之心

智旭從小就是一個唯心主義者,在他二十歲那年"大悟孔、顏心法"[37]之後,尤其注重以"心法"來看待萬事萬物。出家之後,他的思想完全轉向佛教的"萬法唯心",並逐漸轉向以"萬法唯心"的思想融會所有的思想。在《周易禪解》中,主要的指導思想仍然是"萬法唯心"。但是,爲了使佛教的思想能夠與《周易》互契互通,智旭既借助了程朱理學的思想,又借助了陸王心

37　《靈峰宗論》卷首《八不道人傳》。

學的思想，尤其是借助了理學與心學會通的理論成果。據解讀發現，智旭解《易》主要運用心學的理論成果作爲溝通佛學與程朱理學之間的橋梁，但是在對“心”的認識上體現的主要還是佛教的思想。從這個角度上看，我們認爲其所蘊涵的心學思想是對陸九淵和王陽明心學的揚棄。有鑒於此，本小節主要根據陸王學派的思想考察《周易禪解》的心學思想蘊涵和旨歸。以下分成兩個方面：

第一，直接援用陸王心學“心即理，理即心”的思想界定“易理”的特性。陸王學派的思想，主要宣揚主觀唯心主義“心學”。南宋陸九淵提出“心即理”的命題，認爲“天之所以與我者，即此心也。人皆有是心，心皆具是理，心即理也”[38]。他進一步推論說：宇宙只是一理，而此理即在吾心之中，所以說“宇宙便是吾心，吾心即是宇宙”[39]。他還認爲，仁義禮智之心即是本心，主張“發明本心”。明代王陽明繼承陸氏學說，更強調“心外無物，心外無事，心外無理，心外無義，心外無善”[40]，進一步以吾心之良知爲天理，提倡“知行合一”、“工夫本體合一”等主張，完成了心學體系。對於這些思想，在《周易禪解》中都有所蘊涵，而且大多是在解《繫辭傳》中。解《繫辭上傳》：如解“動則觀其變而玩其占，是以自天祐之，吉无不利”一句云：“此乃自心合于天理，故爲理之所祐，豈微倖于術數哉？”此處把“自心”與“天理”相合，即是陸王心學思想的直接運用。又如解“仰以觀于天文，俯以察于地理”一句云：“而天文地理所以然之故，皆不出于自心一念之妄動妄靜。”此處明顯是以陸王心學理論爲

---

38 《陸九淵集》卷十一《與李宰》二。
39 《陸九淵集》卷三十六《年譜》。
40 《陽明全書》卷八《與王純甫》。

基礎的發揮。從總的來看，智旭在解《繫辭上傳》主要運用陸王心學的思想闡明貫徹天地之始終的易理即自心之易理。解《繫辭下傳》：如解“知幾其神乎”一句云：“十法界不出一心。”此處純粹是佛家的心法，但也可看作是對陸王心學思想的揚棄。又如解“能說諸心，能研諸侯之慮，定天下之吉凶，成天下之亹亹者”一句云：“悟此簡易險阻之理于心，故悅。知此挽回險阻，以成簡易之不可草率，故其慮研。既悅其理，又研其慮，則知行合一，全體乾坤之德，遂可以定吉凶，成亹亹也。”此處的心學思想蘊涵甚爲明顯，既言“悟理于心”，又論“知行合一”，與陸王學派的思想基本上是一致的。再如解《繫辭下傳》最後幾句說：“試觀‘將叛者，其辭慚’，乃至‘失其守者，其辭屈’，可見一切吉凶禍福无不出于自心，心外更无別法。此易理所以雖至幽深，實不出于百姓日用事物之間，故亦可與能也。”此處既以陸王心學思想爲基礎論“自心”乃“吉凶”之源，又從佛教“心外无法”的思想看待“自心”之“易理”所以“幽深”之故，無疑又是揚棄了陸王的心學思想。

在解《說卦傳》的文中，智旭的心學思想開始以佛家爲主，如其解“萬物出乎震”一章云：“約觀心者：一念發心爲帝，一切諸心心所隨之，乃至三千性相，百界千如，无不隨現前一念之心而出入也。”此處已沒有陸王心學的影子，“心”的境界也大爲不同。從智旭解說《周易》卦爻辭的心學思想而論，大部分都是佛家的“唯心論”，很少再援用陸王的思想。如解《乾·象》云“無有一事一物而不會歸于即心自性也”，解《屯·象》云“約自新論經綸者：豎觀此心不在過現未來，出入无時，名爲經；橫觀此心不在內外中間，莫知其鄉，名爲綸也”，解《臨·上六》云“了知心外无法，不于心外別求一法，故爲志在內而志无咎”，解《家人》卦辭云"唯心爲佛法之家",解《蹇·象》云:"君子知一切險難境界,惟吾心自造自現,故不敢怨天尤人,但反身以修其德",解《革·象》云"時无實法,依于色心分位假立。心无形像,依色表見……故知時惟心現,无在而无所不在",凡此種種談"心"之說,多與陸王學派的思想有較大的區別。當然,也有個別的例外,如解《中孚·初九》云:"君子戒慎乎其所不覩,恐懼乎其所不聞,皆是向一念未生前下手,即本體即工夫,即工夫即本體,故能遯世不見,知而不悔。"此處很明顯是把王陽明"工夫、本體合一"的思想與佛家"一念心性"論相提並論。

根據以上的分析,我們可以發現:《周易禪解》中儘管也蘊涵一些陸王心學的思想,但主要的"心法"思想還是歸趨佛家的"萬法唯心"、"心外無法"。

第二,基於理學和心學思想的支撐,智旭還對"順理"的思想作了不少的發揮。對於"順理"的思想,程朱學派作了不少闡發,並提出"順理應物"、"損人欲以復天理"[41]等思想主張。陸王學派在這個問題上,也表明了自己的看法,其中陸九淵所論較詳:認爲"此理塞宇宙,誰能逃之。順之則吉,逆之則凶"[42]、"此理在宇宙間,未嘗有所隱遯,天地之所以爲天地,順此理而无私焉耳。人與天地並立而爲三極,安得自私而不順此理哉"[43]、"天理人欲之言,亦自不是至論。若天是理,人是欲,則是天人不同矣。此其原蓋出於老氏"[44]。陸九淵對"順理"的強調,雖然沒有離開程朱理學的前提,但無疑更傾向於從"天人合一"的

---

41 《周易程氏傳》。
42 《陸九淵集》卷二十一《易說》。
43 《陸九淵集》卷十一《與朱濟道》一。
44 《陸九淵集》卷三十四《語錄上》。

角度理解所順之"理"，使"人心"與"天理"契合爲一。從《周易禪解》中蘊涵的"順理"思想內容來看，與陸王學派的觀點比較接近，因爲智旭所說的"理"更是與"心體"、"天體"契合相通的。智旭對"順理"思想的直接發揮，主要體現在解《繫辭上傳》中：如解"繫辭焉而明吉凶"云："順理者吉，逆理者凶。"此語與陸氏所言基本相同。解"是故吉凶者，失得之象也"云："是故吉凶者，即失理得理之象也。"此處引"理"作解，痕跡明顯。解"是故卦有大小，辭有險易"云："所趨之理即吉道也，自非全體合理，決不能有吉无凶。"此處是對"順理"思想的合理發揮。解"言天下之至賾而不可惡也"云："易理不可惡。"此處把"易理"也融進"順理"之中。解"定之以吉凶，所以斷也"云："易有吉凶定判，所以明斷合理之當爲，而悖理之不可爲也。"此處仍是以"順理"的思想發揮傳文義理。解"天之所助者順也，人之所助者信也"云："夫天无私情，所助者不過順理而已；人亦无私好，所助者不過信自心本具之易理而已。"此處的"天无私情"、"人无私好"很明顯是對陸氏言論的再發揮，意思非常接近。

　　從以上兩個方面的分析情況來看，《周易禪解》中蘊涵的陸王心學思想雖然分量不多，但對整個解《易》思想理論的建構是至關重要的。智旭既借助陸王心學闡釋"易理"的心學內涵，又以佛家心性理論闡發其心學的旨歸，在很大程度上揚棄了儒家的心學，從而使其兼融的思想體系仍保持佛學的本色，而映射出獨特的思想光輝。

第三節　發揚易學多家思想

　　智旭作爲一個以佛入《易》的僧人，雖然沒有傳統易學家的門戶觀念，但在選擇易學觀點的時候還是有所取捨的，體現出一定的傾向性。從總的情況來看，智旭基本傾向於以闡發《周易》的義理爲主。對於象數學派的觀點[45]，雖然很少借用，但也不表示反對。對於義理學派的觀點，從表面直接引用的情況看，主要採納那些非正統的且有以心學禪學解《易》的那些《易》家《易》著的觀點；而從其整體的易學思想蘊涵來看，主要是孔子和王弼的思想。值得指出的是，對於程、朱和陸、王四家的易學思想，智旭也有所採納，主要借助他們的理論成果作相通理論的基礎，而對他們所持的易學思想主張並不贊成，但是對這兩個學派的其他易學家的觀點又有所吸收。有鑒於此，在本書討論中所涉及的宋明易學家，就不再專題提及程、朱、陸、王四家的易學思想。本節主要從以下三個方面挖掘《周易禪解》的易學思想蘊涵。

一、肯定孔子《易傳》之易理

　　先秦《易傳》，既是今本《周易》的重要組成部分，也是迄今爲止保存最好、流傳最廣的、最早的闡釋《易經》卦爻辭義理的著作。由於史闕有間，後世學者對《易傳》的作者、著作年代、

---

45 按：智旭在《周易禪解》中偶而也引象數派的義理說作解，如解《坤·初六》："京氏曰：陰雖柔順，氣則堅剛，爲无邪氣也。陰中有陽，氣積萬象。"此處的"京氏"應該是指漢代象數派易學名家京房，因爲引文的內容與京房主張的卦氣說非常接近。

思想內容等問題都有一些不同的看法。對此，智旭在《周易禪解》中，不僅肯定孔子有作《易傳》的事實，而且贊成《易傳》所傳釋的易理。智旭對孔子易學思想的發揚和融通，可從三個方面加以體現：

第一，極力批評 "《易傳》非孔子著作" 的說法。關於《易》，向來有三《易》的說法，主要是根據《周禮·春官》所謂太卜 "掌三《易》之法，一曰《連山》，二曰《歸藏》，三曰《周易》，其經卦皆八，其別皆六十有四"，但至今仍難成爲確論。關於《周易》經傳的創作問題，漢代班固《漢書·藝文志》綜合司馬遷《史記》的舊說提出了 "人更三聖，世歷三古" 的說法。所謂 "三聖"、"三古" 之義，顏師古註曰： "伏羲爲上古，文王爲中古，孔子爲下古"，即言上古伏羲作八卦，中古周文王重卦並撰卦爻辭，下古孔子著《易傳》。此說在漢代學者中最爲流行，但漢魏間也有稍微不同的說法，主要有四種觀點：一是認爲伏羲畫八卦後自重爲六十四卦；二是認爲神農重卦；三是認爲夏禹重卦；四是認爲周文王作卦辭而周公作爻辭[46]。從總的來看，這些 "異說" 與班固之說並沒有根本性的違背。到了北宋歐陽修撰《易童子問》，以勇於疑古的精神，考辨了《易傳》七種的內容，認爲《繫辭傳》、《文言傳》、《說卦傳》、《序卦傳》、《雜卦傳》並非出自一人之手，不能視爲孔子所作，但仍認爲《彖傳》、《象傳》是孔子所撰。智旭對此又綜合各種說法加以論說，並在《周易禪解·上經》開篇時便提出自己的看法：

> 六十四卦皆伏羲所畫，夏經以《艮》居首，名曰《連山》；
> 商經以《坤》居首，名曰《歸藏》，各有繇辭以斷吉凶；文

王囚羑里時，繫今《彖辭》，以《乾》、《坤》二卦居首，名
之曰《易》；周公被流言時，復繫《爻辭》，孔子又爲之《傳》
以輔翊之，故名《周易》。古本文王、周公《彖》、《爻》二
辭，自分上下兩經。孔子則有《上經彖傳》、《下經彖傳》、
《上經象傳》、《下經象傳》、乾、坤二卦《文言》、《繫辭上
傳》、《繫辭下傳》、《說卦傳》、《序卦傳》、《雜卦傳》，共名
《十翼》。後人以孔子前之五傳會入上下兩經，而《繫辭》
等五傳不可會入，附後別行，即今經也。

從上引文可知，智旭不僅贊同"三《易》"之說，而且更進
一步肯定"四聖"之說，尤其是完全同意孔子作《十翼》的說法。
筆者在解讀《周易禪解》中還發現，智旭對歐陽修的觀點是極爲
不滿的，並給予嚴厲的批評，如解《說卦傳》時在文末著重指出：
"此中具有依正、因果、善惡、无記、煩惱、業苦等一切諸法，
而文章錯綜變化，使後世儒者无處可討綟索，真大聖人手筆，非
子夏所能措一字也。歐陽腐儒乃疑非聖人所作，陋矣！陋矣！"
又如解《雜卦傳》開篇指出："剛柔合德，憂樂相關，與求互換，
見雜相循，起止盛衰之變態，乃至窮通消長之遞乘，世法、佛法
无不皆然。自治治人，其道咸爾，而錯雜說之，以盡上文《九翼》
中未盡之旨。令人學此《易》者，磕著砰著，无不在易理中也。
筆端真有化工之妙，非大聖不能有此。"智旭作爲佛門中人，不
依順歐陽修之正統儒者而非孔，反能從儒佛相通的角度證明孔子
作《易傳》之事實，其爲學的思想精神實在難能可貴！

第二，高度讚揚孔子《易傳》並據此闡發義理。智旭不僅贊
成孔子作《易傳》的說法，而且把孔子也視爲"大聖人"，並高
度讚揚《易傳》所傳釋的義理。從總體來看，智旭是與前儒一樣
把《易傳》當作"內聖外王之學"，但所論又有差別。在解《乾》

卦之前指出：“伏羲但有畫而無辭，設陰陽之象，隨人作何等解，世界悉檀也。文王《彖辭》，吉多而凶少，舉大綱以生善，爲人悉檀也。周公《爻辭》，誡多而吉少，盡變態以勸懲，對治悉檀也。孔子《十傳》，會歸內聖外王之學，第一義悉檀也。偏說如此。剋實論之，四聖各具，前三悉檀，開權顯實，則各四悉。”如果結合《周易禪解序》文中以“四悉檀”所論“所解之易”，不難發現智旭是把《易傳》擺在相當重要的位置上的。從局部上看，智旭對各傳均有高度的評價，如解《乾·彖》時指出：“此孔子《彖傳》，所以釋文王之《彖辭》者也。釋《彖》之法，或闡明文王言中之奧，或點示文王言外之旨，或借文王言句而自出手眼，別申妙義，事非一概。今《乾》、《坤》二卦，皆是自出手眼，或亦文王言外之旨。”之後，解“首出庶物，萬國咸寧”句時，又指出：“統論一傳宗旨，乃孔子借釋《彖》、《爻》之辭，而深明性修不二之學。”又如解《繫辭上傳》開篇時指出：

> 伏羲設六十四卦，令人觀其象而已矣。夏、商各于卦爻之下“繫辭焉以斷吉凶”，如所謂《連山》、《歸藏》者是也。周之文王，則繫辭于每卦之下，名之曰《彖》。逮乎周公，復繫辭于每爻之下，名之曰《象》。孔子既爲《彖傳》、《象傳》以釋之，今又統論伏羲所以設卦，文、周所以繫辭，其旨趣、綱領、體度、凡例，徹乎性修之源，通乎天人之會，極乎巨細之事，貫乎日用之微，故名爲《繫辭》之《傳》，而自分上下焉。

在解《繫辭上傳》“繫辭焉，所以告也”時又說：“易有繫辭，所以昭告以人合天之學也。”從這些引文可見，智旭對《繫辭傳》是何等的褒揚！但這還不是最高的肯定。智旭在解《雜卦傳》“夬，決也，剛決柔也。君子道長，小人道憂也”一章，對孔子《易傳》的肯定和佩服才是到了極致。他說：

> 問：何謂君子之剛？答：智慧是也。何謂君子之柔？答：
> 慈悲是也。何謂小人之剛？答：瞋慢邪見是也。何謂小人
> 之柔？答：貪欲癡疑是也。噫！讀此一章，尤知宣聖實承
> 靈山密囑，先來此處度生者矣。不然，何其微言奧旨，深
> 合于一乘若此也。思之佩之！

此處智旭把《易傳》當作佛祖密囑孔子所作之文，既完全肯定孔子有作《易傳》的事實，又充分體現他易佛相通的思想主旨。也許正是這樣，智旭才把《易傳》當作傳釋《易經》妙理的載體，作爲他以佛解《易》的主要對象和依據。換句話說，智旭所謂的易佛相通思想，主要是從《易傳》之義理與佛理佛法的對比中印證的。綜觀《周易禪解》全書，可以說大部分的解說文字都是從《易傳》中申發出來的，無論是解說《易傳》文句，還是解說《易經》卦爻辭，大多依據《易傳》的說法。

第三，廣泛推行《易傳》之條例解說卦爻辭。智旭依據《易傳》來解《易》，最明顯的體現就是運用《易傳》發明的各種解《易》條例疏釋卦爻辭的義理。從總的來看，援用最多的是"爻位宜中正"的義例。孔子《易傳·象傳》非常重視爻位，並形成相應的解說條例，有"當位"、"不當位"、"中"、"正"、"中正"諸種義例[47]。所謂"爻位"，就是指六爻分處的六級等次。六級爻位由下至上依次遞進，名曰：初、二、三、四、五、上。六爻位次，有奇偶之分：初、三、五爲奇，屬陽位；二、四、上爲偶，屬陰位。六十四卦三百八十四爻，凡陽爻居陽位，陰爻居陰位，均稱"當位"（亦稱"得正"、"得位"）；凡陽爻居陰位，陰爻

---

47 本節中有關易學義例的說明文字，參見張善文《象數與義理》一書中的觀點，遼寧教育出版社，1993 年 5 月版，第 26-28 頁、第 172-181 頁。

居陽位,均稱"不當位"(亦稱"失正"、"失位")。六爻所居位次,第二爻當下卦中位,第五爻當上卦中位,義例稱"中"。凡陽爻居中位,稱"剛中";陰爻居中位,稱"柔中"。如果居中且當位,即陰爻處二位,陽爻處五位,那麼就是所謂的"中正"。一般情況下,"當位"之爻辭義多吉,"不當位"之爻辭義多凶;"中正"之爻辭義多是大爲吉利。智旭解《易》十分重視運用這些義例疏釋和闡發卦爻辭義理,不妨略舉幾例:以解《既濟》卦爲例,如解其《彖》"利貞,剛柔正而位當也"一句云"六十四卦,惟此卦剛柔皆當其位,故'貞'",解其六二爻云"九五陽剛中正而居君位,二以陰柔中正應之";以解《節》卦爲例,如解其《彖》"當位以節,中正以通"一句云"惟節而當位,斯爲中正,惟中正故通而不窮",解其九五爻云"陽剛中正,居于尊位,所謂'當位以節'者也";又如解《未濟》九二爻云"由其在中,故能行正,可見中與正不是二理"。類似的事例,舉不勝舉,茲不贅述。由於智旭廣泛運用《易傳》發明的義例疏釋卦爻辭,所以說《周易禪解》中也蘊涵著孔子的易學思想。

二、援用王弼解《易》之條例

清代大學者紀曉嵐在《閱微草堂筆記》中有一則筆記專門談論易學流派,文中有一段精彩的答語:

> 聖人作《易》,言人事也,非言天道也;爲衆人言也,非爲聖人言也。聖人從心不逾矩,本無疑惑,何待於占?惟衆人昧於事幾,每兩歧罔決,故聖人以陰陽之消長,示人事之進退,俾知趨避而已,此儒家之本旨也。顧萬物萬事,不出陰陽,後人推而廣之,各明一義。楊簡、王宗傳闡發心學,此禪家之《易》,源出王弼者也。陳摶、邵康節推論

> 先天，此道家之《易》，源出魏伯陽者也。術家之《易》，
> 衍於管、郭，源於焦、京，即二君所言是矣。《易》道廣大，
> 无所不包，見智見仁，理原一貫。後人忘其本始，反以旁
> 義爲正宗。是聖人作《易》，但爲一二上智設，非千萬世垂
> 教之書，千萬人共喻之理矣。經者常也，言常道也；經者
> 徑也，言人所共由也。曾是六經之首，而詭祕其說，使人
> 不可解乎？[48]

從上引文可以看到，紀曉嵐對“禪家之《易》”、“道家之
《易》”、“術家之《易》”是頗有微詞的，認爲這些都是“忘
其本始，反以旁義爲正宗”。當然，紀曉嵐出於儒家正統的思想，
難免有所局限，未必就是確論。但是，他認爲“禪家之《易》”
是“源出王弼”，倒也說得在理。王弼乃援道家思想解《易》，爲
何成爲禪家之源呢？應該是王弼“得意忘象”的思維方式和“掃
象闡理”的做法，成爲後代禪家效仿的榜樣，故以此視爲其來源。
且不談楊簡、王宗傳，就論智旭解《易》都與王弼易學有千絲萬
縷的聯繫。如智旭沿用王弼定編的經傳參合本《周易》、偏重於以
孔子《易傳》解經、效仿“掃象闡理”的做法而援佛學解《易》
等，無不來源於王弼。如果進一步深究，我們會發現智旭解《易》
的大部分義例，實際上都是當年王弼首先推行的，以此來論其蘊
涵王弼易學思想將更爲充分。以下就這個問題作些分析說明。

第一、承、乘、比、應。這是王弼《周易註》中解釋卦爻義
理時屢屢綜合使用的條例之一。該條例的大體意思是：凡下爻緊
依上爻謂“承”，凡上爻淩據下爻謂“乘”，凡逐爻相連並列謂
“比”，凡上卦三爻與下卦三爻之間陰陽交相感應謂“應”。關

---

48 引自《全本閱微草堂筆記》卷六《灤陽消夏錄六》第 8 則，巴蜀書社，1995
　　年 9 月版，第 101-102 頁。

於這四種義例所代表的吉凶，王弼《周易略例·明卦適變通爻》說：
"夫應者，同志之象也。位者，爻所處之象也。承乘者，逆順之
象也。"智旭在《周易禪解》中也屢用此條例，不妨略舉兩例。
如解《睽》卦六爻全以"應"例爲說，解初九說"剛正无應，居
'睽'之初，信此以往，則'无過'而'悔亡'矣"，解九二說
"剛而得中，上應六五柔中之主"，解六三說"本與上九爲應，
而當'睽'之時，不中不正，陷于九二、九四兩陽之間，其迹有
可疑者"，解九四說"'睽'必有應，乃可相濟"，解六五說"且
君臣相合，睽終得濟而有慶也"，解上九說"上九與六三相應，
本非'孤'也"。"睽"有"同志"之象，智旭以"應"例爲解，
正合王弼之義。如解《晉》卦六五說"雖俯乘'鼫鼠'之九四，
仰承'晉角'之上九，而與坤順合德，故往接三陰，同成順麗大
明之治，則'吉无不利'"，即是以"承乘"爲義例。從總的來
看，主要以"應"之義例來解說，而"承"、"乘"、"比"之
義例用得很少。

　　第二，名卦存時。《周易》六十四卦，每卦各自象徵某一事物、
現象在特定背景中產生、變化、發展的規律；伴隨著卦義而存在
的這種"特定背景"，《易》學通例稱"卦時"。但六十四卦之
"時"，總是處在變動之中；而每卦六爻，又均規限在特定的
"時"中反映事物發展到某一階段的變化情狀。這種情況，即王
弼《周易略例·明爻通變》所提出的"卦以存時，爻以示變"之說。
智旭在《周易禪解》中也沿用了這一義例來闡發義理。如《師》
卦六五爻辭"田有禽，利執言，无咎"，王弼《周易註》解說：
"處《師》之時，柔得尊位。陰不先唱，柔不犯物；犯而後應，
往必得直，故'田有禽'也。物先犯己，故可以'執言'而'无
咎'也。"智旭《周易禪解》解說："柔中之主，當此用《師》

之時，仗義執言，以討有罪，固无過也。”兩相比較，以卦時結合爻位來解說的做法都是一樣的。智旭在解《豫》卦之《彖》著重指出：“夫六十四卦皆時耳，時必有義，義則必大。”更可見其對“卦時”的重視。

第三，卦主。《周易》六十四卦，於每卦六爻之中，有爲主之爻，稱“卦主”。對卦主的揭示，在《十翼》的《彖傳》中頗有敘及。至王弼，常推行卦主之例以說《易》，據其《周易略例·明彖》所云“夫《彖》者，何也？統論一卦之體，明其所由之主也”，可知其說大多是源於《彖傳》所論。王弼所推行的卦主之例有多種，主要根據“以少制多”的思想來定的，智旭基本上都沿用了。以下略舉幾種互證：

（一）“成卦之主”。指一卦的卦體所由以形成之主爻。王弼《周易略例·略例下》云：“凡《彖》者，統論一卦之體者也；《象》者，各辨一爻之義者也。故《履》卦六三，爲兌之主，以應于乾；成卦之體，在斯一爻。”智旭解《履》卦也沿用這一思想，如解卦辭云“以說應乾，故‘不咥人’”，解《彖》云“此卦以說應乾，說即柔順之謂”，解六三爻辭云“問：六三爲悅之主，《彖》辭讚其應乾而亨，爻胡貶之甚也？答：《彖》約兌之全體而言，爻約六三不與初、二相合，自信自任而言。”

（二）“主卦之主”。指一卦中的諸爻恃其爲主之爻。王弼《周易略例·略例下》云：“凡《彖》者，通論一卦之體者也。一卦之體，必由一爻爲主，則指明一爻之美以統一卦之義，《大有》之類是也。”智旭以“主卦之主”爲義例解說的比較多，如解《睽》卦六五爻云“六五乃九二之主也”，解《艮》上九爻云“爲《艮》之主，居卦之終，可謂止于至善，无所不用其極者矣”，解《巽》卦初六爻云“初六，《巽》之主也”，解《兌》卦云“六三爲《兌》

之主”、“上六亦爲《兌》主”等等。

（三）“一陰主五陽”。指《周易》六十四卦中，凡含五陽爻、一陰爻者，即以陰爻爲卦主。凡五陽一陰的卦一共有六卦，即《同人》、《履》、《小畜》、《大有》、《夬》、《姤》。王弼《周易略例·明象》云：“一卦五陽而一陰，則一陰爲之主矣”。智旭也援用此例，如解《同人》卦九五爻云“六二陰柔中正，爲離之主”，解《履》卦六三爻云“六三爲悅之主”，解《夬》九四爻云“‘羊’指上六，爲兌之主”，解《姤》卦九五爻云“九五爲《姤》之主，乃高居于上，遠不相及”。

（四）“一陽主五陰”。王弼《周易略例·明象》云：“五陰而一陽，則一陽爲之主矣。”指《周易》六十四卦中，凡含五陰爻、一陽爻者，即以陽爻爲卦主。凡五陰一陽的有《師》、《比》、《謙》、《豫》、《復》、《剝》六卦。智旭亦用此例，如解《比》九五爻辭云“陽剛中正，爲天下之共主，故名‘顯比’”，解《豫》卦九四爻云“爲《豫》之主，故名‘由豫’”。

（五）“遺爻舉體”。王弼《周易略例·明象》云：“或有遺爻而舉二體者，卦體不由乎爻也。”（《略例下》又曰：“卦體不由乎一爻，則全以二體之義明之，《豐》卦之類是也。”）即指六十四卦中，或有不以某爻爲卦主者，則舉上下二體之象爲主。智旭亦沿用此例，如解《豐》卦，解六二爻云“六二爲離之主，至明者也”，解九四爻云“以陽剛爲震之主”，即以六二爲下體離卦之主，以九四爲上體震卦之主；解《歸妹》卦，解初九爻云“震三爻中，九四爲所歸主”，解六三爻云“爲兌之主，恐其說之易動也”，即以六三爲下體兌卦之主，以九四爲上體震卦之主。也是援用此義例。

從以上分析表明，智旭明顯援用了王弼的“卦主”義例而爲說。

　　儘管《周易禪解》中沒有絲毫文字提到王弼，但是通過我們實事求是地比較他們所依的《周易》文本、解《易》的風格、解說的義例等，明顯地發現了不少共同之處。通過對這些共同點的分析，我們認爲智旭在一定程度上，繼承了王弼的解《易》思想和方法，從而認爲《周易禪解》中蘊涵著王弼的易學思想。

三、引用宋明《易》家之義理

　　宋代以前，之所以出現不了以佛學名相概念來解說《周易》的著作，最主要的原因是佛學與《周易》兩者之間差距太大，而又缺少可以兩通的思想媒介。宋代以來，理學和心學的出現，才使佛學與《周易》的距離逐漸縮小。理學思想最大特點就是把理當作本體概念，而心學思想既把心當作本體看待，又強調"心即理"。這兩種思想，從其根源上說既來源於對《周易》學說的推導，又得益於道、佛二學思想的啓發，可以說乃是佛與《易》交融的結果。宋明時期的心學解《易》派主要就是依靠這兩種思想進行佛與《易》的溝通，但是所取得的著作成果並不盡如人意，最大的缺陷就是未能全面通解《周易》。對於想全面解說《周易》的智旭來說，這顯然也是擺在他寫作前的一大難題。既然如此，智旭又是如何解決這一難題而使所有的經傳文字都能得到合理解說的呢？根據研究發現，智旭除了巧妙運用程朱理學和陸王心學的理論成果作爲解說理論的媒介，主要就是直接援引一些義理派易學家的觀點加以補充。從引用的情況來看，主要是宋明以來的心學派易學觀點，但不專以某家的觀點爲說，而是根據實際需要適當引用。從總的來看，智旭援用的竟然有二十多家不同的觀點。引用的易學著作明確標明書名的主要有：《易因》（解《否·六三》)、《九家易》(解《坤·初六》)、《易讀》(解《蹇·六二》)。《易因》,又名《九正易因》,是李贄的著作。《九家易》和《易讀》的作者,目前還無法確定,但估計也是明代的著作。從引用這三家的情況看,引文都很短,主要起補釋作用,如解《坤·初六》引《九家易》曰:"霜者,乾之命;堅冰者,陰功成也。" 引用宋、元、明易學家的易說比較多,所以以下就簡單依朝代分成三個方面考察這些易說的思想內容及其分佈情況。

第一,宋代的易學家。主要有蘇眉山(蘇氏)、楊龜山、楊誠齋、楊慈湖等四家。智旭在《周易禪解》中直接引用"蘇眉山"的易說有二十處,引用"蘇氏"的一處(即解《師·上六》)。蘇眉山究竟是何人呢?經過比較研究發現,這二十一處所引之文均來自《東坡易傳》,且大多是直接摘錄原文。《東坡易傳》九卷,蘇軾撰,又名《易傳》、《毗陵易傳》,該書其實乃是蘇氏父子三人合力完成的,所以一般也稱《蘇氏易解》。由此看來,智旭所謂的"蘇眉山"、"蘇氏"乃是泛指"三蘇",而不是專指蘇軾,故以"三蘇"的家鄉"眉山"和姓氏作爲代稱。《東坡易傳》,實際上也是援禪解《易》的作品,雖然其中沒有出現佛學的名相概念,但所闡釋的義理頗有佛道色彩,所以《四庫全書總目·東坡易傳提要》指出:"今觀其書,如解《乾卦·彖傳》性命之理諸條,誠不免杳冥恍惚,淪于異學"。就書中的二十一處"引文"來看,主要以易學義例來疏釋義理爲主,"異學"色彩並不鮮明。如解《師·上六》引蘇氏云:"聖人用師,其始不求苟勝,故其終可以正功。"此處主要闡明用師之道。但有一點可以肯定的是,智旭受《東坡易傳》的影響非常大,這從《周易禪解》中大量直接引用"蘇眉山曰"就可以得到很好的證明。

楊時(1053~1135),字中立,晚年隱居龜山,故稱龜山先生,北宋著名理學家程頤的學生，著作有《龜山文集》三十五卷。楊時雖是理學的正宗傳人，但晚年"竟溺于佛氏"[49]，有比較明確的儒佛合一思想。他在易學方面的成就，主要是校正程頤的力作《伊川易傳》。《周易禪解》中引"楊龜山曰"只有一處，即解《艮‧六四》引楊龜山曰："《爻》言身，《象》言躬者，伸爲身，屈爲躬，屈伸在我不在物，兼《爻》與《象》，是屈伸兼用矣。"此說頗有唯心思想色彩。

楊誠齋，即南宋易學家楊萬里（1124～1206），著有《誠齋易傳》二十卷，屬於義理學派。楊萬里主要發揮程頤《伊川易傳》的思想，反對象數派、圖書派《易》學，在宋代和後世有重要影響。他在解釋《周易》經文時，十分重視引用史事闡發經文含義，注意義理講解的連貫性，不拘泥於文字訓詁和註疏，不割裂義理。認爲《易》是聖人通變之書，依據過去的事情，推測、預知事情在未來的發展變化，指出易之道也就是天理。從《周易禪解》的內容特點來看，智旭解《易》明顯有受到《誠齋易傳》"援史事、人事證《易》"之風的影響。但是，書中直接引用的只有一處，即解《同人‧九五》引楊誠齋曰："師莫大于君心，而兵革爲小。"此處明顯是帶有心學傾向的解釋。

楊慈湖，即南宋心學家楊簡（1141～1226），字敬仲，因在慈湖築堂居住，故稱慈湖先生。他是陸九淵心學的重要傳人，強調所謂無思無爲，寂然不動之"本心"，進而提出"萬物唯心"、"萬物唯我"的唯心主義命題，傳世的易學著作有《楊氏易傳》20卷。《楊氏易傳》，前十九卷釋《易》經文，末卷泛論《易》學，認爲《易》本是占筮之書，但聖人卻可以用之教化百姓；提出易

49　《宋元學案》卷二十五《龜山學案》。

之道即是人之心，卦名殊而道一等著名論點。說多入禪。以佛理解《易》，以心學講《易》，實自此始。《周易禪解》中引"楊慈湖曰"有四處："理屯如理絲，固自有其緒。建侯，其理之緒也"（解《屯》卦辭）、"畜有包畜之義，故云畜君何尤。此卦六四以柔得近君之位，而上下諸陽皆應之，是以小畜大，以臣畜君，故曰小畜。其理亦通，其六爻皆約臣畜君說亦妙"（解《小畜》卦辭）、"舜禹十有一月朔巡狩，但于冬至日則不行耳"（解《復·象》）、"澤所以能瀦水而高上于地者，以有坊也。民所以得安居而聚者，不可无武備也。除治戎器，戒備不虞，皆大易之道也"（解《萃·象》）。從這四處"引文"來看，並非原文摘錄《楊氏易傳》，而是擇取相關的易說，以補釋經傳文辭義理爲主，不具有明顯的心學傾向。

第二，元代的易學家。主要有吳幼清（吳草廬）、俞玉吾兩家。吳澄（1249～1333），字幼清，號草廬，是朱熹的四傳弟子，易學思想源於朱熹和邵雍，主要以象爲宗，象數和義理相容，代表性的易學著作有《易纂言》及《易纂言外翼》。《易纂言》之成書，歷時四十年，曾四易其稿，並自稱："吾于《易》書用功至久，語尤精，其象則皆自得于心。"[50]《周易禪解》引"吳幼清曰"的文字共有五處：解《坤·六四》、解《屯·六二》、解《謙·象》、解《无妄·六三》、解《大畜·象》。引"吳草廬曰"的只有一處，即解《小過·象》。從這六處"引文"來看，大多是以"象"來解卦爻辭義理，如解《大畜·象》"君子以多識前言往行以畜其德"引吳幼清曰："'識'，謂記之于心。德大于'前言往行'，猶天之大于山也。以外之所聞所見，而涵養其中至大之德，猶山在

---

50 朱彝尊《經義考》卷三十。

外，而藏畜至大之天于中也。'前言往行'，象山中寶藏之多；'德'，象天之大。"此處以象釋義有明顯的唯心傾向。

俞玉吾，即元代發展道教易學的代表人物俞琰（約 1257～1327），字玉吾，號石澗道人，又號林屋山人，存世的易學著作有《周易集說》、《讀易舉要》、《周易參同契發揮》、《易外別傳》、《易圖纂要》等，其易學繼承了朱熹的易學思想，主張象數與義理融合在一起。《周易禪解》引"俞玉吾曰"只有一處，即解《泰·六四》，引文較長，主要以"應"例爲解，闡釋"上下一心，陰陽調和，此大道爲公之盛，所以爲泰"的義理。

第三，明代的易學家。可以確定是明代的有：王陽明、溫陵郭氏、錢啓新（原名一本，字國瑞，曾主講東林學院，學者稱啓新先生，著有《像抄》六卷、《像象管見》九卷、《四聖一心錄》六卷等《易》作，《四庫》都有存目）、陸庸成（原名振奇，字庸成，著有《易芥》八卷，《四庫》有存目）、陳旻昭、陳非白、洪化昭（自號曰北居士，大概是天啓、崇禎間人，著有《周易獨坐談》五卷，疑其與洪覺山是同一個人）等七家。尚難完全確定是明代的有：馮文所、潘雪松（疑其是《洗心齋讀易述》作者潘士藻，此人號松雪，與"雪松"很相似）、李衷一、孫聞斯、鄭孩如、項氏（疑是指宋代的項安世）、季彭己（疑其是《易學四同》作者季本，此人號彭山，與"彭己"很相近）、張慎甫、洪覺山。從易學史的角度看，以上這些人物都不是著名的易學家。《周易禪解》引用這些易學家觀點的大致情況是：王陽明（解《乾·上九》）、溫陵郭氏（解《需》卦初九、九三、六四、九五、上六）、錢啓新（解《大過·彖》，引文較長，主要以"剛柔"、"中正"的義例爲解）、陸庸成（解《益·象》）、陳旻昭（解《坤·上六》、《師·九二》、《小畜》卦辭、《无妄·六三》，引文都較長，主要以史事和義例疏釋卦爻辭）、陳非白（解《坤·文言》）、洪化昭（解《坤·文言》）、馮文所（解《乾·象》）、潘雪松（解《既濟·六四》）、李衷一（解《乾·文言》）、孫聞斯（解《坤·初六》）、鄭孩如（解《同人·九五》）、項氏（解《小過·象》）、季彭己（解《泰·六四》）、張慎甫（解《恒·九三》）、洪覺山（解《漸·初六》）。從"引文"的情況來看，主要起補釋卦爻義理的作用，有一定的心學思想傾向，比較明顯的如解《同人·九五》引鄭孩如曰："大師之克，非克三、四也，克吾心之三、四也。私意一起于中，君子隔九閽矣，甚矣，克己之難也。非用大師，其將能乎？"又如解《泰·六四》引季彭己曰："中心願者，言其出于本心也。"由此我們可以推定，這些來歷尚不明的易學家，也都是一些主張以心學解《易》的人物。智旭把如此多的宋明心學派《易》家觀點直接融進《周易禪解》，無疑使得全書又增加了宋明易學思想的蘊涵，反過來也可充分證明他在寫作《周易禪解》的過程中有大量借鑒宋明心學解《易》成果的事實。所以，在某種意義上，我們可以認爲宋明心學解《易》派的思想乃是智旭易學思想的直接來源。

行文至此，我們不妨對本章內容作一個小結。從以上的論述可以看到，《周易禪解》中蘊涵的思想是很複雜的，同時具有大量的佛學、儒學、易學等思想。在佛學方面，主要以天台圓教的思想融會大乘禪學諸宗的思想；在儒學方面，主要以孔子的思想爲基礎貫通宋明的理學和心學；在易學方面，主要以心學解《易》派的思想闡發《周易》經傳的義理。如果僅僅單純從佛學或儒學或易學方面的思想來看，其思想無一不是來源於對以往傳統思想的發揮，很難發現智旭在理論思想上有什麼獨特的創新之處。但是，我們更應該看到，這三方面的思想在《周易禪解》中是有機地統一在《周易》經傳的義理之中的，而不是互相抵觸或彼此割裂的，進一步說乃是統一在以佛學“萬法唯心”思想爲核心的、新的相通思想理論體系之中，互相聯繫，互含互攝，互證互通，都是智旭解《易》思想的重要組成部分。智旭如此把各種不同的思想體系“融會”在一起，並在《周易》的義理層面上得到真實的“貫通”，這種做法在中國學術史上，可以說是具有一定原創性的。從這個意義上說，智旭的解《易》思想無疑是對傳統文化思想的一次超越和創新。由此看來，我們也不能把智旭的解《易》思想簡單地看成佛學或儒學或易學的思想，而應以更恰當的名詞概念概括這一創新的思想體系，以使《周易禪解》深厚的思想底蘊和獨特的學術內涵都能得到充分的體現。有鑒於此，後文將繼續對《周易禪解》所建構的思想體系作進一步的探討和研究。

第五章 《周易禪解》的思想傾向與創新

如果說本書第三章是從縱的角度解讀《周易禪解》的文本內容和性質，第四章是從橫的角度考察《周易禪解》的思想來源和蘊涵的話，那麼本章將是以縱橫交錯的模式探討《周易禪解》的思想體系和旨歸。儘管《周易禪解》的解《易》思想散佈在《周易》經傳的文辭之間，表面上分散雜亂、不成系統，但由於這些解《易》的思想主要統一在以佛學"萬法唯心"思想爲核心的的相通思想理論體系之中，並具有鮮明的禪易相通思想傾向，所以我們就把這一理論體系命名爲"禪易相通思想"或"禪易相通理論"。《周易禪解》的禪易相通理論，是智旭在解說《周易》過程中所體現的獨特的思想傾向。本章主要對這一思想進行具體、深入的探究，並簡要說明智旭的創新之處。

第一節 易理與佛理本無二致

《周易》是易學的根，是儒學的源，在傳統的國學思想文化中始終是主導的核心。《周易》與佛學是不能直通的，必須借助一定的理論媒介，而且這種理論必須是相對成熟的。智旭在解說《周易》的過程中，始終圍繞著一個不變的思維導向，那就是如何證明易理就是"隨緣不變，不變隨緣"的佛理。他在認定易理通佛理的基礎上，援用了會通的傳統思想作爲理論媒介，力求通過《易傳》的文字，肯定易理是在天地之先，具有本體的概念，由此又進一步證明易道與佛性是同樣的。總之，智旭反復的解說和證明，都是爲了得出易學與禪學的本根是相通的這一結論。既是如此，不僅證明了以禪解《易》是行得通的，也證明了儒釋道三教的關係是相通的。本節主要分析智旭所運用的三方面理論基礎，並闡述這些基礎理論是如何被智旭統一到一致的核心上來的。

智旭撰寫《周易禪解》是先完成《繫辭》以下五傳之後，再解上、下經的。他在解說《周易》經傳的過程中，主要站在佛學的立場，並借助理學與心學相通的理論闡發《周易》的義理。從總體上看，智旭解《易》的指導思想在對《繫辭傳》、《說卦傳》等五傳闡釋中，也已基本完成。有鑒於此，本節側重以解《繫辭》等五傳的內容爲主，並結合《靈峰宗論》中與易學相關的內容，從三個方面加以分析說明。

一、易即易理貫徹始終

"易"即"易理"、"易理"即本體的思想是智旭解《易》思想的基礎和前提，具有鮮明的禪易相通思想傾向，也是《周易禪解》創新思想理論的一大體現。這一思想理論來源於智旭運用理學思想對《易傳》文辭的推導，如其在解《乾·彖》"大明終始，六位時成，時乘六龍以御天"一句時指出："聖人見萬物之資始，便能即始見終，知其由終有始，始終止是一理。但約時節、因緣、假分六位，達此六位，無非一理，則位位皆具龍德，而可以御天矣。"由此可見，智旭"始終止是一理"的思想乃是貫通易佛關係的理論基礎。所謂"始終一理"的思想內涵是什麼呢？

又如何來貫通易佛關係呢？對此，智旭並不含糊其詞，也不是簡單沿襲舊說，而是實事求是地根據《周易》的文辭義理，逐層進行闡發和論證。以下先來分析智旭是如何導出"易即易理"之說的。

眾所周知，《易傳》中"易"字隨處可見，其義並不固定。關於"易"字的解釋，往往要牽涉到《周易》的性質、效用等問題。綜觀歷代易家對《周易》的註解，由於對《周易》的性質各有看法，所以在"易"義的解釋上也就常常出現分歧。那麼，"易"字究竟是何種意義呢？在智旭看來，《易傳》所言之"易"既指"易理"，又指"易書"，也可指"易學"，但因是"由易理方有天地萬物""由天地萬物而爲易書，由易書而成易學，由易學而契易理"[1]，可見"易理"、"易書"、"易學"在"理"的層面上是相契相通，合而爲一，所以完全可以"易理"總稱"易"的三種不同體現。於是，智旭借《繫辭傳》對"易"又作了種種新的闡釋："夫所謂易，果何義哉？蓋是開一切物，成一切務，包盡天下之道者也。是故聖人依易理而成易書，以通天下之志，使人即物而悟理；以定天下之業，使人素位而務本；以斷天下之疑，使人不泣歧而微倖"[2]、"蓋易即吾人不思議之心體，乾即照，坤即寂；乾即慧，坤即定；乾即觀，坤即止。若非止觀定慧，不見心體；若不見心體，安有止觀定慧"[3]、"蓋易即不思議境之與觀也"[4]、"凡此皆易理之固然，而易書所因作也。是故易者，无住之理也。從无住本，立一切法，所以易即爲一切事理本源，有

---

1 《周易禪解》卷八解《繫辭上傳》開篇語。
2 《周易禪解》卷八解《繫辭上傳》"夫易，開物成務"等句。
3 《周易禪解》卷八解《繫辭上傳》"易不可見，則乾坤或幾乎息矣"一句。
4 《周易禪解》卷九解《繫辭下傳》"《履》以和行"一段。

太極之義焉……易理本自如此，易書所以亦然也。"[5]稍作歸納，智旭對"易"的理解主要包括三個方面：第一，"易"是包盡天下的大道理，即爲易理；第二，"易"是吾人不思議之心體，即爲心理；第三，"易"爲一切事理本源，有太極之義，即爲本體。很顯然，智旭認定了"易"即是所謂的"易理"，既是心體，又是本體。正因爲智旭堅持把"易"義定爲"易理"，所以他在《周易禪解》中所提出的一系列思想都與"易理"密切相關。

從智旭對"易"的理解來看，視"易"爲"易理"和"心體"主要是直接援用理學和心學的成果來發揮，而視"易"爲"本體"則是既有繼承，又有創新。這裏涉及到一個非常重要的哲學理論問題，不僅僅是"易"與"易理"、"無極"、"太極"的關係問題，更重要的是"易"與"无住之理"、"隨緣不變，不變隨緣之理"的關係問題。所以，我們還得根據"無極太極"說的歷史分析這些問題。北宋理學先驅周敦頤在其《太極圖·易說》中說："無極而太極。太極動而生陽，動極而靜，靜而生陰，靜極復動。一動一靜，互爲其根。分陰分陽，兩儀立焉……陰陽一太極也，太極本無極也。"朱熹對周敦頤的"太極觀"又從世界萬物本原的角度加以揭示：

> 太極只是一個"理"字。太極只是天地萬物之理。(《朱子語類》卷一)
>
> 總天地萬物之理，便是太極。(《朱子語類》卷九十四)
>
> 上天之載，無聲無臭，而實造化之樞紐，品彙之根柢也，故曰"無極而太極"。非太極之外，復有無極也。(《周敦頤集·太極圖說解》)

---

5 《周易禪解》卷八解《繫辭上傳》"是故易有太極"等句。

蓋合而言之，萬物統體一太極也；分而言之，一物各具一
太極也。（《周敦頤集·太極圖說解》）

太極之有動靜，是天命之流行也，所謂“一陰一陽之謂
道”。（《周敦頤集·太極圖說解》）

不言無極，則太極同于一物，而不足爲萬化之根。不言太
極，則無極淪于空寂，而不能爲萬化之根。（《朱文公文集·
答陸子美書》）

聖人謂之“太極”者，所以指天地萬物之根也。周子因之
而又謂之“無極”者，所以著夫無聲無臭之妙也。然曰“無
極而太極”、“太極本無極”，則非無極之後別生太極，
而太極之上別有無極也。（《朱文公文集·答揚子直書》）

太極之義，正謂理之極至耳。有是理即有是物，無先後次
序之可言，故曰“易有太極”。則是太極乃在陰陽之中，
而非在陰陽之外也。（《朱文公文集·答程可久書》）

對周子的說法，歷來有兩種不同的理解：一是認爲“無極”
乃在“太極”之先，一是如朱子所認爲的“無極即太極”。對“無
極”與“太極”的關係問題，智旭主要沿襲朱子的看法。我們先
來看智旭《靈峰宗論》中的說法：

周濂溪曰：“無極而太極。”又曰：“太極本無極。”太
極者，心爲萬法本原之謂。無極者，覓心了不可得之謂耳。
惟心不可得，四大緣影亦不可得。[6]

何器而非道？何道而不具足一切器？先儒謂“物物一太
極，太極本無極”，庶幾近之。蓋以太極爲太極，則太極
亦一器矣。知太極之本無極，而物物無非太極，則物物無

6　《靈峰宗論》卷六之三《孟景沂重刻醫貫序》。

非道矣。以此持戒，名無上戒。以此念佛，名無上禪。以此閱教，名甚深般若。以此禮拜持誦作諸善事，名普賢行門。將此隨類度生，名遊戲神通。若未悟此，而勤修行門，秖名有漏有爲。[7]

使有方有體，則是器非道，何名神？何名易哉？又不達無方無體，不惟陰陽是器，太極亦器也。苟達無方無體，不惟太極非器，陰陽乃至萬物亦非器也。周子曰："太極本無極也。"亦可曰："陽本無陽也，陰本無陰也，八卦本無卦也，六爻本無爻也。"故曰"陰陽不測之謂神"也。[8]

《易》曰："聖人以此洗心，退藏於密，吉凶與民同患。"又曰："同人於野，亨。"蓋不藏不足以致用，而不於野，不能爲大同。《乾》之初九曰："潛龍勿用。"潛即藏也。藏者，道之體也。歷見、惕、躍、飛而不改其本體，故曰不變塞焉，知進、退、存、亡而不失其正也。世但謂乾爲陽物，坤爲陰物而已，孰知一陰一陽之謂道，即形而下是形而上。其君之也，即所以藏之。其藏之也，即所以君之。元非偏屬者乎？攵又曰："乾坤其《易》之蘊邪！"蘊即藏也。藏乾坤於《易》，《易》外無乾坤。藏《易》於乾坤，乾坤外亦無《易》。又以《易》與坤而藏於乾，乾外無坤與《易》也。以乾與《易》而藏於坤，坤外無《易》與乾也。斯之謂物物一太極，太極本無極也。[9]

在《周易禪解》中也有不少闡述，如解《坤·文言》曰："天地不同，而同一太極。"解《屯》卦辭曰："《乾》、《坤》全體

---

7 《靈峰宗論》卷四之二《法器說》。
8 《靈峰宗論》卷二之五《法語五·示馬太昭》。
9 《靈峰宗論》卷四之二《藏野說》。

太極，則《屯》亦全體太極也。"比較完整的表述主要在解《繫辭上傳》中：如解"天一地二"云："太極无極，秖因无始不覺妄動強名爲一。一即屬天，對動名靜。"解"言天下之至賾而不可惡也"云："若惡其賾，則是惡陰陽；惡陰陽，則是惡太極；惡太極，則是惡吾自心本具之易理矣。"解"大衍之數五十，其用四十有九"云："及揲蓍時，又于五十數中，存其一而不用，以表用中之體，亦表无用之用，與本體太極實非有二。"解"顯道神德行"曰："有一必有二，有二必有四，有四必有八，有八必有六十四，有六十四必有三百八十四。然三百八十四爻秖是六十四卦，六十四卦秖是八卦，八卦秖是四象，四象秖是兩儀，兩儀秖是太極，太極本不可得。太極不可得，則三百八十四皆不可得，故即數可以顯道也。"解"是故易有太極，是生兩儀，兩儀生四象，四象生八卦，八卦定吉凶，吉凶生大業"時指出：

> 是故"易"者，无住之理也。從无住本，立一切法，所以"易"即爲一切事理本源，有太極之義焉。既云"太極"，則決非凝然一法，必有動靜相對之機，而兩儀生焉。既曰"兩儀"，則動非偏動，德兼動靜，靜非偏靜，亦兼動靜，而四象生焉。既曰"四象"，則象象各有兩儀之全體全用，而八卦生焉。既曰"八卦"，則備有動靜陰陽剛柔善惡之致，而吉凶定焉。既有"吉凶"，則裁成輔相之道方爲有用，而大業生焉。易理本自如此，易書所以亦然也。

從上面所引的智旭言論，我們可以看到，智旭對周、朱二子的思想既有繼承又有創新。就繼承而言，有三方面表現：一是認爲"本體太極"，太極是理，是萬物的本原；二是認爲"物物一太極，太極本無極"、"全體太極"、"太極本不可得"；三是認爲"太極有動靜相對之機"。就創新而言，也有三方面表現：

一是認爲"太極者,心爲萬物本原之謂也;無極者,覓心了不可得之謂也。"二是認爲太極即自心之易理。三是認爲"易即爲一切事理本源",太極之義即无住之理。如果以"無極"爲中心來考察,我們可以發現智旭並沒有把"無極"當作"太極"之先,此點與朱子所言意思相近;但智旭又把"無極"和"太極"當作心體的兩種不同表現形式,即持心體與本體合一的觀點,這就與朱子有根本的不同。如果我們以"太極"爲中心考察智旭對《繫辭傳》"易有太極"的解說,可以發現其鮮明的思想主張:即所謂的"易"、"易理"、"物"、"理"、"心"、"本體"、"萬物本原"與"太極"都是可以對等的概念。如此的"太極"概念,能與"心體"相契合,又與佛理相溝通,明顯與朱子所說有本質的區別。可以肯定,智旭主要運用"萬法唯心"的思想理解"太極",並賦予更爲深廣的內涵和外延。而他之所以把"無極""太極"等本體概念,同"心體"聯繫在一起,很明顯是要借此來打通易理與佛理、儒理與佛理的本質聯繫。爲此,智旭除了在"易即易理"的層面上加以貫通外,還繼續借助《易傳》對"易"的表述重新理解"易理"的概念,以進一步證明"易理"與"自心"、"不思議心體"的完全契合。關於智旭的"無極太極"說,後文還將進一步討論。

二、易理即自心之易理

智旭由《繫辭傳》推導出"易"即"易理"的命題,用意在於借助心體與"易理"、"禪理"互相聯繫的理論,把"易理"和"禪理"等同起來,從而爲其所宣揚的"禪易相通"思想奠定理論基礎。那麼,禪易相通的思想是如何推導出來的呢?對此,《周易禪解》主要對"易理"進行多角度的發揮:

第一，"易理"即"天"理。《繫辭上傳》"易與天地準，故能彌綸天地之道"爲智旭提供了可靠的理論支持，由此他體認和規定了"易理"的原始性和永久性，如其所論："夫觀象玩辭、觀變玩占者，正以辭能指示究竟所趨之理故也。易辭所以能指示極理者，以聖人作《易》，本自與天地準，故能彌合經綸天地之道也。"[10]這種原始性和永久性的表述在《周易禪解・繫辭上傳》中比較多見，如解"易簡而天下之理得矣"時認爲"易理本在天地之先，亦貫徹于天地萬物之始終"、解"易行乎其中矣"又認爲"蓋自天地設位以來，而易理已行于其中矣"。又如解"聖人設卦觀象"一段，既認爲"惟其易理全現乎天地之間，而人莫能知也，故伏羲設卦以詮顯之……順理者吉，逆理者凶也。夫易理本具剛柔之用，而剛柔各有善惡之能……然剛柔又本互具剛柔之理，故悟理者能達其相推而生變化"，又認爲"三極之道即先天易理……夫易理既在天而天，在地而地，在人而人……此乃自心合于天理，故爲理之所祐，豈徼倖于術數哉！"再如解"是故闔戶謂之坤"時認爲"是故德既神明，方知易理无所不在"。在解《繫辭下傳》也有類似的表述：如解"乾坤其易之門耶"時認爲"有易理即有乾坤，由乾坤即通易理，如城必有門，門必通城"，又如解"天地設位，聖人成能"時認爲"天地一設其位，易理即已昭著于中，聖人不過即此以成能耳"。從這些引文來看，智旭主要把"易理"視爲天造地設的本然之理，既貫穿始終，又无所不在。

第二，"易理"即"生"理。《繫辭傳》既言"生生之爲易"，又稱"天地之大德曰生"。對於"生"與"生生"之義，智旭是

10　《周易禪解》卷八解《繫辭上傳》"易與天地準，故能彌綸天地之道"一句。

這樣闡釋的：「一既无始，則二乃至六十四皆无始也。无始之始，假名爲生」[11]、「業業之中具盛德，德德之中具大業，故爲生生」[12]、「上云『生生之謂易』，指本性易理言也。依易理作易書，故易書則同理性之廣大矣。言遠不禦，雖六合之外，可以一理而通知也。邇靜而正，曾不離我現前一念心性也……《易》書不出乾、坤，乾、坤各有動靜，動靜无非法界，故得大生、廣生而配于天地……是知天人性修境觀因果，无不具在易書中矣」[13]、「是故生生之謂易，而天地之大德，不過此无盡之生理耳。」[14]在智旭看來，「易」即「易理」，具有生生之本義，也就意味著「易理」與「生」理的自然契合。而這一「生」理，既是聖人「通神明之德于一念，類萬物之情于一身」的準則，也是佛家「大慈大悲」、「積善行德」的法則。所以宇宙萬物的生死輪迴，也都包含在這一無盡的「生」理之中。

　　第三，「易理」即「心」理。《周易禪解》站在佛教心學的立場上解說義理，認爲《周易》爲明心見性之書。智旭是這樣解釋《繫辭上傳》「神无方而易无體」的：「神指聖人，易指理性，非无體之易理，不足以發无方之神知；非无方之神知，不足以證无體之易理。」很顯然，這種「无體之易理」便是指不思議心體之理，即「心」理。這一思想在《周易禪解》中提得非常明確。解《繫辭上傳》時就直接提出，如解「言天下之至賾而不可惡也」時即言「吾自心本具之易理」與「太極」一樣是「不可惡」的，解「默而成之不言而信，存乎德行」時認爲「德行者，體乾、坤

11　《周易禪解》卷八解《繫辭上傳》「原始反終」一句。
12　《周易禪解》卷八解《繫辭上傳》「生生之謂易」一句。
13　《周易禪解》卷八解《繫辭上傳》「夫易廣矣大矣」一段。
14　《周易禪解》卷九解《繫辭下傳》「天地之大德曰生」一句。

之道而修定慧，由定慧而徹見自心之易理者也"、解"天之所助者順也，人之所助者信也"時認爲"夫天无私情，所助者不過順理而已；人亦无私好，所助者不過信自心本具之易理而已。誠能真操實履，信自心本具之易理，思順乎上天所助，則便真能崇尙聖賢之書矣，安得不爲天所祐，而吉无不利哉！"除此之外，智旭更多地是把"易理"同"一念之動"聯繫起來說解，對"心"之理進行具體的義理透視，提出一系列關於"心"理的思想："夫吉凶悔吝，皆由一念之動而生者也"[15]、"而天文地理所以然之故，皆不出于自心一念之妄動妄靜"[16]、"大衍不離河圖，河圖不離吾人一念妄動，則時劫萬物，又豈離吾人一念妄動所幻現哉"[17]、"十法界不出一心，名之爲幾。知此妙幾，則上合十方諸佛本妙覺心，與佛如來同一慈力，故上交不諂；下合十方、六道、一切眾生，與諸眾生同一悲仰，故下交不瀆"[18]。如果聯繫前面的引文，我們可以發現智旭也把人心"一念"當作本體看待，並把這佛教的"十法界"統一到"一念"之心中，在理論上基本貫通了"易理"與佛法概念的關係。

稍稍對以上引述歸納一下，可以發現智旭給"易理"賦予了深廣的內涵：不僅貫徹於天地萬物之始終，而且與天理、心理相契相合，尤其是與"自心"冥契無間。如此闡釋禪易相通，無疑有著明顯的思想傾向。這一傾向同時也表明，智旭有意借助《周易》闡發"儒佛同心"、"三教同源"的思想主張。對此，如果結合《靈峰宗論》的相關說法，就能理解得更爲透徹。智旭說：

---

15 《周易禪解》卷九解《繫辭下傳》"吉凶悔吝者生乎動者也"一句。
16 《周易禪解》卷八解《繫辭上傳》"仰以觀于天文，俯以察于地理"一句。
17 《周易禪解》卷八解《繫辭上傳》"乾之策二百一十有六"一段。
18 《周易禪解》卷九解《繫辭下傳》"子曰：知幾其神乎"一段。

"自心者，三教之源，三教皆從此心施設。苟無自心，三教俱無；苟昧自心，三教俱昧。"[19]又說："三教聖人，不昧本心而已。本心不昧，儒老釋皆可也；若昧此心，儒非真儒，老非真老，釋非真釋矣。"[20]由此可見，他把"易理"當作"自心"本具的，乃是別有用心的，追根究底就是爲"三教合一"的思想在《周易》中尋找理論依據。從這個角度看，智旭提出的"自心之易理"思想，對三教關係理論來說，應該是具有一定創新意義的。

三、易理即无住之佛理

智旭既認爲"易即易理"，又認爲"易理即自心之易理"，也就是認爲"易即自心之易理"。那麽，"自心之易理"又與"佛理"有何聯繫呢？這個問題是智旭構建禪易相通理論最關鍵的環節。智旭認爲《周易》和禪學並無本質差別，因爲孔門心學和佛門心學是一脈相承的，"易理"與"禪理"在本質上是一致的。他在《周易禪解·繫辭上傳》開篇總論中就明確指出："隨緣不變，不變隨緣之易理，天地萬物所從建立也。卦爻陰陽之易書，法天地萬物而爲之者也。易知簡能之易學，玩卦爻陰陽而成之者也。由易理方有天地萬物，此義在下文明之。今先明由天地萬物而爲易書，由易書而爲易學，由易學而契易理。"關於"易理"及其與易書、易學的關係，《周易禪解·繫辭傳》反復作了解釋。爲了進一步說明"易理"具有"隨緣不變，不變隨緣"之義，智旭在解《說卦傳》時，一開始就著重闡述了易理"三才之道"與禪理"隨緣不變"的內在聯繫：

19 《靈峰宗論》卷七之四《金陵三教祠重勸施棺疏》。
20 《靈峰宗論》卷二之三《法語三·示潘拱宸》。

吾人自无始以來，迷性命而順生死，所以從一生二，從二生四，乃至萬有之不同。今聖人作易，將以逆生死流，而"順性命之理"。是以即彼自心妄現之天，立其道曰"陰與陽"，可見天不偏于陽，還具易之全理，所謂"隨緣不變"也。即彼自心妄現之地，立其道曰"柔與剛"，可見地不偏于柔，亦具易之全理，亦"隨緣不變"也。即彼自心妄計之人，立其道曰"仁與義"，仁則同地，義則同天，可見人非天地所生，亦具易之全理，而"隨緣常不變"也。[21]

在最後解廣八卦一章時，又借傳文論證了"性相近，習相遠"與"不變隨緣，隨緣不變"的契合之處：

此廣八卦一章，尤見易理之鋪天币地，不間精粗，不分貴賤，不論有情无情，禪門所謂"青青翠竹，總是真如；鬱鬱黃花，无非般若"。又云"牆壁瓦礫，皆是如來清淨法身"。又云"成佛成祖，猶帶汙名；戴角披毛，推居上位"。皆是此意。前云"乾，健也；坤順也"，乃至"兌，說也"，而此"健"等八德，則能具造十界。且如"健"之善者，則"爲天"、"爲君"；其不善者，則"爲瘠"、"爲駁"。"順"之善者，則"爲地"、"爲母"；其不善者，則"爲吝"、"爲黑"。下之六卦无不皆然，可見不變之理常自隨緣，習相遠也。然"瘠"、"駁"等仍是"健"德，"吝"、"黑"等乃是"順"德，可見隨緣之習理元不變，性相近也。若以不變之體，隨隨緣之用，則世間但有"天"、"圜"乃至"木果"等可指陳耳，安得別有所謂"乾"！故《大佛頂經》云"无是見者"。若以隨緣之用，

---

21 《周易禪解》卷九解《說卦傳》"昔者聖人之作易也"一段。

歸不變之體，則惟是一"乾健"之德耳，豈更有"天"、
"圜"乃至"木果"之差別哉！故《大佛頂經》云"无非
見者"。于此會得，方知孔子道脈，除顏子一人之外，斷
斷无有能會悟者，故再歎曰"今也則亡"。[22]

從以上引文可以發現，智旭運用"隨緣不變，不變隨緣"解
說《說卦傳》，既說明了"禪易相通"，又證明了"儒佛相通"。
但這些還只是該思想的局部，如果結合《靈峰宗論》的內容，就
更容易看出《周易禪解》中最想表達的禪易相通思想是什麼樣和
怎麼來的。如卷二之五《示馬太昭》中說："又聞'現前一念心
性，不變隨緣，隨緣不變'之妙，方知'不易之爲變易，變易之
終不易'。"此處智旭明言其之所以能知"禪易相通"的來由。
那麼，什麼是"不變隨緣，隨緣不變"之妙呢？智旭在《靈峰宗
論》卷四之三《偶錄一·藏性解難五則》中作了詳盡的解答：

隨緣那名不變，不變那得隨緣？（一難）非不變之體，安
有隨緣之用？非隨緣之用，安顯不變之體？（一解） 不
變體常，隨緣用無常，還是一分無常，一分常？（二難）
體不變故妙用不變，體常用亦常；用隨緣故，舉體隨緣，
用無常體亦無常。常與無常，二鳥雙遊。（二解） 正隨
緣時，不變安在？悟不變後，豈更隨緣？（三難）正隨緣，
隨緣即不變，別無不變所在，如二月外無真月，二月即是
真月。悟不變，不變隨悟緣。了了常無迷惑，如淨眼見真
月，更不見二月。（三解） 月是能隨邪？見是所隨邪？
（四難）就月爲喻，真月不變，一二皆隨緣，真月隨人見
一見二，不變常自隨緣；見一見二，實無他月，隨緣常自

---

22 《周易禪解》卷九解《說卦傳》"乾爲天"一段。

不變。就見爲論，見性不變，見一見二皆隨緣，見一是真見，見二是妄見，只一見體，而有真妄，不變常隨緣；真見妄見總是見，隨緣常不變。（四解）　月是能隨，即是所見；見是能見，即是所隨，名不二邪？（五難）此非不二。須知月不在天，見不在目。月在天，見在目，二物相遠，如何成見？又復月不來目，見不往天。月來目，天則無月。見往天，目則無見。然非月何見？非見何月？月若是見，復何名月？月若非見，云何見月？見若是月，復何名見？見若非月，月云何見？從此體會，方知能所不二。不二之性，即是不變，迷者謂二。悟知不二，總號隨緣。一性隨迷悟兩緣，迷悟總不改一性也。（五解）

以上引文的五難、五解，充分表達了智旭對"隨緣不變，不變隨緣"之理的深刻理解，這一思想與他用來闡釋"禪易相通理論"的思想也是基本一致的。關於"隨緣不變，不變隨緣"與"易理"、"太極"、"真如"、"佛性"等的內在聯繫，智旭在《靈峰宗論》卷三之二《性學開蒙荅問》中指出：

然即此儒典，亦未嘗不洩妙機。後儒自莫能察，及門亦所未窺。故孔子再歎"顏回好學，今也則亡"，深顯曾子以下，皆知迹而不知本，知權而不知實者也。何謂所洩妙機？如《易經·繫辭傳》云："易有太極，是生兩儀，兩儀生四象，四象生八卦。"此語最可參詳。夫既云"易有太極"，則太極乃易之所有。畢竟易是何物，有此太極？儻以畫辭爲易，應云"太極生天地，天地生萬物。然後伏羲因之畫卦，文、周因之繫辭"，何反云"易有太極"？易有太極，易理固在太極之先矣。設非吾人本源佛性，更是何物？既本源佛性，尚在太極先，豈得漫云"天之所賦"？然不明言即心自性，但言易者，以凡夫久執四大爲自身相，六塵緣影爲自心相，斷斷不能理會此事，故悉檀善巧，聊寄微辭，當知易即真如之性，具有"隨緣不變，不變隨緣"之義，密說爲易。而此真如，但有性德，未有修德，故不守自性，不覺念起而有無明。此無始住地無明，正是二種生死根本，密說之爲太極。因明立所，晦昧爲空，相待成搖之風輪，即所謂動而生陽；堅明立礙之金輪，即所謂靜而生陰。風金相摩，火光出現，寶明生潤，水輪下含，即所謂兩儀生四象也；火騰水降，交發立堅，爲海爲洲，爲山爲木，即所謂四象生八卦，乃至生萬物也。名相稍異，大體宛同。順之則生死始，逆之則輪迴息。故又云"易逆數也"，亦既微示人以出世要旨矣。老子道生天地，意亦相同，但亦不明言即心自性，皆機緣未熟耳。且《易傳》"寂然不動，感而遂通"一語，即寂照無二之體；而"乾坤其易之門"一語，即流轉還滅逆順二修之關。以性覺妙明，本覺明妙，非干修證，不屬迷悟。而迷則照體成散，寂體成昏，逆涅槃城，順生死路，全由此動靜兩門，是名逆修，亦名修惡。悟則借動以覺其昏，名之爲觀；借靜以攝其散，名之爲止；逆生死流，順涅槃海，亦由此動靜兩門，是名順修，亦名修善。

在這裏，智旭直接由"易有太極"、"易理固在太極之先"、"吾人本源佛性"推導出"真如即太極"和"易即真如之性"的說法，表明了兩層思想：一是"易即真如之性，具有隨緣不變，不變隨緣之義，密說爲易"；二是真如不守自性而生無明，無明即太極，是死生之根本，密說之爲太極。如果再結合《周易禪解》的思想內容，我們可以發現引文的內容乃是對《周易禪解》相通思想的歸納和引申，比如：根據以上這兩層思想，我們就可以更充分地理解智旭在解"易有太極"時直接把"易"說成"无住之理"的原因所在。試論智旭的推導過程：因爲"易爲一切事理本源"，即是"易理爲一切事理本源"，那麼"易有太極"也就等於說"易理有太極"或"易理即太極"，這樣"易"與"易理"實際上也就與"无極"的概念相等同；又因爲"易理"是有理體的，而"无極"是无體的，有如心體，那麼"易"既是"无極"又是"易理"，也就意味著"易"既是"无體"又是"有體"的，如此便具有"從无住本"的意思，也就可與"无住之理"相對釋。進論之，"易"既是"无體"的，說明"易"與"真如之性"是相同的，也就具有隨緣不變之義；"易"又是"有體"的，有"太極"，能化生天地萬物，也就具有不變隨緣之義。所以說，此"无住之易理"即是"隨緣不變，不變隨緣之易理"。如果結合前文推導的過程和結論，我們就可清楚地發現和理解《周易禪解》中所獨具的禪易相通的思想傾向：所謂的"易"、"易理"、"天理"、"生理"、"心理"、"禪理"在本質上都是相同的，都是具有"不變隨緣，隨緣不變"的"真如之性"，也都具有原始性和永久性，都是宇宙間生死輪迴、動靜變化的根本；同樣，易書和易學與它們之間的關係也是契合和相通的，只不過是體現形式不同罷了。如此說來，易理即是佛性，禪學和易學自然是本根相通的，以禪解《易》或以《易》解禪的做法自然也是合理合法的了。由此可證，儒學、道學、佛學也都是本源相同的，即同一"自心"，同一"自性"，同一"易理"。

　　由於智旭是在解說中表達思想，沒有條件形成條理清晰、邏輯嚴密、完整系統的長篇文字內容，所以有必要對其"禪易相通"思想的理論內容逐步加以貫穿和總結：一是易理說。智旭認爲易理是貫徹始終的自心之理體，是"易"在"天"、"地"、"人"、"心"、"性"、"理"、"物"等層面上的集中體現，即是"易"之"有體"的形象體現。二是无極太極說。智旭認爲无極和太極都是萬物的本體，是"易"之"无體"和"有體"的兩種體現："无極"是"易"之"无體"，即是"不思議之心體"；"太極"是"易"之"有體"，即是"自心之易理"，有如"真如之無明"。三是佛性論。智旭認爲"易"與"佛性"是一致的：以"易"之"无體"同"真如之性"，以"易"之"太極"本體同"無明佛性"。合而觀之，智旭又認爲所謂的"易"、"易理"、"无極"、"太極"、"佛性"等都是相通的，因爲這些都具有"隨緣不變，不變隨緣"之義，都不離開"現前一念心性"。必須指出，在智旭的《周易禪解》中所謂的"易理說"、"无極太極說"、"佛性說"，名稱雖然不同，而實際上都是相通的。總而言之，智旭認爲禪學與易學、儒學與佛學乃至儒釋道三教之間都是可以相通的，因爲它們同心同理同源。如此以《周易》之"易"來建構學術相通的思想體系，在中國學術史上應該是非常少有的。

第二節　易道與佛性相提並論

　　易道廣大，是歷代學者公認的。對此，智旭也持相同的看法。而且，智旭還通過對易道的深入認識和探討，盡力論證易道與佛法是可以相提並論的。而爲了證明他的看法是對的，智旭在解說《周易》的過程中，無時不刻都在試圖用佛法解釋易理，而且有著明顯的思想理論傾向：易理即佛性、乾道即佛性。這一理論同時發展了以往人們對易理和佛性的看法，使易道論和佛性論在得到溝通的同時也得到了豐富和發展。所以，我們認爲這又是智旭的一大創新。智旭對易道與佛性的融通，除了在解《繫辭》等五傳中具有"易理即佛性"的思想理論之外，在解《乾》《坤》等六十四卦經傳中有著更爲具體的體現。

一、易道即是乾道

爲能深刻理解智旭的"易道即佛性"思想，我們可先通過《易傳》瞭解"易道"與"乾道"的關係。《四庫全書總目提要·易類小序》指出："易道廣大，無所不包。"此處的"易道"主要就易學適用的範圍而言。確切地說，《四庫》所言的"易道"並非直接取自《周易》，因爲《周易》中並沒有直接提出"易道"這個名詞。但是，《周易》中的確有不少關於"易道"的表述。所謂的"易道"，實際上就是指"易之道"。分而言之：何謂"易"，《繫辭上傳》說"生生之謂易"，乃取"生生不息，變化無窮"之義；何謂"道"，《繫辭上傳》說"一陰一陽之謂道"，又說"形而上者謂之道"，乃取"陰陽變化，往來不窮"之義。合而言之："易之道"，即"變化之道"、"變動之道"，所以說"易道"也就是指"《周易》關於動靜變化的道理"。對於"易道"的內涵和外延，《易傳》還有更明確的表述，主要有三層意思：

第一，易道廣大。如《繫辭上傳》說"易與天地準，故能彌綸天地之道"，《繫辭下傳》說"易之爲書也，廣大悉備，有天道焉，有人道焉，有地道焉。兼三才而兩之，故六。六者，非他也，三才之道也"，又說"六爻之動，三極之道也"，《說卦傳》說"昔者聖人之作易也，將以順性命之理，是以立天之道，曰陰與陽；立地之道，曰柔與剛；立人之道，曰仁與義"。由此可見，"易道"既是

“三才之道”、“三極之道”，又是陰陽、剛柔、仁義之道。按照智旭的理解，此“易道”既是“貫徹天地始終之易理”，也是“自心之易理”，又是“隨緣不變，不變隨緣之易理”。所以說“易道”廣大悉備，無所不包，無所不在。

第二，易道屢遷。如《繫辭下傳》說“易之爲書也不可遠，爲道也屢遷。變動不居，周流六虛，上下无常，剛柔相易，不可爲典要，唯變所適”。由此觀之，“易道”是“變化之道”，若隱若現，若即若離，隨順變化，不容執著。《乾》卦六爻之動，也是“變化之道”，所以說“易道”也就是“乾道”。

第三，易道守須恒。如《繫辭下傳》說“懼以終始，其要无咎，此之謂易之道也”，此話即言“自始至終恒守懼變之心，以求得无咎爲要旨，這就叫做《周易》的道理”。看來，真正的“易道”不僅在於“明其道”和“知其變”，還在於“守其道”和“防其變”。智旭把“安不忘危，存不忘亡，治不忘亂”視爲“萬古之正理”，無疑正是從“恒守易道方得无咎”的意義出發的。可見，智旭所理解的佛理，都涵攝在“易道”之中。

什麼是“乾道”呢？對此，《易傳》有多處直接以“乾道”展開論述，智旭也因此借佛法重新理解《易傳》所謂的“乾道”。如《繫辭上傳》說：“乾道成男，坤道成女。乾知大始，坤作成物。”智旭解說：“萬物雖多，不外天地，易卦雖多，不出乾坤。聖人體乾道而爲智慧，智慧如男；體坤道而爲禪定，禪定如女。智如金聲始條理，定如玉振終條理。”此處是把“乾道”視爲“智慧”，“智慧”實際上乃是指“本性”、“心性”而言。順便提及，對於“乾知大始，坤作成物”，我們在《周易禪解》中看不到智旭的解釋，倒是在《靈峰宗論》中發現了兩處：

　　惟得天下之最後者，能得天下之最先。惟知天下之最先者，能得天下之最後。故曰"乾知大始，坤作成物"。豈自強載物有二體哉？[23]

"乾知大始，坤作成物"，有坤無乾固不可，有乾無坤又豈可哉？非初步無以為究竟之始，非到家無以結初步之局，此儒門智仁合一之學，與佛門解行互徹之旨相類也。[24]

這兩處引文中，沒有直接涉及"乾道"，但對乾與坤的關係做了深究，由此可推智旭的"乾道"與"坤道"實際上也是合一的。又如《乾‧彖》說"大哉乾元，萬物資始，乃統天。雲行雨施，品物流行。大明終始，六位時成，乾道變化，各正性命，保合太和乃利貞。首出庶物，萬國咸寧"，《乾‧文言》說"或躍在淵，乾道乃革"。從這兩處引文來看，《易傳》所謂的"乾道"也是指"變化之道"。可見智旭把"乾道"也當作"易道"看待並沒有離開《易傳》的旨意。

這裏還涉及到"乾道"與"乾元"的關係問題，什麼是"乾元"呢？對於"乾元"，《易傳》除了說"大哉乾元"以外，在《乾‧文言》中還有幾處提到：如說"乾元者，始而亨者也"，又說"乾元用九，天下治也"、"乾元用九，乃見天則"，還說"元者，善之長也"、"君子體仁，足以長人"。從這些表述來看，"乾元"主要具有三個特點：一是大且資始，二是始而致亨，三是亨而長善。由此可見，《易傳》所謂的"乾元"其實也與"乾道"意義相同。

綜合《易傳》的說法，我們可以得出結論："易道"即"乾道"，"乾道"即"乾元"。按照智旭的說法，所謂的"易道"、"乾道"、"乾元"都被"易理"貫穿始終，都是本體，也都是

23　《靈峰宗論》卷二之五《法語五‧示範得先》。
24　《靈峰宗論》卷三之三《荅問三‧荅唐宜之問書義》。

心體。因此，他在解"乾道變化"一句時說："蓋一切萬物既皆資始于乾元，則罔非乾道之變化也。既皆乾道變化，則必各得乾道之全體大用。非是乾道少分功能，故能各正性命。物物具乾道全體，又能保合太和；物物具乾元資始大用，乃所謂利貞也。"此處，智旭更是明言"乾道"與"乾元"都是全體大用的。明於此，我們就可以對智旭的"易道即佛性"論有更完整準確的認識。

二、佛性即名乾元

所謂佛性，又稱佛界、如來界、佛藏、如來藏、法性、涅槃、般若、真如之性等，是佛教所說的一切眾生都有覺悟成佛的可能性，也可以說是眾生所以能覺悟成佛的內在依據。所謂佛性論，主要就是指關於佛性問題的思想、學說或理論。佛性論是佛教理論中最重要的思想理論之一。關於佛性論，《周易禪解》中談得很多，除了解《乾》、《坤》兩卦有大量的闡述外，在解《繫辭》上下傳、《說卦傳》，解上經的《屯》、《比》、《履》、《同人》、《大有》、《觀》、《剝》、《復》、《頤》、《離》以及下經的《遯》、《晉》、《革》、《節》、《中孚》、《既濟》等卦中都有明顯的反映。本小節主要以解《乾》、《坤》兩卦爲例，考察智旭的佛性論思想。

先談解《乾》卦的佛性論。《周易》以乾爲純陽，具有剛健德性，它無所不在，主宰萬物的生成變化。《乾》卦具有"元亨利貞"四德，資始統天，原始要終，極盡變化之道。對此，智旭援用中國佛性論"佛性無所不在，眾生皆具佛性"的思想進行了多角度的闡釋和發揮，主要表現在：第一，以龍喻佛性，認爲"六爻即六即"。如其解釋《乾》卦六爻說："佛法釋《乾》六爻者：龍乃神通變化之物，喻佛性也。理即位中，佛性爲煩惱所覆，故'勿用'。名字位中，宜參見師友，故'利見大人'。觀行位中，宜

精進不息，故‘日乾夕惕’。相似位中，不著似道法愛，故‘或
躍在淵’。分證位中，八相成道，利益羣品，故‘爲人所利見’。
究竟位中，不入涅槃，同流九界，故云‘有悔’。”由此可見，
智旭不僅把《乾》之象“龍”比喻作“佛性”，而且把《乾》卦
“六爻”的變化與佛性的“六即”行藏聯繫起來，使不可說的
“佛性”變化在爻象中得到形象的體現。《文言》釋《乾》之爻辭
曰：“潛龍勿用，陽氣潛藏；見龍在田，天下文明；終日乾乾，
與時偕行；或躍在淵，乾道乃革。”描述了龍在不同形勢下的不
同表現。智旭的解說又以此來比喻佛性的種種變化：“佛性隱在
衆生身中，故‘潛藏’；一聞佛性，則知心、佛、衆生三無差別，
故‘天下文明’；念念與觀慧相應無間，故‘與時偕行’；捨凡
夫性入聖人性，故‘乾道乃革’。”第二，以元亨利貞表佛性。
智旭認爲《乾》之象可喻佛性，《乾》之德也可表佛性。如其統論
《乾·彖》一傳宗旨時指出：“以乾表雄猛不可沮壞之佛性，以
元亨利貞表佛性，本具常樂我淨四德。佛性必常，常必備乎四德。”
第三，以乾道通佛性。《乾·彖》曰：“乾道變化，各正性命，保
合太和，乃利貞”。智旭認爲佛性的變化亦如乾道，有保合太和
之時，因此解說：“此常住佛性之乾道，雖亙古亙今，不變不壞，
而具足一切變化功用，故能使三草二木各隨其位而證佛性。既證
佛性，則位位皆是法界。統一切法無有不盡，而保合太和矣。所
以如來成道，首出九界之表，而刹海衆生，皆得安住于佛性中也。”
第四，以乾元命名佛性。《乾·彖》曰：“大哉乾元，萬物資始，
乃統天。雲行雨施，品物流行。”智旭以佛性論解釋說：“豎窮
橫徧，當體絕待，故曰‘大哉乾元’。試觀世間萬物，何一不從
真常佛性建立。設無佛性，則亦無三千性相，百界千如，故舉一
常住佛性，而世間果報天、方便淨天、實報義天、寂光大涅槃天，

無不統攝之矣。依此佛性常住法身，遂有應身之雲，八教之雨，能令三草二木各稱種性，而得生長。"《乾·象》把"乾元"比作太陽（大明），認爲"大明終始，六位時成"。智旭借"大明終始"之意，申論佛性的特點。他先解釋說"但約時節、因緣、假分六位，達此六位，無非一理，則位位皆具龍德，而可以御天矣"，又說"聖人則于諸法實相，究盡明了。所謂實相非始非終，但約究竟徹證名之爲終。衆生理本名之爲始，知其始亦佛性，終亦佛性，不過因于迷悟時節因緣，假立六位之殊。位雖分六，位位皆龍，所謂'理即佛'，乃至'究竟即佛'。"智旭在解《乾·文言》"大哉乾元，剛健中正，純粹精也。六爻發揮，旁通情也。時乘六龍，以御天也。雲行雨施，天下平也"時，認爲"佛性"與"乾元"二者的性質、特點完全一致，並以"乾元"來命名"佛性"。對此，他是這樣解說的：

> 佛性常住之理，名爲乾元，无一法不從此法界而始，无一法不由此法界而建立生長，亦無一法而不即以此法界爲其性情，所以佛性常住之理，徧能出生、成就百界千如之法。而實無能生所生，能利所利。以要言之，即不變而隨緣，即隨緣而不變。豎窮橫徧，絕待難思，但可強名之曰"大"耳；其性雄猛，物莫能壞，故名"剛"；依此性而發菩提心，能動無邊生死大海，故名"健"；非有无、真俗之二邊，故名"中"；非斷常、空假之偏法，故名"正"；佛性更無少法相雜，故名"純"；是萬法之體要，故名"粹"；無有一微塵處，而非佛性之充徧貫徹者，故名"精"。所以只此佛性乾體，法爾具足六爻始終修證之相，以旁通乎十界迷悟之情，此所謂性必具修也。聖人乘此即而常六之龍，以御合于六而常即之天，自既以修合性，遂

能稱性起于身，雲施于法雨，悉使一切衆生同成正覺而天下平，此所謂全修在性也。

從上引文可以看到，智旭不僅借"佛性"比附"乾元"的特性，而且還巧妙地借助義理闡發"全性起修，全修在性"的道理，使佛性論和修行論的有機結合在《周易》中也得到真實體現。對於"全性起修"的意義，智旭還進一步通過解說《乾·文言》"亢之爲言也"等句加以說明。他說："凡有慧无定者，惟知佛性之可尙，而不知法身之能流轉五道也；惟知佛性之無所不在，而不知背覺合塵之不亡而亡也；惟知高談理性之爲得，而不知撥無修證之爲喪也。惟聖人能知進退存亡之差別，而進亦佛性，退亦佛性，存亦佛性，亡亦佛性。進退存亡不曾增減佛性，佛性不礙進退存亡，故全性起修，全修在性，而不失其正也。若徒恃佛性，不幾亢而非龍乎？"

智旭解《坤》卦也談佛性論。《周易》講乾元，總與坤元相對；乾與坤，一陰一陽，一剛一柔，不可分離。智旭深明其理，如其解《坤·彖》時說："乾坤實无先後，以喻理智一如，寂照不二，性修交徹，福慧互嚴。"又說"惟'東北喪朋'，則于一一行中具見佛性，而行行无非法界。當體絕待，'終有慶'矣。所以'安貞之吉'，定慧均平，乃可應如來藏性之'无疆'也。"《坤·文言》曰："直、方、大，不習无不利，則不疑其所行也。"智旭的解說就把這種君子的美德直接比作佛性："正念真如，是定之內體；具一切義，而无減缺，是定之外相。既具內體、外相，則必大用現前'而德不孤'，所以于禪開祕密藏，了了見于佛性而无疑也。"在解《坤·文言》"天玄而地黃"等句時，智旭還特別以此闡明"一闡提也有佛性"的道理，他說："若本有寂照之性，則玄自玄，黃自黃，雖闡提亦不能斷性善，雖昏迷倒惑，其理常存，豈可得而雜哉？"從總的來看，智旭認爲"以坤表多所含蓄，而无積聚之如來藏性"[25]，所以，只有"坤道"順承"乾道"，"坤元"應順"乾元"，即所謂"以修合性"，才能彰顯佛性。

從智旭解《乾》《坤》兩卦所蘊涵的佛性論思想看，明顯具有"乾道即佛性"的思想傾向。就這一思想的理論基礎而言，主要繼承了傳統的佛性論思想，認爲佛性無所不在，變化不定，且衆生都本具有，就連闡提也不斷佛性。就其思想的理論形態而言，主要借"乾之龍象"、"乾之四德"、"乾道變化"、"乾元資始"、"坤元柔順"等《周易》的義理，比喻佛性的常住性、普遍性、變化性，在某種程度上爲傳統佛性論提供了更爲感性和理性的根據，且其思想多有可取之處。以此觀之，智旭的佛性論也應具有一定的創新意義。

三、易道皆有佛性

智旭認爲《周易》中不止是《乾》《坤》兩卦有佛性論思想，其他所有的卦爻義理也都可以申發佛性論，所以他在解卦爻辭時也盡量多加申發，以闡明"易道皆有佛性"的思想。因此，他反對"《乾》《坤》二卦大，餘卦小"的思想，而強調"《乾》《坤》全體太極，則《屯》亦全體太極"[26]、"六十四卦三百八十四爻皆全體太極"[27]。於是，他在解"餘卦"時，又以佛性論與卦爻

---

25 《周易禪解》卷一解《坤·象》。
26 《周易禪解》卷二解《屯》卦辭。
27 《周易禪解》卷八解《繫辭上傳》"顯道神德行"時說："然三百八十四爻，秖是六十四卦；六十四卦，秖是八卦。八卦秖是四象，四象秖是兩儀，兩儀秖是太極。"卷五解《益·象》時說："《益》即全體《乾》《坤》，全體太極，全體易道，其餘六十三卦无不皆然。"由此可見智旭"全體太極"的思想。

的義理相對釋，尤其是解上經時有鮮明的體現。以下就先以解上經《屯》至《離》等卦為主，考察智旭的佛性論。

第一，無明佛性即一念妄動。智旭在解《屯》卦辭時指出："蓋《乾》《坤》二卦，表妙明、明妙之性覺，性覺必明，妄為明覺，所謂真如不守自性，無明初動。動則必至因明立所而生妄能。成異立同，紛然難起，故名為'屯'。"此處把無明初動比作一念初動之"屯"，即以"屯"之初生來喻佛性之初萌。解《比》卦上六《象》時指出："從《屯》至此六卦，皆有'坎'焉。'坎'得'乾'之中爻，蓋中道妙慧也。"此處認為《屯》、《蒙》、《需》、《訟》、《師》、《比》等六卦都含有"乾"之"佛性"。'坎'之象有險、陷之義，於佛法即如"煩惱大海"，所以智旭從"煩惱即菩提"的思想出發，認為此六卦共有之"坎"即是源於"乾"體之佛性。《履》卦六三雖"以說應乾"而為卦主，但因與初九、九二兩爻不合，故爻辭云"眇能視，跛能履，履虎尾，咥人凶"。智旭也以修行論結合佛性論為解，認為"知性德而不知修德，如眇其一目；尚慧行而不尚行行，如跛其一足。自謂能視，而實不見正法身也；自謂能履，而實不能到彼岸也。高談佛性，反被佛性二字所害。本是鹵莽武人，妄稱祖師，其不至于墮地獄者鮮矣"，此處明顯是引用《履》卦義理來嚴厲呵斥不知修德、高談佛性的人。《否》卦"內陰而外陽"，智旭解說："內證陰柔順忍，而置陽剛佛性于分外。"[28]此處主要把陽剛比作佛性。

第二，同證佛性為同人之道。智旭認為"如來成正覺時，悉見一切眾生正覺。初地離異生性，入同生性，大樂歡喜，悉是此意。乃至證法身已入普現色身三昧，在天同天，在人同人，皆所

---

28 《周易禪解》卷三解《否·象》"內陰而外陽"一句。

謂利見大人，法界六道所同仰也"[29]，所以在解《同人》卦時也以佛性論加以完整解釋。如"約觀心"解《同人》卦辭說："既離順道法愛，初入同生性，上合諸佛慈力，下同衆生悲仰，故曰'同人'。"此處明顯是以能與法身和衆生相應合的"初入同生性"指"同人"之佛性。在解《同人·彖》時佛性論思想更爲明確，指出：

> 本在凡夫，未證法身，名之爲"柔"。今得入正位，得證中道，遂與諸佛法身"乾"健之體相應，故曰"同人"，此直以同證佛性爲"同人"也。既證佛體，必行佛德，以度衆生，名爲"乾行"。"文明以健，中正而應"，如日月麗天，清水則影自印現，乃"君子"之"正"也。惟君子已斷无明，得法身中道，應本具二十五王三昧，故"能通天下之志"，而下合一切衆生，與諸衆生同悲仰耳。

此處明確以"同證佛性"爲"同人"，言外之意當是"佛性"在天即是天道（乾道），在地即是地道（坤道），在人即是人道（同人之道），合起來說就是具有"佛性全體三才之道"的意味。明於此，我們就可進一步理解智旭解《同人·彖》所提出的"一心具足十界，十界互具，便有百界千如之異。而百界千如，究竟元只一心"。基於此，智旭又以"從凡夫地直入佛果尊位，證于統一切法之中道，而十界皆應順之，名爲'大有'"解《大有·彖》"大有，柔得尊位"，以"修惡須斷盡，修善須滿足，方是隨順法性第一義"、"十界皆是性具性造"解《大有·象》"君子以遏惡揚善，順天休命"，以"既合本源自性，上同往古諸佛，則必冥乎三德祕藏，而入大涅槃也"解《隨·象》"君子以嚮晦

29　《周易禪解》卷一解《乾·文言》"九五曰：飛龍在天，利見大人"一句。

入宴息”，從而使其佛性論與《周易》義理的對釋顯得更加恰到好處。

　　第三，佛性名爲天地之心。智旭認爲，《剝》卦只有一陽在上，乃是“剝无一切因果”[30]、“剝蕩一切情執”[31]；《復》卦只有一陽在初，乃是“復立一切法體”。《復·象》曰：“復，其見天地之心乎？”智旭借此大力申發佛性論思想，指出：

> 佛性名爲天地之心，雖闡提終不能斷，但被惡所覆而不能自見耳。苦海无邊，回頭是岸，一念菩提心，能動无邊生死大海。“復”之所以得“亨”者，以剛德稱性而發，遂有逆反生死之勢故也。此菩提心一動，則是順修，依此行去，則“出入”皆“无疾”，“朋來”皆“无咎”矣。然必“反復其道，七日來復”者，體“天行”之“健”而爲“自強不息”之功，當如是也。充此一念菩提之心，則便“利有攸往”。以剛雖至微，而增長之勢已自不可禦也，故從此可以見吾本具之佛性矣。又“出”謂從空出假，“入”謂從假入空，既順中道法性，則不住生死，不住涅槃，而能遊戲于生死涅槃，故“无疾”也。“朋”謂九界性相，開九界之性相，咸成佛界性相，故“无咎”也。

　　“反復其道”，有“復歸乾道”之義，智旭以此與佛性對釋，進一步闡明了“乾道即佛性”的思想；而以“天地之心”直接命名“佛性”，既拓寬了《復》卦義理，也加深了佛性理論的基礎。基於此，智旭認爲“但觀現前一念之心，而未可徧歷陰界入等諸境以省觀也”[32]、“自利利他，皆須深自省察，不可夾一念之邪，

30　《周易禪解》卷四解《剝·六四》。
31　《周易禪解》卷四解《復》卦辭。
32　《周易禪解》卷四解《復·象》。

不可有一言一行之眚"[33]、"觀行被魔事所擾，當念唯心"[34]、"觀心修證，祇期復性，別无一法可取著也"[35]，很明顯又把佛性論和修行論結合在一起，並使之在與卦爻辭義理的對釋中得到有機的統一。於此，又可見智旭的理論創新。

智旭認爲《周易》上經"是約性德之始終"，下經"是約修德之始終"，所以解上經側重以佛性論來解，解下經側重貫穿修行論。我們在解上經部分可以讀到不少關於"佛性"的釋文，而解下經部分就難得一見，也正是這個原因。相對而言，《周易禪解》下經部分主要結合佛性論談"觀心修證"，偶爾也談及如來藏性，但比起上經明顯少而散。從總的來看，《周易禪解》解上下經都能很好地把佛性論和修行論結合起來，努力爲修行者指明修證心要。不妨再以解上經爲例來說明。如智旭解《乾·用九》時，認爲修證佛法最好的情況是"慧與定俱"，頓悟成佛，並提供了來自"禪易相通"的依據："陽動即變爲陰，喻妙慧必與定俱。《華嚴》云：智慧了境同三昧；《大慧》云：一悟之後，穩貼貼地，皆是此意"。智旭還認爲有兩種情況的人是不宜觀心修證的：一種是"定慧俱劣"、"善根斷盡"，不可使之修定，如解《蒙·六三》時指出："不中不正，則定慧俱劣，而居陽位，又是好弄小聰明者，且在坎體之上，機械已深。若使更修禪定，必于禪中發起利使邪見；利使一發，則善根斷盡矣。"因此認爲這種人"須惡辣鉗錘以煅鍊之，不可使其修定"。另一種是定而"无慧"，"不能斷惑"，前途亦可悲，如解《屯·上六》時指出："一味修于禪定，而无慧以濟之，雖高居三界之頂，不免窮空輪轉之殃，

33　《周易禪解》卷四解《无妄》卦辭。
34　《周易禪解》卷五解《家人》卦辭。
35　《周易禪解》卷五解《解》卦辭。

決不能斷惑出生死，故‘乘馬班如’；八萬大劫，仍落空亡，故
‘泣血漣如’。”總之，智旭通過巧解《周易》卦爻辭、卦爻象，
論述止觀雙修、定慧相濟的佛法，針對修行者的不同心態，善導
其深悟佛法，非空談佛性者可比。

智旭在解《繫辭》等五傳時，主要借傳文推論“易理即佛性”
的思想，幾乎沒有直接用“佛性”一詞作解說。以“佛性”爲解
的，只有一處，即解《說卦傳》“乾爲馬”一章云：“讀此方知
蠢動含靈，皆有佛性。雖一物各象一卦，而卦卦各有太極全德，
則馬、牛等，亦各有太極全德矣。”由此引文，足以證明智旭不
但具有“易道皆有佛性”的思想，而且所做的比附和貫通非常全
面和深刻。

第三節　易辭與佛法互證互通

智旭所謂的“禪易相通”，不是僅在理論上抽象說明而已，
而是把這一思想貫穿到每一部分的解說中，以大量的事例加以印
證。可以說，智旭通解《周易》經傳，正是圍繞這一思想主題展
開的。不僅根據《周易》經傳論述了“禪易相通”思想的理論依
據和構架，而且在具體揭示禪易關係方面下了不少工夫，得出了
許多新見解。從總體來看，這方面內容相當多，而且有很多觀點
都是智旭的創新。關於“禪易相通”的事例，我們在前文已有不
少舉證。以下側重從創新的角度再加以歸納和說明。

一、卦爻義理通佛法

爲了打通易佛之間的隔閡，智旭除了認爲《易經》卦爻辭可

通佛法之外，還多處指出卦象和爻象的義理與佛理的相通，由此反復證明易學與佛學是完全相通的。

首先，認爲八卦、六十四卦之義全與佛學之理相通。智旭認爲八卦之象可通佛理，如解"文王八卦次序"圖說："男即父，女即母。又父只是男，母只是女。坤體得乾爲三男，有慧之定，即止而觀也。震爲觀穿義，艮爲觀達義，坎爲不觀觀義。乾體得坤爲三女，有定之慧，即觀而止也。巽爲止息義，兌爲停止義，離爲不止止義。"又如其解《說卦傳》"雷以動之，風以散之，雨以潤之，日以晅之，艮以止之，兌以說之，乾以君之，坤以藏之"時指出："先以定動猶如'雷'，後以慧拔猶如'風'。法性之水如'雨'，智慧之照如'日'。妙三昧爲'艮止'，妙總持爲'兌悅'。果上智德爲'乾君'，果上斷德爲'坤藏'。"再如解《說卦傳》"神也者，妙萬物而爲言者也"一段指出："夫'神'不即萬物，亦不離萬物，故曰'妙萬物'也。一念菩提心，能動无邊生死大海，震之象也。三觀破惑无不徧，巽之象也。慧火乾枯惑業苦水，離之象也。法喜辨才自利利他，兌之象也。法性理水潤澤一切，坎之象也。首楞嚴三昧，究竟堅固，艮之象也。凡此，皆乾、坤之妙用也。即八卦而非八卦，故曰'神'也。"此三處智旭引用佛法對八卦之象作特殊解釋，從而巧妙地融通了易象與佛法。智旭還認爲廣八卦之象都有佛理內涵，如其解《說卦傳》"乾爲天"一段指出："此廣八卦一章，尤見《易》理之鋪天帀地，不間精粗，不分貴賤，不論有情无情。禪門所謂'青青翠竹，總是真如；鬱鬱黃花，无非般若'。"《說卦傳》廣列八卦卦象，說明八卦不只象徵天地雷風水火山澤，還可象徵父母男女，身體手足，草木金石，顏色方位等宇宙萬物，此處智旭認爲這也正如佛法廣大，有情无情均可涵攝，無疑更進一步證明所有八卦的象徵意象都可與禪理相通。智旭甚至還認爲後天八卦的次序也能與佛法修行的順序一一對應，如其解《說卦傳》"帝出乎震，齊乎巽，相見乎離，致役乎坤，說言乎兌，戰乎乾，勞乎坎，成言乎艮"時指出：

> "帝"者，吾人一念之天君也，不憤不啓，不悱不發，故"出乎震"。既發出生死心，須入法門以齊其三業。三業既齊，須以智慧之明見一切法。既有智慧，須加躬行，智行兩備，則得法喜樂，又可說法度人。說法則降魔爲戰，戰勝則賞賜田宅，乃至解髻珠以勞之。既得授記，則成道而登涅槃山矣。

而對六十四卦卦名的佛法內涵，智旭側重以《乾》、《坤》二卦爲例詮釋，如其解釋《乾》卦辭說："六畫皆陽，故名爲乾。乾者，健也。在天爲陽，在地爲剛，在人爲智爲義，在性爲照，在修爲觀，又在器界爲覆，在根身爲首爲天君，在家爲主，在國爲王，在天下爲帝。或有以天道釋，或有以王道釋者，皆偏舉一隅耳。"解釋《坤》卦辭說："六畫皆陰，故名爲坤。坤者，順也。在天爲陰，在地爲柔，在人爲仁，在性爲寂，在修爲止，又在器界爲載，在根身爲腹爲腑臟，在家爲妻，在國爲臣。"《乾》與《坤》既是其餘六經卦之父母，也是其餘六十二別卦的門戶，此處智旭特別對此兩卦的卦象之義進行佛法闡釋，目的是證明所有卦名卦象之義都能與佛法相通。

其次，認爲爻象之義無不與佛法、佛理相溝通。以"六即"與"六爻"相對釋、統論六爻表法等都是智旭溝通六爻之義與佛理的主要手法，此兩種在前文已多有論及，此不贅述。智旭還在這方面作了不少的溝通，如解《坤·初六》指出："坤之六爻，即表六度。布施，如'履霜'，馴之可至堅冰。冰者，乾德之象，故云‘乾爲冰’也。持戒，則‘直、方、大’：攝律儀，故‘直’；攝善法，故‘方’；攝衆生，故‘大’。忍辱，爲‘含章’，力中最故。精進，如‘括囊’，於法无遺失故。禪定，如‘黃裳’，中道妙定徧法界故。智慧，如‘龍戰’，破煩惱賊故。”此處智旭以“六度”釋《易》，將六度與《坤》卦六爻之義緊密結合。不難看出，《坤》卦爻辭的內容，在開導人們觀物、處世的基本原則，同佛教六度修行的原則對應解釋，確有啓發。

又如以佛法解《蒙·九二》爻辭“包蒙吉，納婦吉，子克家”時指出：“定慧平等，自利已成，故可以‘包’容覆育羣‘蒙’而‘吉’。以此教授羣‘蒙’修行妙定，名‘納婦吉’。定能生慧，慧能紹隆佛種，爲‘子克家’。‘婦’是定，‘子’是慧也。”此處以“定慧平等”比釋《蒙》之九二的陰陽得配之象，既能通解爻象之義，又能申發修禪之理，實在恰到好處。《周易》認爲陽剛陰柔，只有陰陽相應，剛柔相濟，才能趨吉避凶。對此，智旭巧妙地以陽喻慧，以陰喻定，從而把佛法“定慧等持”與《周易》“陰陽平衡”的思想聯繫在一起，如其所謂的“‘婦’是定，‘子’是慧”正是根據這一解說原則發揮的。這一原則的取象內容很廣泛，諸如“乾是慧，坤是定”、“剛是性德，柔是修德”、“剛是妙觀，柔是妙止”、“剛是智慧，柔是禪定”等等，都包涵在此原則中。

從總體看，智旭在運用佛法溝通爻象義理時，大多根據這一原則，而且都能解說得恰到好處，幾乎沒有遊離於爻象義理之外。不妨再舉兩個例子爲證：如解《臨·六五》“知臨，大君之宜，吉”時指出：“有慧之定，而應‘九二’有定之慧，此所謂‘王三昧’也。中道統一切法，名爲‘大君之宜’。”《臨》之六五，位居尊位，以柔處中，下應九二，猶如任用剛健大臣、輔己“君臨"天下,正見明智,故稱"大君之宜,吉"。此處智旭以"有慧之定"發揮該爻象的義理,與爻辭文義頗爲契合。又如解《姤·九二》"包有魚,无咎,不利賓"時指出:"修顯性,則性有修;定發慧,則慧有定。性修交成,定慧平等,'无咎'之道也。但可內自證知,豈可舉似他人?世法亦爾,吾民吾子,豈可令他人分治哉?"《姤》之九二內稟剛中之德,雖下遇於初六,卻能以"正道"爲制約,不擅據初爲己有,也不使之遇於"賓客",實爲善處"姤"時之象,故獲"无咎"。此處智旭把爻中"不據不遇"之象理解成"以定發慧"而得"定慧平等"之"无咎",於象於理无不切中肯綮。

由於《周易禪解》具有大量溝通《周易》卦爻義理與佛理的具體事例,充分展示了《周易》上下經、八卦、六十四卦、三百八十四爻的義理與佛理契合,所以,使得全書具有鮮明的"禪易相通"思想傾向,且大多獨具特色,具有一定的創新性。

二、經傳義理契佛理

智旭不僅認爲卦爻的義理能通佛理,而且明確指出《周易》上下經、《易傳》、易圖所蘊涵的義理,乃至《周易》所揭示的大道理,無一不與佛理相契相通。這方面的思想,我們在前面各章節文中已有多處論及,此處再引一些突出的典型事例爲證,以進一步歸納和理解《周易禪解》的"禪易相通"思想。

首先,認爲《周易》上下經的主旨與佛理相通。如解下經《咸》卦之前指出:"上經始《乾》、《坤》而終《坎》、《離》,乃天地日月之象,又寂照定慧之德也。是約性德之始終。下經始《咸》、《恒》而終《既濟》、《未濟》,乃感應窮通之象,又機教相叩、三世益物之象也。是約修德之始終。又上經始于《乾》、《坤》之性德,終于《坎》、《離》之修德，爲'自行'因果具足。下經始于《咸》、《恒》之機教，終于《既濟》、《未濟》之无窮，爲'化他'能所具足。此二篇之大旨也。"此處認爲《周易》上經，偏重於"自行"，即自利；下經重在"化他"，即利他。即認爲《周易》的效用與"佛之說法，不外自行、化他二途"的原則相同。

其次，認爲孔子的《易傳》與性修不二之學是相通的。這方面在前文已有專題論述，此處再略加說明。主要認爲《易傳》的義理都通佛理。如解《謙》卦《大象傳》說："山過乎高，故多者衰之；地過乎卑，故寡者益之。趣得其平，皆所以爲謙也。佛法釋者：衰佛果无邊功德之山，以益衆生之地，了知大地衆生皆具佛果功德山王，稱物機宜，而平等施以佛樂，不令一人獨得滅度。"又如其解《序卦傳》就一句話："《序卦》一傳，亦可作世間流轉門說，亦可作功夫還滅門說，亦可作法界緣起門說，亦可作設化利生門說。在儒內聖外王之學，在釋則自利利他之訣也。"解《雜卦傳》最後一章，更是把他的"禪易相通"思想顯露無遺："問：何謂君子之剛？答：智慧是也。何謂君子之柔？答：慈悲是也。何謂小人之剛？答：瞋慢邪見是也；何謂小人之柔？答：貪欲癡疑是也。噫！讀此一章，尤知宣聖實承靈山密囑，先來此處度生者矣。不然，何其微言奧旨，深合于一乘若此也。思之佩之！"《周易》的基本觀念是乾剛、坤柔，此處智旭引佛理釋剛柔，充分證明孔子與佛陀思想的一致性。總之，智旭解說《易傳》，貫徹始終的就是具有鮮明特色的禪易相通思想。

再次，認爲《周易》所揭示的大道理都與佛理相契合。主要體現在如下幾方面：

（一）"易與不易"與"常與无常"理趣相同。如《周易禪解·易解跋》指出："至于歷盡萬別千差世事，時地俱易，而不易者依然如故，吾是以知‘日月稽天而不歷，江河競注而不流’，肇公非欺我也。得其不易者，以應其至易；觀其至易者，以驗其不易；常與无常，二鳥雙遊。”，此處智旭以“常與无常，二鳥雙遊”解釋“易”與“不易”的辯證統一，並與僧肇《物不遷論》的名言互爲印證，頗富哲理，也頗爲得體，充分顯示其引儒入禪的思想智慧。智旭還以“常與无常”解釋《咸》《恒》兩卦義理，如其解《恒》卦辭指出：“夫感應之機，不可一息有差；而感應之理，則亙古不變者也。依常然之理而爲感應，故澤山得名爲‘咸’。依逗機之妙而論常理，故雷風得名爲‘恒’。澤山名‘咸’，則常即无常。雷風名‘恒’，則无常即常。又‘咸’是澤山，則无常本常。‘恒’是雷風，則常本无常。‘二鳥雙遊’之喻，于此亦可悟矣。”解《恒·象》時又繼續指出：“始既必終，終亦必始，始終相代故非常，始終相繼故非斷，非斷非常，故常與无常二義俱成。天地則有成住壞空，日月則有晝夜出沒，四時則有乘除代謝，聖道則有始終體用，皆常與无常二義雙存。而體則非常非无常，強名爲‘恒’者也。”此處智旭不僅詳細闡述“常與无常二義俱存”的辯證道理，而且把它完全與《周易》的義理相對釋，充分證明了易理與佛理的相通。

（二）“陽剛陰柔”之道與“止觀定慧”之理相通。乾健坤順，陽剛陰柔，是《周易》概括宇宙萬有生成變化的基本範疇。智旭緊緊抓住乾坤陰陽的對立特性，以之解釋修行中的止觀定慧。如解《繫辭上傳》“乾坤其易之蘊耶”云：“蓋易即吾人不思議之心體，乾即照，坤即寂；乾即慧，坤即定；乾即觀，坤即止。若非止觀定慧，不見心體；若不見心體，安有止觀定慧！”定與慧，止與觀，相反相成，猶如《周易》陰陽對待、乾坤並舉，此處智旭正是巧妙地貫通了兩者的共性，使易理和佛理得到有機的統一。智旭還以三止、三觀詮釋乾父、坤母及六子，如解《說卦傳》"乾，天也"一段云："方便爲父，智度爲母。三觀皆能破一切法，爲長男；三止皆能息一切法，爲長女。三觀皆能統一切法，爲中男；三止皆能統一切法，爲中女。三觀能達一切法，爲少男；三止皆能停一切法，爲少女。"三觀，指空觀、假觀、中觀；三止，指體真止、方便隨緣止、息二邊分別止。三止同三觀一一相對，止觀雙運，乃得解脫。正如智旭解《睽·上九》時所說："惟根本正慧，能達以同而異，故即異而恒同。否則必待定慧相資，止觀雙運，乃能捨異生性入同生性耳"。由"定慧相資"、"止觀雙運"，而達"即異而恒同"，可以說是對《睽·象》"睽，君子以同而異"的很好解釋。爲了充分說明"止觀定慧"之法與《周易》"陰陽剛柔"之理確實"雖異而恒同"，智旭借助《易傳》的思想作了不少的貫通。如解《乾·文言》"居上位而不驕，在下位而不憂"指出："知至至之，是妙觀；知終終之，是妙止。止觀雙行，定慧具足，則能上合諸佛慈力而不驕，下合衆生悲仰而不憂矣。"此處以"定慧具足"的思想，貫通"不驕不憂"，既拓展了爲人處世的易理範疇，也提升了止觀修行的高尚境界。又如解《賁·彖》"觀乎天文以察時變，觀乎人文以化成天下"時指出：

> 文質互資，定慧相濟，性德固然，非屬強設，名爲"天文"。體其有定之慧，寂而常照，爲文明（觀）；體其有慧之定，照而常寂，爲止，是謂以修合性，名爲"人文"。性德則具造十界，故觀之可"察時變"；修德則十界全歸一心，故觀之可"化成天下"。

《賁》卦象上艮下離，上陽下陰，上剛下柔，上"天文"而下"人文"。此處智旭又以"止觀定慧"之理與卦象"文質互資"義理對釋,充分證明了易理與佛理的相通。

（三）"唯變所適"的原則與"不容執著"的法則一樣。如其解《繫辭下傳》"爲道屢遷"一段時指出:"雖近在日用之間,而初无死法,故'爲道屢遷';隨吾人一位一事中,具有十法界之變化,故'變動不拘,周流六虛';界界互具,法法互融,故'上下无常,剛柔相易';所以法法不容執著而'唯變所適'。"此處顯然是用"法界一如"、"不容執著"之理,與"爲道屢遷"、"唯變所適"的《周易》原則相對釋,使易佛之理同時都得到了圓融和會通。《周易》主要是闡明陰陽變化的原理,智旭能以佛理佛法對這一原理進行完整系統而又合情合理的解說,不但體現了鮮明的"禪易相通"思想傾向,而且使以禪解《易》的思想理論得以創新和發展。

此外,認爲易圖所蘊涵的義理也與佛理處處相通。如解"河圖"時指出:"又約十度修德者:一是布施,六是般若,此二爲福慧之主,如地生成萬物,故居下。二是持戒,七是方便,此二爲教化之首,如天普覆萬物,故居上。三是忍辱,八是大願,此能出生一切善法,故居左。四是精進,九是十力,此能成就一切善法,故居右。五是禪定,十是種智,此能統御一切諸法,故居中。實則界界互具,度度互攝。蓋世間之數,以一爲始,以十爲終。《華嚴》以十表無盡,當知始終不出一心、一塵、一刹那也。"此處智旭援用《周易》"河圖"之數及方位,來詮釋十波羅密,所提示的內容,更爲深刻。不難看出,將十波羅密組合爲五對,與河圖之數所居方位對應,以此解《易》,可謂別出心裁、別開生面。

三、易學心法通儒釋

儒學的心性論，儘管不完全囿於所謂的"心"，但無疑有相當多的唯心成分存在。在智旭看來，既然易理是天地萬物的本體，自然所有的心、理、氣、道也都與易理相契合，也就意味著這些在儒學中具有本體概念的東西與佛理是並行不悖的，只要能把它們都統一在"萬法唯心"的命題上，所有爭論的問題馬上就迎刃而解。智旭正是在如此理論的基礎上，認爲儒學與禪學的心性是相同的。《周易禪解》中的"儒佛相通"思想，主要有三個方面的表現：

首先，認爲儒家的道德修養與佛家的修持方法相通。《易經·乾》卦辭有"元亨利貞"一語，《文言》稱之爲"四德"，儒家借此闡發"五常"，即"仁義禮智信"。早在六朝時期，孫綽、曇靖、沈約、顏之推等人，在宣揚儒佛同一論時，就將"五常"與佛門"不殺生、不偷盜、不邪淫、不飲酒、不妄語"等"五戒"相比配。晚唐時期，圭峰宗密在疏釋《涅槃》、《勝鬘》、《圓覺》等佛經時，又運用《周易》原理說明"四德"與佛教"常樂我淨"的對應關係，主要觀點大致是：一是認爲乾是天象，天是其體，乾是其用，乾的陽體和佛教的覺體是共同的，動用不息。二是認爲乾和佛的德，都分四德：乾的德是無量無邊，德的實體包括在"元亨利貞"四德裏。所謂元，是始，始而生萬物。所謂亨，是通，萬物自在亨通。所謂利，是和，萬物之性和諧而各利。所謂貞，是正，萬物堅固貞正。佛的德也是無量無邊，但德的實體包括在"常樂我淨"四德裏。三是認爲乾的"四德"是始於一氣，佛的"四德"發於一心，一氣一心是萬物發生的根本原理。四是認爲乾的"四德"從一氣始，修煉一氣，致柔成道；佛的"四德"

基於一心，修煉此心而成佛。總起來看，宗密主要認爲"元亨利貞"與"常樂我淨"意思相類同。智旭在《周易禪解》中對前代的"四德"說又加以發揮，並提出自己的見解，如其解《乾·文言》時指出：

> 統論"乾"、"坤"二義，約性則寂照之體，約修則明靜之德，約因則止觀之功，約果則定慧之嚴也。若性若修，若因若果，無非常樂我淨。常樂我淨之慧名一切種智，常樂我淨之定名首楞嚴定，所以"乾"、"坤"各明元亨利貞四德也。今以儒理言之，則爲仁義禮智。若一往對釋者，仁是常德，體無遷故；禮是樂德，具莊嚴故；義是我德，裁制自在故；智是淨德，無昏翳故。若互攝互含者，仁禮義智性恒，故常；仁禮義智以爲受用，故樂；仁義禮智自在滿足，故我；仁禮義智無雜無垢，故淨。又四德無雜，故爲仁；四德周備，故爲禮；四德相攝，故為義；四德爲一切法本，故為智也。

從上引文可見，智旭認爲不僅"元亨利貞"本具"常樂我淨"四德，而且"仁禮義智"四德可與"常樂我淨"對釋，"仁禮義智"四德乃與"常樂我淨"互含互攝。除此之外，智旭在解《乾·彖》時，還把"元亨利貞"四德當"佛性"來看待，即指出："以乾表雄猛不可沮壞之佛性，以元亨利貞表佛性本具常樂我淨四德。佛性必常，常必備乎四德。"智旭更以《繫辭》所列《履》、《謙》、《復》等九卦之義，與佛家修持之法相對釋，將佛家修行與儒家道德修養相融通，如其解《繫辭下傳》"是故《履》，德之基也"一段時指出：

> 心慈而力健，故爲"德基"；內止而外順，故爲"德柄"；天君爲主，故是"德本"；動而深入，故"德"可"固"；

譬如爲山，故爲"德修"；鼓舞振作，故爲"德裕"；積而能流，故爲"德辯"；入而能出，故爲"德地"；徧入一切，故爲"德制"。○素位而行之謂《履》，蘊高于卑之謂《謙》，爲仁由己之謂《復》，動而有常之謂《恒》，去惡淨盡之謂《損》，積善圓滿之謂《益》，歷境鍊心之謂《困》，有源不窮之謂《井》，无入不得之謂《巽》。其實六十四卦，无非"與民同患"，內聖外王之學，且就九卦指點者，以其尤爲明顯故也。

又如解《繫辭下傳》"《履》以和行"一段指出：

○按：此九卦亦即是以餘九法助成不思議觀之旨。蓋易即不思議境之與觀也。作《易》者有與民同患之心，更設九法以接三根。《履》，是真正發菩提心，上求下化。《謙》，是善巧安心止觀，地中有山，止中有觀也。《復》，是破法徧，一陽動于五陰之下也。《恒》，是識通塞，能動能入也。《損》，是道品調適，能除惑也。《益》，是對治助開，成事理二善也。《困》，是知次位，如水有流止，不可執性廢修也。《井》，是能安忍，謂不動而潤物也。《巽》，是離法愛，謂深入于正性也。

《易傳》"三陳九卦之義"，目的在爲儒家樹立修身之道，以處憂患之世。智旭不僅認爲此九卦之義與用，"爲內聖外王之學，所以能歸非善非惡之至善，非邪非正之至正，而聖人與民同患之綫索亦盡露于此"[36]，而且借佛家修行之要與九卦之義互證互通，既闡明儒家修身立德的內聖外王之學，又闡發佛家以斷惑而立正見的性修不二之學，實乃引用易理以宣揚儒佛相通的思想

---

36 《周易禪解》卷九解《繫辭下傳》"《履》以和行"一段。

主張。

其次，以心法解讀《周易》，證明儒釋的心性論是相通的。[37]心法，蓋指修行中的種種心理、精神現象，反映了修行者的心態及功德的深淺。智旭以心法觀念解《易》的目的有兩個，一是認爲卦爻辭和《易傳》思想多是有關修行者心態的分析，可以此啓發修行者。如其解《謙·上六》時指出：

> 約內外四衆者：初六是沙彌小衆，故爲"卑以自牧"；六二是守法比丘衆，故爲"鳴謙貞吉"；九三是弘法比丘，宰任玄綱，故爲"勞謙君子"；六四是外護人中優婆塞等，故"恒謙"；讓一切出家大小乘衆，而爲"撝謙"乃"不違則"；六五是護法欲界諸天，故能摧邪以顯正，而"征不服"；上六是色、无色天，雖亦護正摧邪，而禪定中无瞋恚相，不能作大折伏法門，故"志未得"。

此處智旭運用"統論六爻表法"，通過刻畫修行者的六種不同心態，與《謙》卦爻辭所描述的處"謙"之情態相對釋，既把《周易》"藏否各有分寸"的處"謙"心法揭露無疑，又以入木三分的心態刻畫啓迪修行者。又如其解《解·上六》時指出："初以有慧之定，上應九四有定之慧，惑不能累，故'无咎'。九二以中道慧，上應六五中道之定，而六三以世間小定小慧，乘其未證，竊思亂之，故必獵退狐疑，乃得中直正道。……六五以中道定，下應九二中道之慧，慧能斷惑，則定乃契理矣。上六以出世正定，對治世禪世智、邪慢邪見，故'无不利'。"由於所具定慧果位不同，相互之間存在"相應"或"對治"關係。此處智旭以此佛理說明《解》卦六爻之間的比應關係，爲修行者對治"禪

---

37 以下兩段參見唐明邦教授《以佛解〈易〉 援儒證佛》，《佛學研究》1995年年刊，第174-177頁。

病”提供易學的心法方要。再如其解《噬嗑·上九》時指出：“觀心釋者：初九境界一發，即以正慧治之，如‘滅趾’而令其不行。六二境發未深，即以正定治之，所噬雖不堅硬，未免打失巴鼻。六三境發漸甚，定慧又不純正，未免爲境擾亂，但不至于墮落。”《噬嗑》卦爻辭，反映古代對不同罪犯，量用輕重不同刑罰。此處智旭借用修行觀心方法之別，申發《噬嗑》治罪量刑之理，頗富啓發性。再如解《剝·象》時指出：以《剝》之“六爻約世道，則朝野无非陰柔小人，惟一君子高居塵外。約佛化，則在家出家，皆以名利相麋，惟一聖賢遠在蘭若。約觀心，則修善斷盡，惟一性善，從來不斷”。《剝》卦上艮下坤，其卦象乃一陽居五陰之上，智旭以此卦象比喻世道與佛理，尤其是從心法的角度闡發了“性善不斷”的道理。再如解《繫辭下傳》“以小惡爲无傷而弗去也，故惡積而不可掩”時指出：“夫戒定之器，必欲其成；障戒障定之惡，必宜急去。勿輕小罪以爲无殃，懲之于小則无咎，釀之于終則必凶，修心者所宜時時自省、自改也。”此處智旭借此儒家易學心法告誡修行者，修心證要當時時自省。類似的解說文字，可謂舉不勝舉，茲不贅述。

　　另一個目的是借助易學融通儒釋心法。智旭解《易》不僅借經傳和易圖勸導人們一心向佛和誠意修行，而且將佛學思想貫通到《易》理詮釋中去，大力宣揚“儒佛相通”的思想。如其解“易圖”時指出：“右圖說有八，或與舊同，或與舊異，只貴遙通儒釋心要而已。”[38]解卦爻辭時，也很注重以心法貫通，如其解《大畜·象》時指出：“一山之中具有天之全體，一念心中具攝十世古今。攬五時八教之‘前言’，該六度萬德之‘往行’，以成我自

38　《周易禪解》卷十解“圖說”文末。

心之德，以此自畜，即以此畜天下矣。"又如解《坎》卦辭"習坎。有孚，維心亨，行有尙"時指出："然世、出世法，不患有重沓之險難，但患无出險之良圖，誠能如此卦之中實'有孚'，深信一切境界皆唯心所現，則'亨'而'行有尙'矣，又何險之不可濟哉！"《周易》是儒家尊奉的首要經典，能如此從中解讀出佛家的心法內容，這無疑能充分說明儒和釋的心性論是相通的。但是，我們也應該認識到，智旭以心法爲解主要還是爲了勸導衆生重視修行，尤其要修心成佛。如其解《乾·文言》"上下无常，非爲邪也；進退无恒，非離羣也；君子進德修業，欲及時也"時指出："直觀不思議境，爲上；用餘九法助成，爲下。心心欲趨薩波若海，爲進；深觀六即不起上慢，爲退。欲及時者，欲于此生了辦大事也，此身不向今生度，更向何生度此身？"此處智旭以修行佛法要求及時，與"君子進德修業欲及時"對釋，勸導衆生及時修行。智旭甚至還認爲修行中斷惑識慧也要及時，才能早日證法身，識般若，獲解脫。如其解《繫辭下傳》"《易》曰：公用射隼于高墉之上"一段指出："禽喻惑，器喻戒定，人喻智慧。《解》之上六，獨得其正，而居震體，如人有慧，故能以戒定斷惑也。宗門云'一兔橫身當古道，蒼鷹才見便生擒'，亦是此意。"這是說衆生斷惑趨佛，應如蒼鷹擒兔一般，迅猛異常，毫無遲疑。智旭以此修行務在戒定斷惑，與《繫辭下傳》"君子藏器于身，待時而動"的詞句相對釋，使儒家的修養之道與佛家的修行之要緊密地結合在一起，更充分表明了儒釋在心性方面是可以相通的。

平實而論，《周易禪解》中雖然有多處涉及到儒佛之間的關係，然而並沒有明顯論及儒、釋、道三教之間的關係問題。但是，從其所體現的"禪易相通"思想理論的內容，我們不難推證其中蘊涵著三教關係理論，而且有著“三教合一”的傾向。因爲《周易》是儒、道兩教共同尊奉的經典，兩教的思想也基本上是借助《周易》思想發揮的，所以智旭在易與佛相通的基礎上，自然能夠得出三教同源的結論。所謂的“同源”，實際上也就是“同心”、“同理”，按智旭的話來說，就是具有相同的“自心之易理”。既然是同源，那麼無論是主張道爲本體，還是主張心或理爲本體，其實意思都是相同的，只不過是理解的方式和概念不同罷了。從這個角度看，智旭在解說《周易禪解》中所體現出來的禪易相通思想，爲推行三教合一的思想主張奠定了理論基礎。從這個意義上說，智旭能借助公認的經典《周易》建立自己獨特的理論體系，自然是比前代那些執以某學說而言《易》的作品要高明得多。

第六章 《周易禪解》的思想成就與影響

一本萬殊，殊途同歸。如此而言，各種學術之間是可以相互溝通和圓融的，關鍵在於是否找到了理論之間的契合點和交會點。智旭重在"相通"的解《易》思想，正是找到了傳統思想理論的契合點，才能把各種不同的學說思想貫通圓融。根據前面所取得的結論，本章擬再結合一些實際問題，討論《周易禪解》思想成就的得失及其學術影響，並實事求是地作些評價。以下主要從三個方面加以簡要論述。

第一節 成就：建構相對完整的學術相通新思想

提倡學術相通的思想，古已有之，並不是智旭的創見。對智旭來說，秦漢以來的儒道互補，魏晉以來的儒佛會通、三教合流，宋明以來的理學與心學的會通、心學與禪學的溝通、禪學與易學的交通，都是提倡學術相通的前例。禪學與易學的交通，始於六朝，興於南宋，盛於晚明。在智旭之前，雖然已有不少研究禪易相通的成果，但都不夠完整和系統。智旭的《周易禪解》，不僅具有深厚扎實的佛學思想蘊涵，而且以其相對完整系統的"禪易相通理論"融通了易學與佛學、佛學與儒學、宗教與哲學之間的聯繫。本節主要在第四章的基礎上，作進一步的研究和概括。

一、融通易學與佛學

　　智旭在《周易禪解》中既有以禪解《易》，又有以《易》解禪，使其主張的禪易相通理論更有說服力。尤其是在解《易》過程中，完全把易理和佛理等同起來，並提出了許多新的思路和見解，在融通易學和佛學方面取得了前所未有的新成就。透過各種歷史文獻記載來梳理歷代研究易佛關係的成果，我們很難找到智旭以前有何學者在融通易學與佛學方面取得過巨大的成就，但是倒能見到不少主張易佛相通的言論。東漢滅亡前夕，儒教開始禮崩樂壞，道教乘機興起，社會各界人士逐漸接近老莊的虛無思想，興起清談之風。在清談風尚的影響下，佛教興起格義，用老莊思想解釋佛經，以有利於佛教的傳播。於是，當時佛教學者紛紛研究《老子》、《莊子》、《易經》等"玄學"著作，並試圖運用這些經典的名詞術語傳譯佛學。此時，出現了一大批精通格義的佛學家：在南方，有竺潛、支遁；在北方，有法朗、法雅；其他有慧遠、慧嚴、慧觀、曇一、曇二、僧瑾、僧肇、慧琳、曇度、曇瑤、曇諦、道盛、慧基、弘充、僧慧等人。但是，這些佛學家在易佛關係研究上並無建樹，只有零星的見解而已。隋唐以來，易佛關係理論有所創新，如李通玄的以《易》解華嚴、宗密的"四德"說、澄觀以《周易》的教相闡說《華嚴經》、石頭希遷的《參同契》及其後繼者創建的與《易》相關的禪宗理論（如"五位君臣"和"四賓主與四照用"等），但這些思想都因過於佛學化而掩蓋了相通的思想傾向。在儒家方面，從六朝到明代，也有不少易佛相通的言論，但都是局部的溝通而已，沒能全方位地運用佛教經典加以比較研究。總的來說，儘管歷代（六朝至晚明以前）都有一些易佛關係言論，但都不成系統，不足以圓融易學和佛學。智旭正是繼承和超越了六朝以來的"以《易》理解佛"和"以佛理解《易》"，並在"禪易互證"方面取得突破，以致能在融通易學與佛學方面做出前所未有的新成就。根據筆者的理解，這一新成就主要有兩方面：

一是以六爻釋六即，把"易道廣大"與"佛法無邊"等同起來。易道廣大，佛法無邊，歷來都是人們所公認的。但是，到底是"易道"廣，還是"佛法"大，很少有人能解釋清楚。一般情況下，"易道廣大"乃是指其涵蓋了天文、地理、人事的方方面面，無所不包，無所不在；佛法雖無邊，也仍有一個時空的觀念，如原始佛教之六道輪迴、天台圓教之六即行位等。智旭在《周易禪解》中，爲了解釋這一時空，大膽而巧妙地提出了"六爻即六即"的說法，以六爻解釋佛法中相關的六個層次問題。除了以六即解釋《乾》卦六爻外，更是把六爻與佛法涉及的"六天"聯繫起來，如解《比·初六》時，就直接地說："初六如人道，六二如欲天，六三如魔天，六四如禪天，九五如佛爲法王，上六如无想及非非想天。"類似如此的比附，《周易禪解》中非常之多，且大多是智旭的創見。從智旭的解說來看，明顯傾向於"易道"與"佛法"是一樣廣大的。這種思想是很難評判對錯的，但是從禪易相通理論形成與發展的角度來看，這無疑是融通易佛關係的新成就。

二是以"心外無法"的思想闡明"易即真如之性"。這一思想，智旭在《靈峰宗論》卷三之二《性學開蒙答問》文中有比較完整的表述，即"當知易即真如之性，具有'隨緣不變，不變隨緣'之義，密說爲易。""易"是《周易》的核心思想，"佛性"是佛教的靈魂和命脈。如果不能用"易"的理論與"佛性論"相對釋的話，那麼易學和佛學的關係就得不到根本性的貫通和圓融。對此，智旭在《周易禪解》中不僅提出了"易理說"，而且從《繫辭傳》"神无方而易无體"讀出了妙論，於是他認爲易爲心之本體，因爲易是一切之先，一即一切，一切即一。根據"心外無法"的思想，他在解《繫辭傳》時明確提出："隨緣不變，不變隨緣之易理"、"易理本在天地之先"、"易者无住之理也"、"易即爲一切事理本源，有太極之義焉"、"蓋易即吾人不思議之心體"、"蓋易即不思議境之與觀也"、"可見一切吉凶禍福无不出于自心，心外更无別法"等等闡說易佛相通的思想，並且提出對於《周易》"若不以唯心識觀融之，屈我羲、文、周、孔四大聖人多矣"；尤其是在解卦爻辭過程中，爲"佛性"在《周易》中找到了不少相對應的名詞，如"佛性名乾元"、"佛性名天地之心"等，使中國傳統的佛性論思想和《周易》的變化之道圓融無礙。可以說，智旭《周易禪解》在"心外無法"的主導思想下，不僅全面以佛法佛理解說《周易》，而且把"易理"與"佛性"等同起來，充分論證了心與易、佛三者之間的根本相通。因此，我們認爲"易即真如之性"的思想，既是智旭在解《易》理論方面的一大創新，也是他在建構學術相通思想的一大成就。

根據以上兩方面的成就，再結合前文所指出的智旭"禪易相通思想"之創新，我們完全有理由肯定《周易禪解》在很大程度上融通了易學與佛學。

二、圓融佛學與儒學

西元前六世紀是一個偉大思想相繼開關的時代：中國的孔子開始傳授"儒學"，古印度的釋迦牟尼也開始傳播"佛學"。自從佛教在漢代傳入中國以後，儒學與佛學之間的關係就日趨緊密。儒學與佛學伴隨著歷史的腳步，在交涉中互動，在互動中同化，在保持各自特質的同時逐漸融合與會通，形成現有的各自狀態。不管怎麼說，儒佛兩家原先的思想反差是比較大的，正如梁漱溟《儒佛異同論》所說："儒家從不離開人來說話，其立腳點是人的立腳點，說來說去總還歸結到人身上，不在其外。佛家反之，他站在遠高於人的立場，總是超開人來說話，更不復歸到人身上 —— 歸結到成佛。"[1]但儒佛之間經過長期的相互鬥爭、影響、瞭解、吸收、融合之後，不僅縮短了彼此的思想距離，也使各自的思想滲透到對方，不斷產生出新的思想奇葩。在儒學方面，如張載的"天地之性"、"氣質之性"，二程的"體用一源，顯微無間"，朱子的"聖人與天地同體"，陸九淵的"宇宙便是吾心，吾心便是宇宙"，王陽明的"致良知"、"心即理"等，都是受佛教"本體論"思維模式的影響而出現本體化的結果。陳寅恪先生指出："宋儒若程若朱，皆深通佛教者，既喜其義理之高明詳盡，足以救中國之缺失，而又憂其用夷覆夏也。乃求得兩全之法，避其名而居其實，取其珠而還其櫝。采理之精粹以註解《四書五經》，名爲闡明古學，實則吸收異教。"[2]在佛學方面，如佛教原先所說的"佛性"極其抽象，不象儒家所說的"人性"、"心性"那麼具體實在，在儒家的影響下，"佛性"逐漸世俗化、倫理化而與"人性"相通，慧能的"人性佛性論"就是佐證，以後沿著這條路往前走，便有所謂"即心即佛"、"明心見性"，進而得出"佛法在世間，不離世間覺"的說法。儘管儒學與佛學在發展過程中，都不同程度地得益於彼此的溝通和影響，但是兩者始終都無法在思想理論方面徹底達成一致。[3]

---

1 引自深圳大學國學研究所編《中國文化與中國哲學》第 429 頁。
2 《吳宓與陳寅恪》，吳學昭著，清華大學出版社，1995 年版，第 10-11 頁
3 本段參見《佛學與儒學》，賴永海著，浙江人民出版社，1992 年 9 月版，第 1-30 頁。

　　智旭《周易禪解》雖然也沒能徹底完成儒佛之間的相通，但在圓融儒學與佛學方面確實是取得很大成就的。何以見得一部以禪解《易》的著作能有如此成就？根據我們前面幾章的研究，可以找到三個方面的事實作為佐證：其一、以天台宗圓教的思想圓融了各種佛學思想。智旭以佛學思想解《易》，並不是僅以某宗某派的思想作為依據而已，而是較明確地以天台宗圓教的思想融會了佛學諸宗的思想。這一融會的佛學思想在某種意義上代表了佛學思想的全部，因而更具有代表性。其二、以孔子《易傳》的思想圓融了各種儒學思想。對儒學思想，智旭不僅高度肯定孔子《易傳》是內聖外王之學，而且以孔子的學說作為標準，貫通宋明時期的理學和心學，從某種意義上說也是圓融了儒學的思想。其三、以"萬法唯心"的思想圓融了儒學和佛學相通的思想。智旭不僅依據《周易》經傳圓融了佛學、儒學，而且充分論證了儒學和佛學是相通的。總而言之，《周易禪解》借助《周易》經傳把"世法"和"出世法"有機地統一起來，把儒學的精粹和佛學的精粹有機地統一起來。如此以經典的文本作為立論的依據，應該是更具有說服力。

　　之所以認為智旭的做法不夠徹底，是因為他始終站在佛教的立場上來看待儒學的。換句話說，智旭雖然作了各種努力圓融佛學與儒學，但仍沒有擺脫"佛學高於儒學"的傾向。也許，智旭的立場和觀點是對的。但是，從他以《周易》而不是以其他佛經作理論基礎的情況，說他對二學的圓融有失偏頗應該也是合理的。

三、貫通宗教與哲學

　　古人儘管比較缺乏現代"哲學"的觀念，但他們思考宇宙人生的的思路是清晰的。智旭作為一個宗教人士，他的立場觀點基本上都是佛教的教綱教理，但是也不能排除其中有合理的哲學成分。從對《周易禪解》諸多蘊涵思想的挖掘情況來看，我們認為智旭在一定程度上貫通了宗教與哲學的差別，因而在兩者相通的理論方面取得了一些成就。也許，正是因為佛學和《周易》都是東方的智慧之學，哲學也是智慧之學，而智旭在《周易禪解》中不僅不排斥這些學說，而且加以融合和貫通，才使其著作仍隱隱地折射出哲學的光輝。從總體來看，《周易禪解》主要體現的是一種唯心一元論的宗教哲學思想。以下擬借助目前哲學的範疇簡要分析和評價《周易禪解》在貫通宗教與哲學方面的思想成就。

第一，本體論：萬法唯心，心為太極。智旭在本體論上的觀點是很鮮明的，那就是心為本體。當然，這還是佛教“本體論”的思維模式，但與眾不同的是：智旭的“心”是真正不帶偏見的，真正能涵蓋一切、包容一切；智旭的“心”，與前人所持的太極、易理、易、理、道、心，是可以互相包容的同一概念，但更具有包容性，也更具有所謂本體的概念。從這個意義上理解，智旭的唯心本體觀，就不能簡單理解為今日所謂的唯心主義，也不是唯物主義，而是一種可以容納世間心和物的一種“即心即物、非心非物”的概念。所以，我們認為這樣的本體觀是很獨特的，因為它包容了佛學和易學的觀點，似乎又不違背各自原本的思想。

第二，方法論：隨緣不變，不變隨緣。智旭在《周易禪解》中體現出來的方法論，也是一種雙重組合的概念：一重是它充分理解了《周易》的變易之學；另一重是完全繼承了佛教的因緣之說。而這一個雙重組合又被智旭統一到所謂的“隨緣不變，不變隨緣之易理”上來。根據我們的理解，智旭通過時間的性質統一變與緣的關係，並以此作為一種完全可行的方法加以推行的。“常與无常”、“變與不變”都是“隨緣而定”、“與時偕行”的，而不是任何事物可以改變的，所以智旭在寫完《周易禪解》之後所發的一番感歎，也正是由這種方法論得出來的。

第三，認識論：定慧等持，權實並重。智旭《周易禪解》借助《周易》的陰陽學說，溝通佛學修持中的一系列做法，如：如何處理好定與慧、權與實的關係。借助陰陽和諧統一的理論處理定慧、權實的關係，是智旭對易學、佛學理論的進一步肯定和發展。而定與慧的關係問題，正是一個與認識論極其相關的範疇。由定慧等持的主張，我們認爲《周易禪解》提出了如此的認識論：要想認識世界，必須依靠修行和智慧的和諧統一理論；修行主要通過禪定的方式體悟未知，而智慧的增長正是在不斷的修行中產生的；不能有了智慧就不修行，也不能因爲修行而沒有增加智慧，兩者缺一不可；只有處理好兩者的關係，才能逐漸到達成功的彼岸，真正地認識到所處宇宙世界的真實。

根據以上三方面的簡述，我們認爲《周易禪解》所具有的、獨特的禪易相通思想，在一定程度上貫通了宗教與哲學。當然，我們仍應認識到智旭由於受宗教唯心思想的嚴重影響，總是運用佛教“萬法唯心”、“心外無法”的唯心識觀看待萬事萬物，以致對易學與佛學、佛學與儒學的融通不夠公正合理，對宗教與哲學的貫通也不明確和徹底，所以其主張學術相通的思想仍有一定的局限性。

第二節　評價：開啓比較合理的 禪易互證新思路

如果借助一種時尙權威的哲學理論評價《周易禪解》，可以說得頭頭是道，但不一定是切合實際的。對此，我們確實不敢隨便根據自己的所學所思隨便評判《周易禪解》的成就得失，而只能在介紹各種評價的基礎上，圍繞一兩個突出的問題加以評述和說明。

一、各種評價褒貶不一

《周易禪解》成書後，有人驚歎，有人貶抑。驚歎者以佛門內外的僧人居士爲主，貶抑者不外乎是那些正統的道學家和易學家們。到了二十世紀末，評判的觀念有所轉變，對其思想價值的認識也越來越充分。以下主要是摘錄目前研究者對《周易禪解》的評價。

當代著名易學專家、武漢大學唐明邦教授，在解讀《周易禪解》的思想後著重指出：（智旭）於《易》於禪均有妙悟，是以《周易禪解》不失爲中國文化史上的奇書。然亦只有植根於中華傳統文化的沃壤，才得以綻出如此佛學之奇葩。[4]

當代著名易學專家、北京大學朱伯崑教授，在其《易學哲學史》第三卷中指出：就易學史說，禪門解易大都出於比附，將心學派的“六經註我”的學風發揮到極端，不能不受到儒家經學者的抨擊。由於出於比附，其對易學中範疇的解釋，往往不能自圓其說。如智旭對太極的解釋，或爲真如，或爲无明。但從其比附中，亦可以看出，儒家易學中關於陰陽變易的學說，道器合一的學說，同佛家的生滅流轉說，禪宗的佛性說，又有某種相同點。拋開其神學的囈語，就其理論思維說，關於事物轉化的論述，特別是精神和心理方面的轉化觀念，如性和情，真如和无明，流轉

---

4 唐明邦《以佛解〈易〉　援儒證佛 —— 讀〈周易禪解〉》，《佛學研究》1995 年年刊，第 177 頁。

門和還滅門，先天和後天等互相依存和轉化的觀點，在易學哲學史上也是不容抹煞的。但禪宗的易學，同道教系統的易學相比，其主要任務是利用《周易》經傳中的思維爲其教義張目，理論上的建樹較少，這同其宗教哲學具有直覺主義的特色是分不開的。[5]

上海社會科學院夏金華研究員指出：從總體上說，蕅益"以佛解《易》"是成功的。他在理學思想影響下，結合華嚴宗"法界緣起"之理論，提出了"易理先天地"，易理無所不在和易理切於生活日用等思想觀點，是華嚴宗本體論在易學理論中的重要嘗試，而且將《易傳》中本來十分簡略的宇宙論思想發揮得較爲全面、豐滿，此無疑進一步推動了易學宇宙論思想之發展。同時，他又將易理說納入佛教思想理論之軌道，與《周易》切於日用之內容有機地貫通起來，雖然在將易理過渡到心性之間尚有一定的難度，但未曾影響到他對易理作用之完整表達。此外，從易理無處不在之論述，亦可看出莊子"道"無處不在思想之痕跡，此與蕅益貫通儒、釋、道三家思想的主張是一致的。基於此，在闡述儒、佛、《易》四德說之際，他自始至終貫穿了此一思想。儘管三者在原意上是有相當出入的，但處在明末特定的歷史條件下並無不可。如同以往歷史上儒家五常與佛家五戒相配一樣，無論從思想、內容乃至所要求之對象而言，皆不盡相同，卻能漸以相沿成習，普遍地爲人們所接受而得以流傳。如此之例在中國思想史上並非鮮見。從此意義上說，蕅益之儒、佛、《易》四德說亦不無可取之處，況且，於儒、佛兩家調和融通也很有幫助。至於修行階次與《易》爻時位元之關係諸論，其觀點是有創見性的，其意義已如前文所述，而儒、佛合一的佛教理想人格之提出，也是明末

5 《易學哲學史》第三卷，朱伯崑著，華夏出版社，1995 年北京第 1 版，第 268 頁。

三教合流思想之產物。所有這些，都爲《周易禪解》一書增色不少，從而奠定了該書在“以佛解《易》”流派中之權威性地位。[6]

　　浙江杭州商學院王仲堯教授指出：智旭以傳統的，同時也是被公認爲最正統的中國佛教佛性論思想，來深刻地比照對應“易道”，並且以此來論證他的有關思想，其用心之深之苦，足值得後人深思。我特別提出這個問題，也希望學界佛界人士重視和深思。[7]

　　山東大學陳堅先生發表了三篇研究《周易禪解》的文章，並對該著作進行高度的評價，他認爲“《周易禪解》是易學史上第一部完整系統地以佛教的知識和道理來解讀《周易》的傑作”，“雖然歷史上易學對佛學的契入不像儒學和道學對佛學的契入那樣廣泛而深入，但是智旭在《周易禪解》中以佛解易、以易學契入佛學的工作卻是相當出色的，無論在佛學史上還是在易學史上，這樣的工作都應佔有一席之地”。[8]

　　從以上諸位專家的評價可以發現，目前學界對《周易禪解》的總體評價是相當高的，雖然也是褒貶不一，但明顯是褒多貶少。諸位專家的評價，由於各自研究的角度不同，所以得出的評價也有所差異。如果把這些評價綜合起來，我們會發現《周易禪解》確實在易學、佛學、易學與佛學、儒學與佛學方面都有很大的成就，所以我們更應該整體來考察《周易禪解》，方能做出更全面合理的評判。筆者相信，隨著我們對《周易禪解》研究和易佛關係研究的不斷深入，我們必能更全面地認識到該著作的價值，從而

---

6 《佛學與易學》，夏金華著，台灣新文豐出版公司，1997 年 4 月版，第 123-124 頁。
7 《易學與佛教》，王仲堯著，中國書店，2001 年 7 月版，第 345 頁。
8 以上兩處引文分別載於陳堅《智旭對〈周易·大過卦〉的佛學解讀》，《周易研究》2002 年第 2 期，第 57 頁、62 頁。

做出更合理的評價。

二、究其實際得大於失

這是我們研究後的主要看法之一。本小節主要根據本論文已經取得的研究結論，綜合起來探討《周易禪解》的成敗得失。通過本書的研究，我們認爲《周易禪解》的成書是"得大於失"。試論如下：

就"失"而論，智旭在解《易》過程中仍有明顯的不足之處：第一，隨語生解，形式鬆散。由於智旭主要依靠《周易》經傳表達心得體會，沒有形成一套真正完整規範的解《易》條例，所以全書的表達形式顯得鬆散不一，但是並不淩亂。如在解《繫辭》等五傳時，大多是依隨傳文語句闡發義理，偶而又拋開傳文框架衍論言外之意；有時長篇大論，有時又惜墨如金。又如在解上、下經卦爻辭時，大多是經文傳辭合而說解，有些又是分開言說；有時是偏重於以佛法佛理解說，有時又僅僅闡釋其中義理而已；上經解說得很詳細，下經解說得較簡略。可以說，與儒家學者的解《易》著作相比，《周易禪解》在文本形式和體例上確實有鬆散不均、前後不一的弊病。第二，隨心所欲，內容煩雜。從總體上看，智旭在解說和發揮《周易》義理時，有信心信口、隨心所欲的特點，因此也造成著作內容變得繁雜。不可否認，智旭對佛學和易學都是十分精通的。也許正是這個原因，智旭在解說過程中，較少考慮到閱讀者的接受能力，過多地援用大量的佛學名相概念和易學解釋條例。此外，所援引的各種學說思想也很不統一。比如：在以佛學作解時，有時是以佛法爲解，有時是以心法爲解，有時又是兩者並舉；有時援引天台宗的學說，有時又只以華嚴、禪宗的思想作解。儘管這些思想在智旭的眼裏都是相通的，但分散夾雜在《周易禪解》中，在一定程度上增加了內容的繁雜。第三，誘儒知禪，思想保守。通過解讀《周易禪解》，我們發現該書不僅有一套系統相對完整的"禪易相通思想"，而且有主張各種學說可以相容相通的思想傾向。但是，智旭並沒有因此而明確肯定各種學說是平等的，而是仍然站在佛教唯心思想的立場上，宣揚"萬法唯心"，主張"誘儒知禪"，強調易學與儒學思想有"毒性"，不如佛學純正高明，所以思想還是比較保守的，沒能完全擺脫佛教思想的束縛。此外，我們還應該看到智旭的以禪解《易》，不僅還有一些卦爻辭得不到佛學解釋，而且所作的禪易互證也未必都行得通。平實而論，不少地方仍有牽強傅會之嫌，但總的來看並不影響他對"相通"思想的表達。從創新的角度觀之，筆者認爲《周易禪解》存在的局限和不足，與其具有的學術價值和意義相比，可以說是微不足道的，所以仍應給予高度的評價。

　　就"得"而言，主要體現在三個方面：第一，《周易禪解》是智旭在思想成熟期，有感而發的一部精心著作。之所以是"精心著作"有三個理由：（一）是智旭經歷目睹憂患的憂心之作。我們在第二章已經指出，正是智旭深深經歷了家國憂患、身心憂患、佛門憂患，才得以深刻認識易理和佛理的關係。（二）是智旭飽學體悟絕學的精心之作。智旭是一個精通儒學和佛學的高僧，青少年時代飽學儒家經書，出家以後又全面閱讀佛藏經典，所以有深厚的經學基礎、儒學積澱、佛學根基。尤其是他在生死存亡之際，仍能究心學術，體悟各種學說之間的微妙關係，並大徹大悟學術相通的道理。《周易禪解》的寫作，正是智旭在"飽學體悟"之後的感觸之作，所以更具有思想價值。（三）是智旭融會貫通國學的談心之作。智旭以禪解《易》，以《周易》經傳文本爲依據，全方位溝通佛學諸宗、儒學各派、易學各家的思想，使佛教心性之學在與易學相融通的同時，也融會貫通了傳統的國學思想體系。第二，《周易禪解》既承前又超前。智旭援禪證易並非首創，但他以佛學諸宗思想全面闡解《周易》經傳的做法卻是前所未有的，他所建構的完整系統的禪易相通思想體系也是史無前例的。雖然在智旭之前已有以禪學解《易》的先例。但是，我們更應該看到智旭的"援禪證易"並非單純地因襲傳統，而是對前人的做法進行超越和創新。在理論和方法上，既認同《周易》及其學說的非凡成就，又敢於吸納各家各派的理論成果，並加以消化和整合，尤其是援禪證易的做法完全打破了傳統學術的界限，從而建構了更有深度和廣度的學術相通思想體系。從這個意義上來說，《周易禪解》無疑是所有以禪解《易》著作中最成功的。第三，《周易禪解》既開新又啓後。智旭出於"誘儒知禪"的目的解釋《周易》經傳，未免有點異想天開。但是，他的努力並非徒勞無功。在《周易禪解》中，無論是對易理的闡發，還是對禪理的發揮，多數都非常到位，可謂是發前人未發之言。尤其是在揭示禪易關係方面，義理清晰，條辨透徹，確實給人很多啓發。平心而論，作者所援引禪理，雖有牽強附會之嫌，但也不乏創新求是、切實精當之論；其大力溝通禪易之勞，顯然有發明《易》旨、開創新學之功。正如已故易學專家黃壽祺教授在《易學群書平議》中指出：此書"立說非盡恍惚虛無"，"援引禪理，間雖不免傅會，然亦頗有可取者"，"未可以其援禪入儒而悉非之"。[9]就此而言，《周易禪解》所具有的價值和所作出的貢獻，就應當得到後人的充分肯定。

9　《易學群書平議》，黃壽祺著、張善文點校，北京師範大學出版社，1988年6月版，第45-46頁。

三、禪易互證頗為可取

這是我們研究後的主要看法之二。關於智旭以禪解《易》是否合理的問題，我們在前面幾章的論述過程中已作了簡要的分析，此處再加以補充說明。眾所周知，佛教是印度文化的產物，而《周易》是中國文化的結晶，兩者有著截然不同的表達形式和思想體系。換言之，佛教的思想是不可能直接體現在《周易》經傳中的。既然如此，智旭以禪解《易》的合理性有何依據？或者說，《周易禪解》禪易互證的思路還能成立嗎？這些問題的回答關係到《周易禪解》的價值問題。如果不合理的話，那麼智旭的工作無疑是徒勞的。對此，智旭自己早已意識到這些問題的重要性，於是在《周易禪解序》中特別運用問答的形式展開全面的討論，並運用佛教的"不墮四句"理論作了辯護。這個問題，陳堅先生《以佛解易　佛易一家》一文也作了相當深入的探討。茲摘錄陳堅先生的看法如下：

> 筆者認為，智旭的辯護只是說明了以佛釋《易》是符合佛教教理的，也就是說，從佛教的角度來看，以佛釋《易》是合理的。但是，我們知道，《周易》是一部世俗作品，如果從世俗的角度來看，以佛釋《易》是不是合理呢？這是問題的關鍵。筆者試著從以下三個方面說明即使從世俗的角度來看，智旭的以佛釋《易》也是合理的，或者說《周易禪解》是能夠成立的，並以此作為對智旭辯護的補充。（1）智旭在《周易禪解》中所用的方法是"解"（解釋），而不是"註"（註釋）。"解"和"註"是不同的，"註"的目的是要將所註文本的原意揭示出來。因此註者必須尊重文本的原意。雖然有時文本的原意很難甚至根本無法確

定，但作爲註者，他心中至少必須有“原意追求”的意向，註者就是在這種“原意追求”的意向指引下工作的；而“解”的目的是要賦予所解的文本以意義，這意義並不一定就要是文本的原意，它完全可以由解者自由選擇，只要能解得通，什麼意義都行。這就好比解一個幾何題，你除了用幾何學原理解（相當於以原意去解文本），也可以將其轉化爲一個三角學問題，然後用三角學原理來解，這就是所謂的三角函數方法；還可以將其轉化爲一個代數學問題，然後用代數原理來解，這就是所謂的解析幾何方法（這兩個方法都相當於用原意以外的意義去解文本）。總之，不管用什麼方法，只要把這個幾何題解出來就行。因此，“解”不必唯文本的原意是從，解者也不必要有“原意追求”的意向，解者只要能賦予文本一定的意義，將其解通即可。一言以蔽之，“註”是求真（文本的原意），“解”是求通。從這個意義上說，《周易禪解》是完全合理的，因爲，雖然《周易》不是以佛教思想立言的（這一點應該是不證自明的），但我們（包括智旭）完全可以用佛教思想來解《周易》，而且智旭以佛解《易》的實踐還告訴我們，以佛解《易》是完全解得通的。

（2）就其意圖而言，智旭作《周易禪解》是爲了從《周易》中找到佛教教理的根據。如果佛教教理能得到《周易》的支援，那麼佛教不但有了更爲堅固的理論基礎，而且也更能爲民眾所接受，因爲當時的中國傳統社會中，從知識階層到普通百姓，《周易》被看作是正確性的化身；知識分子從它那嚴密的符號推演系統中看到其正確性，普通百姓從術士依據《周易》所作的命相預測中看到其正確性。佛教有《周易》作爲根據和後盾，其可信度便大增，從而更易被人接受。因此《周易禪解》實是智旭推廣佛教的一種策略。這種在中國經典中爲佛教尋找理論根據的策略完全是佛教中國化的一個方法。與佛教初傳中國時所用的中國化方法"格義"相比，尋找根據的方法顯得更爲深入，因爲"格義"基本上是一種概念之間的對譯，理論性幾近於零。因此，從佛教中國化的方法角度著眼，《周易禪解》亦無可厚非，因爲佛教的中國化對中國的思想界和社會生活都構成了一個巨大的影響，而且不同的時代應該有不同的中國化方法，直至今日，佛教的中國化依然還在繼續，依然還需要新的中國化方法來維持這種繼續。另外，智旭從《周易》中尋找佛教之根據還是救禪行動的一個方面，而且也是成功的方面。

（3）和中國其他的古代經典一樣，《周易》的意義結構是不定型的，它的價值和生命力只有在"解"中才能體現出來。用不同的知識體系來解《周易》，這是《周易》能穿越時空限制呈放異彩的關鍵。在現代《周易》研究中，人們越來越多地用與原意無關的知識來解《易》，比如用數學、邏輯學、原子結構學、哲學辯證法等，智旭用佛學來解《周易》在性質上與這一類的解《易》是完全相同的，只是用來作解的知識體系不同罷了。可以說，智旭的《周易禪解》是現代解《易》思路（擺脫"原意追求"意向）的一個先聲。[10]

對於合理性問題，筆者與陳先生的觀點是基本一致的。但是，

---

10 陳堅《以佛解易 佛易一家 —— 讀智旭〈周易禪解〉》，《周易研究》1998 年第 4 期，第 19-20 頁。

仍有兩個問題值得思考：一是以禪解《易》的做法是不是都合法？從宋代至今，以禪解《易》的例子並不少見，是否都合理合法呢？筆者以為，這個問題不可一概而論，應該具體分析。對於《周易》的經典思想，雖然可以從多種角度加以發揮，但是如果過於遊離經典本身的涵義和準則，即使運用儒家的學說為解也是非法的。智旭的做法之所以比較合理，最關鍵的在於他能遵循易學發展的歷史和理論，合理地繼承易學傳統思想，尤其是能立足於經典的文辭義理展開說解。二是以禪學能否完全解通《周易》？智旭《周易禪解》表明，禪學與《周易》的思想有很多的相似點和契合點，從理論上講是完全可以相通的。但是，從他具體的解說內容來看，主要是《易傳》與佛法的溝通，並非所有的經傳文辭都能得到佛法的解釋。如果《易傳》不足以代表《易經》的話，那麼，智旭以禪解《易》的做法，依然缺乏真正合法的依據。進而言之，如果《易經》和《易傳》不能同時得到佛法的合理解釋，禪易相通的理論思想就應受到質疑和挑戰。所以，這個問題仍有待學界作深入的研究才能定論。當然，我們也不能過於糾纏這些問題，而應關注智旭禪易互證所取得的成效及其思想價值和意義。從實際情況來看，筆者認為智旭以禪解《易》，禪易互證，在很大程度上揭示了易理與佛理的隱秘聯繫，開啓了新的解《易》思路，頗為可取，無可厚非。

第三節　影響：拓展和而不同的
學術互補新局面

《周易禪解》的影響雖然不是非常廣泛，但肯定是極其深遠的,因爲禪易關係無論相同也好相異也罷,都是值得探討研究的。
只有在充分研究禪學與《周易》相互關係的基礎上,才能更加全
面準確地比較研究中國的學問,乃至東方的學問,甚至於全世界
的學問。本節主要是想透過學術影響方面的介紹來發表一些個人
看法。

一、對傳承中國佛學的影響

《周易禪解》成書以來,並沒有在佛學界掀起狂瀾巨波,但
仍在一定程度上影響中國佛學的傳承和發展。以下就從"補偏救
弊"的角度,試論這一影響的深度和廣度。

縱觀中國佛學發展史,我們可以看到佛學在中國發展的兩大
顯著特點:一是源於古印度的佛學思想不斷在中國化、本土化。
在中國化的進程中,本土的儒、道等思想不斷被融入佛學的思想
體系中;思想的融合儘管也縮短了佛與儒、道的差距,但是並沒
有減少彼此之間的爭鬥。二是各種中國化的佛學宗派不斷出現,
並不斷出現互相攻擊、排擠的局面。從這兩點來看,中國佛學自
六朝以來一直沒能走出兩大誤區:一是宗派內部的紛爭,一是與
儒、道兩家的紛爭。究其原因,是相當複雜的,根本的原因就是
各家、各派的思想理論和價值取向都很不一致。就佛教內部各宗
派的思想而言,出發點和歸宿點並沒有根本性的差別,只是體悟
和修行的方式、理路有所不同罷了。就佛學與儒學、道學的思想
作用而言,對於人類的生存與發展都有一定的現實意義。對於三
教學說之同異與功用,清代大學者紀曉嵐《閱微草堂筆記》中有
一則筆記,其中有一問答頗爲在理,特引錄如下:

> 問:"然則天視三教如一乎?"曰:"儒以修己爲體,以
> 治人爲用。道以靜爲體,以柔爲用。佛以定爲體,以慈爲

用。其宗旨各別，不能一也。至教人為善，則無異。於物
有濟，亦無異。其歸宿則略同，天固不能不並存也。然儒
為生民立命，而操其本於身。釋道皆自為之學，而以餘力
及於物。故以明人道者為主，明神道者則輔之，亦不能專
以釋道治天下。此其不一而一，一而不一者也。蓋儒如五
穀，一日不食則餓，數日則必死。釋道如藥餌，死生得失
之關，喜怒哀樂之感，用以解釋冤愆，消除拂鬱，較儒家
為最捷。其禍福因果之說，用以悚動下愚，亦較儒家為易
入。特中病則止，不可專服常服，致偏勝為患耳。儒者或
空談心性，與瞿曇、老聃混而為一，或排擊二氏，如御寇
仇，皆一隅之見也。"[11]

紀氏所論儘管也有所偏袒，但無疑能給我們一個啟示：在現
實生活中，儒、佛、道的思想各有所用，不能"專服常服"一種
思想。所以，我們應該清醒地認識到中國佛學在傳承與發展過程
中，一直都無法擺脫"思想紛爭"的困擾，以致出現時盛時衰的
發展歷程。

基於對中國佛學發展歷史的粗淺認識，筆者認為智旭《周易
禪解》中所體現的思想精神，對解決長期以來的"思想紛爭"能
起到"補偏救弊"的作用。《周易禪解》之所以能發揮其作用，主
要有三個特殊的因素存在：一是智旭是晚明時期的高僧，以智旭
的身份和地位來倡導傳統學術的相通，在某種意義上具有巨大的
推動作用。二是《周易禪解》所依託的是儒家的聖經《周易》，以
《周易》經傳的內容來闡發學術相通的思想，無疑更具有權威性
和說服力。三是《周易禪解》在很大程度上以"融通的具體事例"

---

11 《全本閱微草堂筆記》卷四《灤陽消夏錄四》第 44 則，巴蜀書社，1995 年
9 月版，第 76-77 頁。

論證了學術相通的理論依據，使中國化的佛學在中國本土產生的權威經典中找到了立足的文本依據。換個角度來說，智旭寫作《周易禪解》，無異於以雄辯的事實向世人宣稱：不僅佛學諸宗的思想可以得到統一，而且佛學思想與儒學、道學的思想也能得到統一，所有的"思想紛爭"都是對學術的偏見和誤解，只有融會貫通傳統的文化思想，才能把中國學術發揚廣大。所以，我們認為這種做法和思想既有助於三教關係的協調，又有利於人們擺脫傳統"思想紛爭"的困擾，從而對佛學的傳承產生深刻的影響。

從繼往的角度看，我們不難發現智旭沿著前人的道路，在理論方面把儒佛之間的距離又大大縮短了，使儒佛合一的理想頓然間化成了"現實"，也使高高在上的佛法遠離了思想理論傳播方面的障礙，公開與眾所周知、舉世公認的《周易》學說攜手來到人間，這無疑是智旭對佛學中國化作出的傑出貢獻。從開來的角度看，我們認為《周易禪解》的思想對後來興起的人間佛教思想潮流，起著一種理論先鋒的作用。當然，這種影響是極其間接的。試論之，我們在研究中發現，近代一些著名佛學家所持的"儒佛相通"思想與《周易禪解》十分相近，如楊文會著有《論語發隱》和《孟子發隱》，充滿著以佛釋儒的言論，其高度肯定孔子的思想與智旭如出一轍。又如歐陽漸不僅極其推崇孔子的學說，而且認為"儒、佛之焦點，都在涅槃"[12]，這種思想實際上也與《周易禪解》暗合。再如太虛法師的"融貫"思想，即在佛學內部融貫空有、性相各宗各派不同體系的思想學說，在佛學外部既把佛學思想同各派哲學思想相提並論，又把這些各不相同的哲學思想統

---

12 原載《歐陽大師遺集》第二冊《與蒙文通書》，第一七六四頁。轉引自《中國近代佛學思想史稿》，郭朋、廖自力、張新鷹著，巴蜀書社，1989 年 10 月版，第 108 頁。

統納入佛學思想的框架裏；尤其是他所著的《論周易》、《易理與佛法》、《佛法與孔子之道》等文章中體現出來的思想，乃至他所提出的“人間佛教”思想等等，與《周易禪解》的“禪易相通”思想都有不少共同之處。此外，如龔自珍、魏源、章太炎等人所持的“儒佛相通”思想，也都與《周易禪解》有不少共通之處。從理論影響的意義上說，我們認爲智旭的《周易禪解》在某種程度上對隋唐、宋明以來的佛學傳承與發展起到“補偏救弊”的作用，從而又間接影響了清代以來佛學思想朝著“儒佛合流”、“人間佛教”的方向發展。

二、對發揚中國易學的影響

明清之際，個性張揚，邪說橫起。當時，雖有合流融合的傾向，但大多還是各持己見，不能兩全其美，以致合流的呼聲難歸一致。尤其是不少以禪解《易》的著作，幾乎都停留在望文生義或盲人摸象的層次上。智旭《周易禪解》的成書以其完整系統的相通理論體系，使人們更進一步瞭解到禪易之間、儒佛之間、三教之間的關係，也因此產生一定的影響。也許正如釋通瑞《較刻易禪紀事》所言：“每見久精易學之士，一聞大師拈義，無不傾服。”可以說，智旭創作《周易禪解》主要還是立足於佛教思想的立場和觀點，並無意涉及易學領域。也許正是“無意插柳柳成蔭”，智旭這一偶然的創作，使中國易學史上以禪解《易》派的思想頓時變得異常的豐滿而獨特。從“繼往開來”的角度，我們可以發現《周易禪解》對中國易學的發展有著深刻的影響。不妨簡單從三個方面加以分析說明：

第一，《周易禪解》沿襲了以往正統和非正統的易學思想。就“正統”而言，我們看到智旭在所依據的《周易》文本、體例以及解《易》的方法、條例等都是很"正統"的，或者說是相當符合易學規範的，尤其是對先秦諸位儒家先聖思想的褒揚和肯定，都使《周易禪解》在很大程度上吸取了儒家易學思想的精髓。就"非正統"而言，且不談以禪解《易》，單單《周易禪解》中所直接引用的心學解《易》派各家的易學觀點，便能充分說明智旭解《易》在"繼往"方面做了大量的準備工作。由於智旭能夠本著學術研究的態度，實事求是地借鑒以往的易學成果，所以使得《周易禪解》所具有的易學內涵更爲深厚和寬廣。

第二，《周易禪解》在發揚中國易學優良傳統的基礎上勇於創新。據我們的研究表明，智旭以佛學思想解《易》，既不囿於佛學宗派思想的樊籬，也不局限於易學各家思想的束縛，但又是在《周易》經傳的範圍內盡情地發揮自己的學術主張。正如智旭在解《繫辭下傳》"苟非其人，道不虛行"時說："然苟非其人，安能讀《易》即悟易理，全以易理而爲躬行實踐，自利利他之妙行哉！"智旭如此重視"體悟"和"實踐"、"自利"和"利他"的密切結合，使他所解說的《周易》義理在一定程度上更具有理論性和操作性。也正是在這一原則的指導下，智旭才勇於在易學領域上開拓創新，努力揭開《周易》的神秘面紗，極其推崇"禪易相通"的思想。智旭以自己的"體悟"和"實踐"所揭示的"禪易相通"思想，不僅使表面上單調晦澀、奧雅難通的《周易》變得豐富多彩，而且又在合理的層面上衍擴了"易道"的"廣大"範疇，尤其是使傳統的古老經典獲得新的解釋、贏得新的生機。從長遠的眼光看，能以佛學的思想闡發《周易》的義理，而且解說得頭頭是道，對發揚中國易學無疑有著深刻的影響。

第三，《周易禪解》所作的"禪易互證"，對後世學者開展易佛關係研究有重要的影響。智旭把大量的佛學思想融進易理的解說和闡發中，既大大豐富了易理的思想內涵，也大大開拓了人們的視野。前已多次指出，易學與佛學的關係向來隱秘，很難為常人所察知。但是，有了《周易禪解》之後，人們似乎能清晰地看到易學與佛學之間確實有著非同一般的聯繫。從易學發展史來看，儘管清代易學家極其反對以禪解《易》的做法，但並沒有完全否定這種做法的合理性，仍把這種做法視為"旁支"，使之得以流傳，所以才迎來了近代人們對易佛關係的重新理解。從近代以來諸位國學大師的身上，我們發現不少大師呈現出"禪易兼通"、"儒佛兼通"的思想傾向，甚至發表了不少"易佛互證"的言論和著作，以此視作《周易禪解》思想精神的延伸和發揚並無不可。在現、當代的易學史上，我們更欣喜地發現，不僅有不少的易學史家進一步認識了《周易禪解》的價值，並把它看作明末清初的重要易學著作，而且有一些易學研究者逐漸開闢了易佛關係研究的新領域，使一向隱秘的易佛關係趨於明朗化。可見，《周易禪解》對全面傳承中國易學而言，確實有著相當大的影響。

三、對發展中國哲學的影響

就文本內容而言，《周易禪解》作為一部以禪解《易》的著作，主要關注的是易學與佛學的關係問題，與中國哲學的發展問題有著直接的聯繫。如果就文本的意義再進行挖掘，我們會驚異地發現《周易禪解》所關注的問題與中國哲學的發展是息息相關的。本小節主要從智旭開拓創新的行為及其意義，泛論《周易禪解》對發展中國哲學的影響。

易學與佛學的關係問題，是發展中國哲學的關鍵問題之一。眾所周知，中國古代的哲學思想始終是和各種文化思想聯繫在一起的，猶如水乳交融，難分難離。正因為如此，外國哲學家一直以爲中國古代沒有哲學思想。且不論古代中國有沒有哲學，就以現有的“中國哲學”來展開討論。回顧歷史，我們可以發現易學、儒學、佛學、道學乃是中國哲學的重要組成部分。中國哲學的發展，也正是圍繞這四門學問的關係問題而展開的。不可否認，由於歷史的原因，易學與任何一門學科相比，都更具有特殊的開放性，在中國哲學園地裏成爲衆多學術流派的理論源泉，也成爲不同學派展開融合和紛爭的思想載體。從本土傳統的哲學來看，在先秦兩漢時期，易學與儒學、易學與道學、儒學與道學的關係問題都已經形成較爲一致的看法，最主要的表現就是儒、道兩家都把《周易》當作神聖的經典，都大力運用易學的理論發揚各自的學說。自從佛學傳入中國以後，傳統的哲學思想日益轉變，各種學說之間的關係日益複雜，尤以三教之間的關係最引人注目。從某種程度上說，東漢以來的中國哲學實際上最主要的就是三教的關係問題。而三教之間的關係問題，最主要的就是外來的“佛學”如何與本土“儒學”、“道學”共存和發展的問題。如此一來，易學與佛學的關係問題自然而然地成爲處理三教關係的關鍵問題。可以這麼說，如果易學與佛學的關係問題能夠解決清楚，那麼，整個中國哲學面臨的各種主要問題也都能迎刃而解。但是，易學與佛學畢竟是兩門最難以比較和溝通的學問，都很博大精深，都有獨特的思想體系，可在語言表達和思維方式上又截然不同。筆者管見，正是易佛關係問題的難以解決，才使三教關係問題也一直得不到有效的解決。

智旭《周易禪解》所作的種種努力，正是面對這一關鍵問題展開的。我們看到，智旭在《周易禪解》中所面對的問題並不僅僅停留在易佛關係上，而是試圖通過“禪易互證”論證“易佛相通”，進而闡明“儒佛相通”、“三教合一”的思想。從這些思想來看，無一不與中國哲學密切相關。進一步說，這些思想的作用和意義，就是爲了促使中國哲學能夠統一協調發展。解決這個問題的結果固然重要，但是解決的過程和方法更爲重要。智旭採取的是"以禪解《易》"的方式處理易佛關係問題。根據本書已取得的結論，智旭在解說《周易》過程中，至少有三個方面做得相當出色：一是直接運用佛學名相概念來與《周易》經傳對釋。二是融會佛學諸宗、儒學各派、易學各家的思想來解說《周易》。三是憑藉《周易》經傳來闡發學術相通的思想。這三方面在易佛關係研究史上，具有開創性的意義。所以說，敢於融合禪易，並能全面融通禪易，是智旭在《周易禪解》中所凸現的勇敢與智慧。這種做法儘管是出於宗教傳播而做的，但對學術界研究中國的哲學思想應該是有很大借鑒意義的。如果我們能繼續沿著智旭的道路，認真地比較禪易之間、儒佛之間、三教之間、諸子百家之間乃至各種已經存在過的學術之間的異同，或許能取得更大的學術成就，尤其是對於中國哲學的研究才能更全面、更徹底。我們還應該看到，易學與佛學的關係問題，實際上也是"外來文化"與"本土文化"的關係問題。智旭爲解決這個問題所採取的方法，無疑能爲當今中國學者處理"中國文化"與"西方文化"的關係提供良好的借鑒。如果我們能夠努力找到一種可以融會中國學術、東方學術、西方學術的思想，處理和協調不同學術之間的關係，相信一定能夠真正開創一個和而不同的學術互補新局面。

主要參考文獻

古籍資料類

《大正藏》目錄、卷十五、三十七、四十四、四十五、四十八、五十，佛陀教育基金會印贈本。

《漢魏古註十三經》上下冊，中華書局編輯部據中華書局 1936年版《四部備要》縮印，1998 年 11 月版。

《高僧傳》，（梁）釋慧皎撰、湯用彤校註，中華書局，1992 年 10月版。

《高僧傳合集》，（梁）釋慧皎等撰，上海古籍出版社，1991 年 12月版。

《出三藏記集》，（梁）釋僧祐撰、蘇晉仁、蕭鍊子點校，中華書局，1995 年 11 月版。

《周易集解》，（唐）李鼎祚撰，上海古籍出版社（據文淵閣《四庫》本影印，下同），1989 年 11 月版。

《伊川易傳》，（宋）程頤撰，上海古籍出版社，1989 年 11 月版。

《東坡易傳》，（宋）蘇軾撰，上海古籍出版社，1989 年 11 月版。

《易翼傳》，（宋）鄭汝諧撰，上海古籍出版社，1989 年 11 月版。

《誠齋易傳》，（宋）楊萬里撰，上海古籍出版社，1990 年 1 月版。

《周易本義》，（宋）朱熹撰，天津市古籍書店（據清代明善堂刻本影印本），1986 年 12 月版。

《楊氏易傳》，（宋）楊簡撰，上海古籍出版社，1990 年 1 月版。

《童溪易傳》,(宋)王宗傳撰,上海古籍出版社,1990 年 1 月版。

《周易集註》,(明)來知德撰,上海古籍出版社,1990 年 1 月版。

《靈峰宗論》十卷,(明)釋智旭著、成時輯錄,南京金陵刻經處刻本(據嘉慶辛酉和碩豫親王裕豐刻本重印)。

《閱藏知津》,(明)釋智旭著,南京金陵刻經處刻本。

《周易禪解》,(明)釋智旭著,載《續修四庫全書》第 15 冊,上海古籍出版社(據上海圖書館藏清初刻本釋通瑞刻本影印),1995 年版。

《周易禪解》,(明)釋智旭著,民國四年南京金陵刻經處刻本。

《周易禪解》,(明)釋智旭著,江蘇廣陵古籍刻印社(據民國四年刊本影印),1998 年 1 月版。

《周易禪解》,北天目道人蕅益智旭著,蕭天石主編《禪宗叢書》之一,台灣自由出版社,1978 年 8 月版。

《周易·四書禪解》,(明)釋智旭著,施維點校、陳德述註釋,團結出版社,1996 年 12 月版。

《選佛譜》,(明)釋智旭著,光緒十七年金陵刻經處刻本。

《周易稗疏》,(清)王夫之撰,上海古籍出版社,1990 年 1 月版。

《易圖明辨》,(清)胡渭撰,上海古籍出版社,1990 年 1 月版。

《古今圖書集成》,(清)蔣庭錫等編撰,中華書局、巴蜀書社,1985 年 10 月版。

《全本閱微草堂筆記》,(清)紀昀著、夏風揚校點,巴蜀書社,1995 年 9 月版。

《學易筆談·讀易雜識》,(清)杭辛齋著,遼寧教育出版社,1997 年 3 月版。

《中國佛教研究史》,梁啓超著,三聯書店上海分店(近代名籍重刊本),1988 年 2 月版。

《中國理學史》，賈豐臻著，上海書店（據商務印書館 1937 年版
　復印），1984 年 8 月版。

《中國佛教史》，蔣維喬著，上海書店（據商務印書館 1935 年版
　影印），1989 年 8 月版。

《佛教歷史》，釋惟靜著、釋圓乘校，江蘇廣陵古籍刻印社（據民
　國初年刻本影印），1996 年 4 月版。

《印光法師文鈔》三冊，釋印光著述、張育英校註，宗教文化出
　版社，2000 年 3 月版。

《弘一大師全集》，《弘一大師全集》編輯委員會編，福建人民出
　版社，1991 年 6 月版。

《中國地方誌集成·江蘇府縣誌輯》，江蘇古籍出版社，1991 年 6
　月版。

現當代著作類

《中國佛學源流略講》，呂澂著，中華書局，1979 年 8 月版。

《印度佛學源流略講》，呂澂著，上海人民出版社，1979 年 10 月
　版。

《中國佛教》（四本），中國佛教協會編，東方出版中心，1982 年
　8 月版。

《中國歷史大事年表·古代史卷》，沈起煒編著，上海辭書出版社，
　1983 年 12 月版。

《晚明理學思想通論》，陳福濱編著，環球書局，1983 年版。

《佛學大辭典》，丁福保編纂，文物出版社，1984 年 1 月版。

《中國儒道佛交涉史》，[日]久保田量遠著、胡恩厚譯，金城書屋
　（內部發行），1986 年 8 月版。

《簡明中國佛教史》，[日]鎌田茂雄著，上海譯文出版社，1986

年 10 月版。

《洛學源流》，徐遠和著，齊魯書社，1987 年 9 月版。

《中國大百科全書·哲學卷》，中國大百科全書出版社，1987 年 10 月版。

《佛教與中國文化》，張曼濤主編，上海書店，1987 年 10 月版。

《中國佛教思想資料選編》第三卷第二冊，石峻、樓宇烈、方立天、許抗生、樂壽明編，中華書局，1987 年 10 月版。

《中國佛教與傳統文化》，方立天著，上海人民出版社，1988 年 4 月版。

《易學群書平議》，黃壽祺著、張善文點校，北京師範大學出版社，1988 年 6 月版。

《中國思想文化論稿》，蘇淵雷著，華東師範大學出版社，1989 年 3 月版。

《周易譯註》，黃壽祺、張善文撰，上海古籍出版社，1989 年 5 月版。

《中國近代佛學思想史稿》，郭朋、廖自力、張新鷹著，巴蜀書社，1989 年 10 月版。

《儒、佛、道與傳統文化》，《文史知識》編輯部編，中華書局，1990 年 3 月版。

《古書版本學概論》，李致忠著，北京圖書館出版社，1990 年 8 月版。

《王學通論 —— 從王陽明到熊十力》，楊國榮著，三聯書店上海分店，1990 年 12 月版。

《理學·佛學·玄學》，湯用彤著，北京大學出版社，1991 年 2 月版。

《中國儒學史》，趙吉惠、趙馥潔、郭厚安、潘策主編，中州古籍出版社，1991 年 6 月版。

《儒道釋與內在超越問題》，湯一介著，江西人民出版社，1991
　　年 8 月版。

《中國佛教文化論稿》，魏承思著，上海人民出版社，1991 年 9
　　月版。

《儒學‧理學‧實學‧新學》，張豈之著，陝西人民出版社，1991 年
　　10 月版。

《宋明理學》，陳來著，遼寧教育出版社，1991 年 12 月版。

《佛學與儒學》，賴永海著，浙江人民出版社，1992 年 9 月版。

《禪學與玄學》，洪修平、吳永和著，浙江人民出版社，1992 年
　　10 月版。

《佛教文化與近代中國》，高振農著，上海社會科學出版社，1992
　　年 11 月版。

《中國禪宗思想歷程》，潘桂明著，今日中國出版社，1992 年 11
　　月版。

《佛典精解》，陳士強撰，上海古籍出版社，1992 年 11 月版。

《象數與義理》，張善文著，遼寧教育出版社，1993 年 5 月版。

《中國禪宗通史》，杜繼文、魏道儒著，江蘇古籍出版社，1993
　　年 8 月版。

《古今 100 高僧》，洪丕謨，學林出版社，1993 年 11 月版。

《周易知識通覽》，朱伯崑主編，齊魯書社，1993 年 12 月版。

《中國禪學思想史》，[日]忽滑谷快天著、朱謙之譯，上海古籍出
　　版社，1994 年 5 月版。

《歷代高僧傳》，李山、過常寶主編，山東人民出版社，1994 年 7
　　月版。

《易學哲學史》，朱伯崑著，華夏出版社，1995 年北京版。

《中國佛教思想史》（上、中、下三卷本），郭朋著，福建人民出

版社，1995 年 9 月版。

《中國佛教文化歷程》，洪修平著，江蘇教育出版社，1995 年 12 月版。

《四庫大辭典》，李學勤、呂文鬱主編，吉林大學出版社，1996 年 1 月版。

《晚明思想史論》，嵇文甫著，東方出版社，1996 年 3 月版。

《宋明易學概論》，徐志銳著，遼寧古籍出版社，1997 年 1 月版。

《宋明理學心性論》，蔡方鹿著，巴蜀書社，1997 年 3 月版。

《佛學與易學》，夏金華著，台灣新文豐出版有限公司，1997 年 4 月版。

《走出理學》，姜廣輝著，遼寧教育出版社，1997 年 5 月版。

《歷代高僧故事》第四輯,（台灣）彭楚珩編著,宗教文化出版社，1997 年 6 月版。

《陸王心學研究》，劉宗賢著，山東人民出版社，1997 年 7 月版。

《宋明新儒學概論》，馮達文著，廣東人民出版社，1997 年 7 月版。

《胡適學術文集·中國佛學史》，姜義華主編，中華書局，1997 年 12 月版。

《佛教文化與歷史》，蘇晉仁著，中央民族大學出版社，1998 年 1 月版。

《中國華嚴宗通史》，魏道儒著，江蘇古籍出版社，1998 年 7 月版。

《禪宗宗派源流》，吳立民主編，中國社會科學出版社，1998 年 8 月版。

《中國儒學》，謝祥皓、劉宗賢著，四川人民出版社，1998 年 8 月版。

《佛法觀念的近代調適》，何建明著，廣東人民出版社，1998 年

10 月版。

《周易與華夏文明》，翟廷晉主編，上海人民出版社，1998 年 12 月版。

《易與佛教　易與老莊》，潘雨廷著，遼寧教育出版社，1998 年 12 月版。

《三論宗源流考》，楊永泉著，江蘇古籍出版社，1998 年 12 月版。

《羅教·佛教·禪學》，徐小躍著，江蘇人民出版社，1999 年 2 月版。

《中國佛教文化論》，賴永海著，中國青年出版社，1999 年 4 月版。

《禪與易 —— 周易禪觀頓悟指要》，釋本光著，巴蜀書社，1999 年 5 月版。

《道學與佛教》，周晉著，北京大學出版社，1999 年 7 月版。

《中國佛性論》，賴永海著，中國青年出版社，1999 年 8 月北京版。

《佛教與中國文化》，湯一介著，宗教文化出版社，1999 年 9 月版。

《中國淨土宗通史》，陳揚炯著，江蘇古籍出版社，2000 年 1 月版。

《禪宗思想的形成與發展》（修訂本），洪修平著，江蘇古籍出版社，2000 年 1 月版。

《儒釋道與晚明文學思潮》，周群著，世紀出版集團、上海書店出版社，2000 年 3 月版。

《中國佛教倫理思想》，業露華著，上海社會科學院出版社，2000 年 6 月版。

《明清之際道教“三教合一”思想論》，唐大潮著，宗教文化出版社，2000 年 6 月版。

《融合的佛教 —— 圭峰宗密的佛學思想研究》，董群著，宗教文化出版社，2000 年 6 月版。

《中國佛教之旅 7·東南聆法音》，林言椒主編，河北教育出版社，

2000 年 6 月版。

《中國哲學史》上下冊，馮友蘭著，華東師範大學出版社，2000
年 11 月版。

《明代哲學史》，張學智著，北京大學出版社，2000 年 11 月版。

《易學與道教思想關係研究》，詹石窗著，2001 年 3 月版。

《易學與佛教》，王仲堯著，中國書店，2001 年 7 月版。

《中華天台宗通史》，朱封鰲、韋彥鐸著，宗教文化出版社，2001
年 9 月版。

《馬一浮思想研究》，滕復著，中華書局，2001 年 10 月版。

《中國天台宗通史》，潘桂明、吳忠偉著，江蘇古籍出版社，2001
年 12 月版。

《蘇軾易傳研究》，金生楊著，巴蜀書社，2002 年 1 月版。

《中國明代哲學》，李書增、岑青、孫玉傑、任金鑒著，河南人民
出版社，2002 年 1 月版。

《佛道秘密宗教與明代社會》，南炳文主編，天津古籍出版社，2002
年 4 月版。

《天台宗研究》，董平著，上海古籍出版社，2002 年 4 月版。

《王夫之易學》，汪學群著，社會科學文獻出版社，2002 年 5 月版。

《陽明學的形成與發展》，錢明著，江蘇古籍出版社，2002 年 9
月版。

《天台宗史跡考察與典籍研究》，朱封鰲著，上海辭書出版社，2002
年 12 月版。

論文類

崔大華《楊簡的心學思想》，《中國哲學》第八輯，三聯書店，1982
年 10 月版，第 99-113 頁。

張善文《王弼改定周易體制考》,《福建師範大學學報》1989 年第
　2 期。

陳堅《以佛解易　佛易一家 —— 讀智旭〈周易禪解〉》,《周易研
　究》1998 年第 4 期。

陳堅《智旭對〈周易·大過卦〉的佛學解讀》,《周易研究》2002
　年第 2 期。

陳堅《論易學史研究在易佛關係問題上的兩個疏忽 —— 兼談太虛
　大師的易學思想》,《周易研究》2000 年第 2 期。

黃夏年《〈佛學與易學〉讀後感》,《世界宗教研究》1999 年第 1 期。

陳永革《論晚明禪學的中興》,《禪學研究》第四輯,江蘇古籍出
　版社,2000 年 8 月版。

邱高興《以〈易〉解〈華嚴經〉 —— 李通玄對〈華嚴經〉的新詮
　釋》,《周易研究》2000 年第 1 期。

唐明邦《以佛解〈易〉　援儒證佛 —— 讀〈周易禪解〉》,《佛學
　研究》1995 年年刊。

黃心川《“三教合一”在我國發展的過程特點及其對周邊國家的
　影響》,載《詮釋與建構》,胡軍、孫尚揚主編,北京大學出版
　社,2001 年 12 月版。

李利安《明末清初禪學的基本走向》,《中國哲學史》1999 年第 3 期。

釋宗舜《蕅益大師〈靈峰宗論〉刪改問題初探》,載《禪學研究》
　第四輯,江蘇古籍出版社,2000 年 8 月版。

方立天《中國佛教直覺思維的歷史演變》,載《哲學研究》2002
　第 1 期和第 2 期。

後　記

　　本書是在我的博士論文（2003年完成）基礎上多次修訂而成的，是我十多年來從事學術研究的又一小小收穫。在本書即將在台灣出版之際，衷心感謝所有關心和愛護我的親人和師友，尤其要感謝在學術上培養我成長的四位導師。

　　一位是我學術上的啓蒙導師張善文先生。說來話長，我對《周易》的興趣始於高中階段，當時愛好氣功，買了一本《白話易經》回家自學，從此對《周易》情有獨鐘。在我本科三年級暑假護校期間，一聽說所在中文系的易學研究所是我國易學研究的重鎮時，就非常希望能有機會見識該研究所的老師。那是在一次與剛畢業的師兄閒聊時，得知張先生乃是著名易學專家黃壽祺先生（曾師從易學名家尚秉和先生，是桐城派大師曾國藩先生的再傳弟子）的高足，在易學研究方面成果卓著，在國內外都很有名氣（現任中國周易學會副會長、福建師範大學文學院教授、博士生導師）。這個消息，讓我怦然心動。也許是求知心切之故，在沒有他人引薦的情況下，我毅然敲開了張先生的家門。第一次見面，張先生溫文爾雅、謙虛熱情的風度使我終生難忘。大四上學期，我選修了張先生開設的《周易研究》課程。通過課堂的認真聽講，幷精讀張先生與黃壽祺先生合撰的《周易譯註》，使我對《周易》有了更深刻的認識。爲此，在做畢業論文時，我選擇了《周易與籤詩的關係初探》作爲題目，開始了易學與術數學關係的初步研究。本科畢業留校擔任助教期間，在張先生的嚴格教育和悉心指導下，我出版了第一本專著《穀梁傳漫談》，幷在《世界宗教研究》、《周易研究》等重要刊物上發表了十多篇論文，初步奠定了治學的基礎。這十多年來，張先生不僅教我如何嚴謹治學，而且教我如何謙虛做人，他那"《謙》卦六爻皆吉"的教導使我明白了治學與做人必須統一的道理，也因此使我更加重視對《周易》學說的理解和探究。本書稿成之後，張先生不僅提出了許多中肯的修改意見，而且贈序予以勉勵，使本書增色不少。張先生諄諄教誨和關心愛護之情，我將刻骨銘心、永志不忘！

　　另一位是我學術上的良師益友詹石窗先生。詹先生是著名道教研究專家卿希泰先生的得意門生，現任廈門大學哲學系教授、博士生導師，之前曾在福建師範大學易學研究所工作了十幾年。我是在大學四年級認識詹先生的，當時他給我們開設《道教文學史》課程。由於他對道家道教，尤其是對易學與道教關係很有研究，所以我在課餘時間經常向他討教，從此師生之誼日篤。後來，我留在易學研究所，算是與他同事，因此接觸的機會比較多。詹老師對我的影響很大，事實上，無論是他的治學風範、爲人品格，還是他的敏銳思維、廣博學識，都是我學習的好榜樣。我之所以把詹先生當作"良師"又是"益友"，是有根據的。一方面，他一向關心和支持我，安排我加入他主編的《道韵》輯刊（現更名爲《道學研究》）編委行列，幷參與點校《中華道藏》（大型叢書，後被列爲國家"十五"重點圖書出版規劃項目，我個人承擔了二十多種道教易學古籍的點校，總字數近六十萬字），以及合著《身國共治 —— 政治與中國傳統文化》，使我在學術道路上得以更快更穩步地成長。另一方面，他待人謙虛平和，樂於助人，沒有任何架子，與他交往如同是跟好朋友在一起一樣輕鬆自在。我一直很懷念與他在福建師大相處的日子，一有機會（哪怕是大中午）我們就會在校園裏散步，邊走邊聊，大半是與學術相關的話題。說真的，在聊天的過程中，我們往往能引出不少新的學術想法，幷儘快在工作中把一些想法變成現實，我有好幾篇學術論文就是緣於與他的邊走邊聊。儘管這樣的日子已遠去多年了，但給我的影響却是終生的。特別值得一提的是，詹先生在本書撰寫和修改過程中，也提了不少有益的意見，幷給予充分的肯定和贊揚。這份愛護和鼓勵之情，將促使我更加努力地朝著更遠大的學術目標前進！

再一位是我的博士生導師洪修平先生。2000 年秋，我考入南京大學哲學系攻讀博士學位，投在洪先生門下。洪先生嚴謹的治學態度和豐碩的研究成果，令人敬佩。在三年求學生涯中，他悉心指導我的學業，對我的學習和工作幫助很大。南京大學哲學系，是目前我國佛學研究的重鎮。洪先生和賴永海先生在佛學研究方面的成就，完全改變了我以前不瞭解乃至輕視佛教佛學的做法。入學南大之後，我經常受到佛學思想的熏陶，幷激發了研讀佛經的興趣。由於我已有一定的易學研究基礎，所以就很想把易學與佛學結合起來。第一學年末，我開始把心思放在禪學與易學的關係研究上，在研讀智旭《周易禪解》的同時查閱一些相關材料，幷陸續撰寫一些論文。因此在博士論文開題時，就把題目擬定爲"禪易關係研究"，當時考慮到這樣的題目太大，所以又加了一個副標題"以《周易禪解》爲中心的考察"。開題之後逐漸發覺所選的論題，不僅跨度大、難度大，而且很難處理好研究的中心。更讓我頭痛的是，禪易關係向來隱秘，唾手可得的材料少之又少，而要在短期裏從浩瀚的古籍中搜集足够的材料也不可能。於是就把原來的論題調轉方向，改成實實在在的《周易禪解》研究，幷盡可能通過該文本研究禪易關係。在本書寫作過程中，洪先生傾注了大量的心血，不僅對寫作提綱和研究思路進行了多次嚴格的把關（最後一次是讓我提交了一萬多字的寫作綱要），而且認真審閱了初稿幷提出不少修改意見。現在，又在百忙之中惠贈長序，獎掖於我。這份寶貴的師恩，讓我受益匪淺，令我終生難忘！當然，我也要深深感謝師母孫亦平教授，多年來她對我鼓勵有加，讓我倍感親切！

還有一位是我的博士後導師王振復先生。2003 年 8 月，我進入復旦大學中文系從事博士後研究。說實話，在聯繫進站之前，我對王先生的瞭解並不多。我記得在本科臨畢業前從同學那裏買到了一批二手書，其中有一本就是他早年的專著《周易的美學智慧》，閱讀之後對他的學識十分欽佩，因此作者和書名一直都記得很清楚。或許正是這種潛藏於心的仰慕，博士畢業後我成爲了王先生指導的博士後。在王先生門下，我發現自己又很幸運地擁有一個博學、謙和、嚴明的導師。他對我的博士論文，不僅認真審閱，而且提出了一些中肯的建議，幷表示充分的肯定。我博士後階段的研究課題是從時間學的角度探討先秦典籍中的審美觀，在這個跨學科的課題研究過程中不斷得到王先生的支持與鼓勵，增加了我開始從事中國古典美學研究的信心。所以，借此也表達我對王先生的無比感激之情。

在與中國文化和文學結緣的十多年裏，能够由《易》入儒入道入佛逐步走進中國美學研究的殿堂，除了得益於四位恩師的教育和幫助外，還得益於許多師友的關心與支持。感謝南京大學哲學系的李書有先生、賴永海先生、徐小躍先生，江蘇省社會科學院卞敏先生，東南大學張祥浩先生，在論文送審和答辯過程中認真評議，提出許多建設性的意見，幷對論文的學術水平和價值給予充分的肯定和積極的評價。

　　倘若沒有前輩時賢大量的相關的學術成果（詳見"主要參考文獻"）作爲基礎，本課題的研究就難以順利開展。感謝那些爲本書提供研究基礎的專家學者們，尤其是北京大學朱伯崑先生、武漢大學唐明邦先生、四川省社會科學院陳德述先生、山東大學陳堅先生、上海市社會科學院夏金華先生、杭州商學院王仲堯先生等學者的相關研究成果，均對本書有很大的幫助。

　　此外，我要特別感謝爲本書在台灣出版提供支持的中華發展基金管理委員會，以及爲出版本書辛勤工作的編輯彭正雄先生等人。最後，我也熱切期望有更多的專家和讀者，能夠對本書的不足之處提出批評和建議！

　　作《易》者其有憂患乎！以禪解《易》者其有憂患乎！研禪《易》者其有憂患乎！回顧過去，只能捫心自嘆：半生求學半生非，全心問路全心隨。凝眸夢思金陵事，光陰荏苒悔難追！企望未來，總是疑惑不解：觀天行兮自強不息，體道玄兮自然無爲，悟心性兮可無而爲，思無極兮與時偕行！凝思現在，於是一歎再歎：逝者如斯！當下即是！時之義大矣哉！緣起緣滅，嗚呼何哉！？

　　噫！微斯人，吾誰與歎！

謝金良於復旦大學中文系

2006 年 12 月 25 日改定